IT, 인문을 만나다

역사와 고전으로 엿보는 19가지 IT 키워드

이범석 지음

소크라테스의 죽음(The Death of Socrates)
_ 자크 루이 다비드Jacques-Louis David, 1787년 작

IT, 인문을 만나다 역사와 고전으로 엿보는 19가지 IT 키워드

초판발행 2016년 4월 28일
전자책 발행 2016년 3월 31일

지은이 이범석 / **펴낸이** 김태헌
펴낸곳 한빛미디어(주) / **주소** 서울시 마포구 양화로 7길 83 한빛미디어(주) IT출판부
전화 02-325-5544 / **팩스** 02-336-7124
등록 1999년 6월 24일 제10-1779호
ISBN 978-89-6848-817-7 13000 / **정가** 17,000원

총괄 전태호 / **책임편집** 김창수 / **기획·편집** 정지연 / **교정** 이미연
디자인 표지/내지 여동일, 조판 최송실 / **제작** 박성우
마케팅 박상용, 송경석, 변지영 / **영업** 김형진, 김진불, 조유미

이 책에 대한 의견이나 오탈자 및 잘못된 내용에 대한 수정 정보는 한빛미디어(주)의 홈페이지나 아래 이메일로 알려주십시오.
한빛미디어 홈페이지 www.hanbit.co.kr / **이메일** ask@hanbit.co.kr

Published by HANBIT Media, Inc. Printed in Korea
Copyright © 2016 이범석 & HANBIT Media, Inc.
이 책의 저작권은 이범석과 한빛미디어(주)에 있습니다.
저작권법에 의해 보호를 받는 저작물이므로 무단 복제 및 무단 전재를 금합니다.

지금 하지 않으면 할 수 없는 일이 있습니다.
책으로 펴내고 싶은 아이디어나 원고를 메일(ebookwriter@hanbit.co.kr)로 보내주세요.
한빛미디어(주)는 여러분의 소중한 경험과 지식을 기다리고 있습니다.

저자 소개

지은이_ **이범석**

서울대에서 수학을 전공했다. 대학 때 수학보다는 밤새워 코딩하는 즐거움에 빠져 삼성SDS에 들어가 처음 10년은 개발자로 살았다. 이후 10년 동안은 기술 아키텍처와 IT기술기획 업무를 수행하고 있다. 사십 대에 들어선 이후부터는 인문고전의 매력에 빠져 역사와 고전을 읽으며 위대한 지혜를 배우고 있다. 역사, 문학, 철학, 예술 등 여러 분야를 넘나들며 어렵고 무거운 주제를 쉬우면서도 재미있는 글로 풀어낸다는 평을 받고 있다. 특히 2014년부터 2년여 동안 월간 『마이크로소프트웨어』에 'IT, 고전을 만나다'라는 칼럼을 기고하며 많은 사랑을 받았다. IT를 사랑하고 꿈꾸며 열정을 가지고 활동하고 있는 번역·저술 전문가 모임인 '고뎁(GoDev)'의 멤버다. '신화와 역사를 통해 본 수학', 'IT Tech Insight' 같은 재능나눔 활동도 하고 있다

프롤로그

변화의 갈망 끝자락에서 만난 인문고전

한때 내가 없으면 조직이 잘 돌아가지 않을 것이라는 믿음을 가진 적이 있었다. 그만큼 일을 많이 했고 그만한 열정과 실력이 있다고 확신했다. 그런 자부심 넘치던 시기가 지나자 삶이 점차 나른해지고 일은 무덤덤하게 나에게 다가왔다. 40대에 들어서자 내 실력에 대한 믿음은 의구심으로 바뀌었고, 의구심은 점차 무력감으로 바뀌었다. 하루가 다르게 변화하는 IT 세상에서 나는 내 업무가 잘 돌아가는 것에 안주하며 살고 있었다. 끝없이 펼쳐진 IT 세상에서 내 주위에만 희미한 불빛을 위태롭게 켜놓고 간신히 버티고 있었던 것이다. 건강마저 나를 옭아매고 있었다. 새로운 변화를 추구하려는 나에게 질병의 탈을 쓴 악마는 끊임없이 속삭였다. "안 돼! 너는 할 수 없어, 아니 하지 마! 건강이 더 나빠질 거야. 그냥 현재에 만족하고 살아!"

그러나 세상은 안주하는 것을 허락하지 않았다. 안주한다는 것은 그 자리에 멈추는 것이 아니라 퇴보하는 것을 의미하기 때문이었다. 특히 IT 세상에서는 더욱 그렇다. 무력감은 이제 위기의식으로 바뀌고 있었다. "내 기술을 언제까지 써먹을 수 있을까?", "세상에 나가도 쓸모가 있을까?", "이대로 늙어가는 건가?" 하는 생각들이 머릿속을 맴돌았다. 나에겐 변화가 절실했다.

어느 날 지인의 추천으로 우연히 집어 든 책이 있었다. 바로 사마천의 『사기』다. '고전'에 대해 "누구나 읽어야 한다고 말하지만, 사실은 아무도 읽지 않는 책"이라고 마크 트웨인이 말한 것처럼, 나 역시 『사기』에 대해서는 수없이 들어왔지만 한 번도 펼쳐보지 않은 책이었다. 그러나 사마천이 죽음보다 더한 치욕과 좌절을 딛고 『사기』를 집필했다는 것을 알게 된 후, 『사기』는 나에게 특별한 감동으로 다가왔다. 「열전」에 등장하는 수많은 주인공에게 눈을 뗄 수 없을 만큼 깊이 빠져들었다. 그 뒤로 인문고전을 본격적으로 읽어 나갔다. TV 대신에 책을 들고 있는 시간이 늘어났고, 출퇴근 때나 주말에 산책할 때는 고전을 읽어 주는 팟캐스트나 인문학 강의를 들었다. 덕분에 인문학을 더욱 재미있게 접할 수 있었다. 책의 주인공은 기꺼이 나의 든든한 멘토가 되어 주었고, 어떤 자기계발서보다 강한 동력을 주었다. 일상이 더 바빠졌음에도 일은 전보다 즐거웠고 더 여유 있게 되었다. 일이 즐거워지자 무심했던 IT 기술의 변화에도 더 관심을 두고 바라보게 되었다. 그렇게 나는 조금씩 조금씩 변해갔다.

소크라테스와 오후를 보낼 수 있다면 애플이 가진 모든 기술과 바꾸겠다

『사기』에 빠져있을 무렵, 우리나라에는 인문학 열풍이 불었다. IT업계는 더욱 그랬다. 2011년 스티브 잡스가 iPad 2를 소개하는 자리에서 했던 말이 계기가 됐다. '테크놀로지'와 '인문학'이라는 두 개의 표지판이 교차하는 화면 앞에 서서 그는 이렇게 말했다.

> "애플의 DNA에 있는 것은 오직 기술만이 아닙니다. 인문학과 결합된 기술, 인간성과 결합된 기술은 우리가 사람들의 가슴을 울리는 제품을 만들 수 있도록 합니다."

구글이 신입사원 6천 명 중에서 5천 명을 인문학 전공자로 뽑았다는 소식도 들려 왔다. 애플이나 구글의 인문학 중시 경영은 한국의 IT업체와 개발자를 인문학으로 이끌었다. 인문학적 소양을 갖춘 융합형 개발자는 높은 인기를 구가했고 심지어 개발을 모르는 인문학 전공자를 찾는 IT기업도 늘어났다. 또 신입사원 채용에 인문학 소양을 묻는 문제나 역사를 통해 설명하라는 식의 문제도 등장했다. 예컨대 "몽골과 로마 제국의 성장 과정과 이를 통해 OOO이 글로벌 기업으로 성장할 방안을 제시하라"와 같은 문제였다.

그러나 IT업계에 종사하는 수많은 개발자의 상황은 달랐다. 촉박한 개발 일정으로 인해 야근은 기본이고 주말까지 반납한 채 일에 파묻혀 있었다. 일에 치이다 보니 자신의 업무 외에는 관심 두지 않게 되고, 빠르게 변화하고 있는 기술을 쫓아가지 못했다. 그래서 빅데이터나 머신러닝 같은 IT 신기술은 그저 남의 나라 얘기일 뿐이었다. 또한, 인문학이 IT에도 중요하고 인문학과 기술의 융합이 필요하다는 것은 알고 있지만, 자신과는 상관없다 치부해 버리거나 실천으로까지 옮기지는 못했다. 그것이 많은 IT인이 처한 현실이었다. 예전의 나 역시 그랬다.

융합의 시대, 인문으로 IT하라

이 책은 오늘도 자신의 위치에서 묵묵히 최선을 다하고 있는 IT인을 위한 책이다. 특히 일정에 쫓겨 온종일 코딩에 몰입하느라 IT가 어떻게 변하고 있는지 신경 쓸 시간도 없는 젊은 개발자, 그리고 당장 업무수행에는 문제없지만 세상 앞에 나가면 내세울 실력 하나 없는 나이 든 IT인, IT 트렌드를 이해하고 인문교양을 쌓고 싶어 하는 미래의 개발자에게 도움이 되었으면 하는 바람이다. 그래서 인문학적 소양을 요구하는 요즘의 시대에 맞춰 인문교양과 IT기술을 모두 다루었다. 2천 년의 내공을 가진 인문고전과 지금 이 순간도 변화하고 있는 IT기술을 자연스럽게 하나의 스토리로 엮어내 읽는 재미를 느끼도록 구성했다. 또한, 인생 스토리가 드라마틱하고 역동적인 주인공을 선택했다. 딱딱한 고전은 지루함을 줄 수 있기에 될 수 있으면 피했다. 이 책 자체가 인문과 기술을 융합한 산물인 셈이다.

이 책은 지난 2년여 동안 IT 전문잡지인 『마이크로소프트웨어』에 기고한 칼럼을 토대로 내용을 더 보강해 만들었다. 풋내기 필자에게 글 쓰는 재미를 알게 해준 『마이크로소프트웨어』에 감사드린다. 30년이 넘는 세월 동안 개발자 곁을 지켰던 이 잡지가 장기 휴간에 들어간 것이 안타까울 뿐이다. 그리고 제 글의 저력을 믿고 책으로 출간할 것을 제안하고 또 멋지게 만들어 주신 한빛미디어에도 진심으로 감사드린다. 지금 이 글을 읽고 있는 독자들께도 감사드린다.

IT 세상이 변하고 있다. 이제는 융합의 시대다. 하드웨어와 소프트웨어가 결합하고, 기술과 기술, 기술과 디자인이 결합하고, 제품에 인간을 담아야 한다. 관계없어 보이는 두 분야를 엮어낼 줄도 알아야 한다. 이 책을 펼친 독자는 이제 인문교양을 쌓고 통섭형 IT 인재가 되기 위한 첫걸음을 디딘 것이다. 교양을 쌓길 바라든, 새로운 IT 기술을 알고 싶어 하든, 내적 변화를 바라든 그것은 독자의 몫이다. 그러나 그 걸음이 자신의 북극성을 향한다면 그것은 작지만 큰 걸음이다. 장자가 말했듯이 내가 가는 곳이 곧 길이기 때문이다.

차례

저자 소개 ········ 03
프롤로그 ········ 04

서양편

카이사르 암호와 RSA 알고리즘
카이사르, 3월 15일을 조심하라_15

카이사르, 세상의 중심이 되다 _ 16 / Beware the Ides of March _ 22
카이사르, 암호를 개발하다 _ 25 / 공인인증서에 적용된 RSA 알고리즘 _ 28 / 참고자료 _ 29

세상이 원하는 인재, 통섭형 인재
거울 필체로 쓴 7,000여 장의 메모_31

스승의 붓을 꺾게 만들다 _ 33 / 과학과 인간을 탐구하다 _ 34
레오나르도 다 빈치, 살아있는 전설이 되다 _ 38 / 21세기형 인재, 통섭형 인재 _ 40
관심 분야를 넓히고 지적 네트워크를 형성하라 _ 43 / 참고자료 _ 45

로봇이 기사 쓰는 시대, 로봇 저널리즘
희대의 허풍쟁이인가? 천재인가?_47

마르코 폴로, 24년간 동방을 여행하다 _ 48 / 허풍쟁이 이야기꾼인가? 아니면 천재인가? _ 51
동방견문록, 아메리카 발견에 기여하다 _ 55 / 로봇이 기사 쓰는 시대 _ 57
로봇의 시대에 살아남기 _ 61 / 참고자료 _ 63

디지털 제국 구글과 빅 브라더
알렉산드로스, 대제국을 세우다 _ 65

세계 정복의 원대한 꿈을 꾸다 _ 66 / 세 번의 전투로 100만 대군의 페르시아를 멸망시키다 _ 70 / 제국의 몰락 그리고 새로운 시작 _ 76 / 구글, 디지털 제국을 세우다 _ 78
빅 브라더 vs 사악해지지 말자 _ 81 / 참고자료 _ 83

진격의 거인, 중국 인터넷기업 3인방
한니발과 창조적 모방자 스키피오 _ 85

군대를 이끌고 알프스를 넘다 _ 86 / 한니발, 창조적 전략으로 영웅이 되다 _ 89
창조적 모방자, 스키피오 _ 91 / 진격의 거인, 중국 BAT의 대공습 _ 93
모방창신, 모방을 통해 새로운 것을 창조하다 _ 95 / 참고자료 _ 97

미래를 예측하다, 빅데이터와 딥러닝
오이디푸스, 신탁에 맞서다 _ 99

아폴론 신탁의 끔찍한 예언 _ 100 / 운명에 절규해 스스로 눈을 찌르다 _ 103
운명에 맞선 오이디푸스 _ 105 / 델포이 신탁의 예지력 _ 106
디지털 예언가, 빅데이터와 딥러닝 _ 108 / 참고자료 _ 110

스마트홈, 가족을 생각하다
안티고네는 왜 죽음을 선택했는가? _ 111

가족의 비극 한복판에 선 안티고네 _ 112 / 왕의 명령에 당당히 맞서는 안티고네 _ 114
가족에 대한 사랑과 용기 _ 117 / 스마트홈이 여는 세상 _ 119
'스마트홈 플랫폼' 주도권 전쟁이 시작되다 _ 121 / 참고자료 _ 122

스티브 잡스, 소크라테스를 만나다
소크라테스의 두 가지 죄 그리고 닭 한 마리 _ 123

악처를 얻으면 철학자가 되리라 _ 125 / 소크라테스, 지혜의 산파가 되다 _ 127
너 자신을 알라 _ 129 / 소크라테스, 협잡꾼이 되다 _ 130
일흔 살의 소크라테스, 법정에 서다 _ 132 / 소크라테스, 신념과 맞바꾼 독배 _ 133
스티브 잡스, 소크라테스를 만나다 _ 135 / 어떻게 살 것인가? _ 138 / 참고자료 _ 140

나를 지켜주는 웨어러블, 패션을 입다
불화의 사과와 아킬레우스의 방패 _ 141

불화의 사과 _ 142 / 아킬레우스의 분노 _ 144 / 절친 파트로클로스의 죽음과 헥토르와의 대결 _ 147 / 웨어러블, 나를 지키고 나의 품위를 높여주다 _ 150
패션을 입은 웨어러블, 갈림길에 서다 _ 153 / 참고자료 _ 155

동양편

날씨, 빅데이터를 만나다
칭기즈 칸과 푸른 군대의 나라 몽골 _ 159

자신을 극복하고 칭기즈 칸이 되다 _ 160 / 칭기즈 칸의 푸른 군대 _ 162 몽골, 겨울 천산을 넘다 _ 164 / 겨울 혹한에 러시아를 점령하다 _ 165 / 여몽 연합군, 태풍 때문에 일본 정벌에 실패하다 _ 168 / 빅데이터는 새로운 기회의 바다 _ 171 / 참고자료 _ 174

사물인터넷 표준 전쟁의 서막
야누스의 얼굴, 진시황 _ 175

중국을 통일하고 '진시황'이 되다 _ 176 / 짧은 폭정 그러나 긴 여운 _ 181 / 야누스의 얼굴을 가진 진시황 _ 183 / 사물인터넷 합종연횡과 표준 전쟁의 서막 _ 187 / 참고자료 _ 191

초한 전쟁을 통해 본 노키아의 몰락
항우, 이카루스 패러독스에 빠지다_193

난세, 두 명의 영웅을 낳다 _ 194　/　힘은 산을 뽑을 수 있고, 기운은 세상을 덮을 만하지만⋯ _ 198　/　유방, 인재등용 vs 항우, 백성의 마음을 잃다 _ 201　/　이카루스의 역설 _ 202　참고자료 _ 205

버닝맨 축제와 IT인의 장자적 삶
자유로운 영혼의 소유자, 장자_207

자유로운 삶을 사는 위로자, 장자 _ 208　/　자유롭게 이리저리 거닐며 노닐다 _ 210　기술을 넘어 도의 경지에 이르다 _ 213　/　창조, 자유, 무소유의 '버닝맨' 축제 _ 215　IT인에게 '장자적 삶'이란? _ 217　/　참고자료 _ 219

스타트업 성공방정식, 린 스타트업
치욕을 딛고 역사에 우뚝 선 사마천_221

궁형의 치욕을 이기고 『사기』를 완성하다 _ 223　/　태산보다 무거운 죽음 _ 224　역사가의 빼어난 노래, 『사기』 _ 226　/　스타트업 전성시대 _ 228　생각은 크게, 시작은 작게 _ 230　/　참고자료 _ 231

인간을 구하라, 재난구조 로봇
자신을 알아주는 사람을 위해 죽다, 자객 열전_233

예양, 자신을 알아주는 사람을 위해 죽다 _ 234　/　진시황을 베려 한 형가와 영화 '영웅' _ 237　효자 섭정, 스스로 얼굴 가죽을 벗기고 죽다 _ 241　/　재난구조 로봇, 인간을 대신해 인간을 살리다 _ 244　/　로봇, 축복인가 재앙인가? _ 247　/　참고자료 _ 250

3초 전쟁, 모바일 결제 전쟁의 승자는?
오나라와 월나라는 왜 원수가 됐나? _ 251

복수의 화신, 오자서 _ 252 / 와신상담의 주인공, 구천과 부차 _ 255 / 군사전략가에서 거상으로, 변신의 귀재 범려 _ 259 / 와신상담 삼성, 페이 돌풍을 일으키다 _ 261 / 3초 모바일 결제 전쟁의 승자는? _ 265 / 참고자료 _ 267

애플, MS, 구글의 꿈이 시작된 날
정도전의 신의 한 수 _ 269

10년 인고의 세월에서 꿈이 피다 _ 271 / 정도전의 신의 한 수, 이성계를 찾아가다 _ 273 / 새로운 해가 뜨다, 조선 _ 276 / 임금과 신하 이상의 오랜 동지, 이성계와 정도전 _ 279 / 미완의 개혁 그리고 500년의 회한 _ 281 / 애플, 몽상가와 천재 엔지니어의 만남 _ 283 / 한 장의 사진을 본 그날, 마이크로소프트 탄생하다 _ 285 / 동갑내기 두 천재, 구글을 창업하다 _ 287 / 참고자료 _ 290

백탑에서의 아름다운 인연과 오픈소스 커뮤니티
연암, 우정과 지성의 유쾌한 향연을 즐기다 _ 291

청년기의 우울증을 해학과 글로 이겨내다 _ 292 / 우정과 지성의 네트워크, 백탑파 _ 294 / 『열하일기』로 조선 후기의 별이 되다 _ 295 / 공유와 참여의 대표적 협업 모임, 오픈소스 커뮤니티 _ 299 / 참고자료 _ 302

미래 교육 플랫폼, 무크
서신교육의 일인자 다산 정약용 _ 303

왕의 남자, 다산 정약용 _ 304 / 다산 정약용, 자녀들의 스승이 되다 _ 307 / 가족을 향한 애틋한 사랑 _ 309 / 미래 교육 플랫폼, 온라인 공개수업 무크 _ 311 / 무크의 미래는? _ 313 / 참고자료 _ 314

IT, 인문을 만나다
역사와 고전으로 엿보는
19가지 IT 키워드

서양편

IT, 인문을 만나다
역사와 고전으로 엿보는
19가지 IT 키워드

서양편

카이사르 암호와 RSA 알고리즘
카이사르, 3월 15일을 조심하라

'Beware the Ides of March!'란 말을 아는가? Ides(아이즈)는 라틴어로 중간, 즉 15일을 의미한다. 직역하면 '3월 15일을 조심하라'는 의미이나 서양에서는 '흉사에 대비하라'는 관용구다. 한 예언가가 율리우스 카이사르 Gaius Julius Caesar에게 암살을 예언했을 때 한 말인데, 셰익스피어의 『줄리어스 시저』에도 이 말이 등장한다. 이처럼 카이사르가 암살된 날이 지금까지 큰 의미로 남겨진 것은 그만큼 그 날이 드라마틱했을 뿐 아니라 그가 고대 로마에 끼친 영향이 그만큼 컸기 때문이다.

고대 로마의 가장 위대한 영웅 두 사람을 꼽는다면 누가 떠오르는가? 많은 이들이 알렉산드로스 대왕과 카이사르를 떠올릴 것이다. 카이사르보다 약

150년 후에 태어난 그리스 철학자이자 저술가인 플루타르코스Ploutarchos는 그리스와 로마 시대의 주요 영웅을 다룬 『영웅전』에서 이 두 사람을 그리스와 로마의 대표적인 영웅으로 칭했다.

셰익스피어는 『영웅전』에서 영향을 받아 『줄리어스 시저』라는 명작을 썼다. 『줄리어스 시저』에서의 시저(카이사르)▲는 다소 오만하고 독선적인 부정적인 영웅으로 묘사됐는데, 영국의 유명한 극작가인 버나드 쇼는 셰익스피어에 대해 다음과 같이 혹평하기도 했다.

> "인간의 약점에 대해서는 그토록 깊이 통찰한 셰익스피어지만, 율리우스 카이사르 같은 인물의 위대함에 대해서는 이해하지 못했다. 『줄리어스 시저』는 실패작이다."

카이사르, 세상의 중심이 되다

카이사르는 기원전 100년 로마의 명문 귀족 가문에서 태어났다. 명문 집안이었지만 부유하지는 않았다. 청년기에 귀족파인 술라Lucius Cornelius Sulla Felix와 민중파인 마리우스Gaius Marius의 권력투쟁에 휘말리면서 마리우스의 조카인 카이사르는 평탄하지 않은 삶을 살았다.

술라가 마리우스를 제거하고 권력을 손에 쥐자, 그의 살생부에는 카이사르도 올라갔다. 그러나 술라의 측근들은 어린 소년을 죽이는 것이 의미가 없다고 반대했다. 그러자 술라는 살생부에서 카이사르의 이름을 지우면서 "자네들은 모르겠나? 그 젊은이의 마음속에는 100명이나 되는 마리우스가 들어 있다는 사실을…"이라고 말한 바 있다. 당시 술라는 18살인 카이사르에게서 미래 권력자의 모습을 엿본 것이다.

▲ 라틴어로는 가이우스 율리우스 카이사르, 영어로는 가이어스 줄리어스 시저라고 한다.

이러한 우여곡절 끝에 카이사르는 목숨을 부지할 수 있었다. 이후 해외와 본국을 돌아다니다가 37세(기원전 63년)가 됐을 때 대제사장이라는 요직을 맡으면서 본격적으로 출세 가도를 달리기 시작했다.

젊은 카이사르의 야망과 패기를 알 수 있는 일화가 하나 있는데, 그가 24세 때의 일이다. 카이사르는 소아시아의 로도스 섬으로 가는 중 해적을 만났다. 해적들은 20탤런트(당시 병사 4,300명의 월급 정도 금액)라는 엄청난 몸값을 요구했다. 카이사르는 "네놈들이 누구를 붙잡았는지 모르는 모양이군!"이라며 스스로 몸값을 50탤런트로 올렸다. 덕분에 수행원들이 돈을 구해 오는 38일 동안 그는 포로가 아니라 중요 인물처럼 대우받았다. 잠을 잘 때마다 사람을 보내 조용히 해 줄 것을 명령할 정도였다. 참으로 용기 있고 대담하지 않는가?

카이사르는 몸값으로 50탤런트를 지불하고 자유의 몸이 되자마자 가까운 밀레토스로 달려가 배를 빌렸다. 그리고 사람들을 모아 해적을 토벌하러 갔다. 그는 해적선을 급습해 50탤런트를 되찾고 해적들을 모두 교수형에 처했다. 그는 몸값을 스스로 올림으로써 목숨을 보장받고 편하게 지냈을 뿐 아니라 돈까지 되찾는 기지와 용기를 발휘했다.

30세가 된 카이사르가 회계 감사관으로서 에스파냐에 근무했을 때의 일이다. 그는 남부 해협 근처의 헤라클레스 신전에 방문했는데, 신전을 참배하다가 알렉산드로스 대왕의 초상 앞에서 한동안 생각에 잠겨 있었다. 그때 카이사르는 혼잣말로 "알렉산드로스는 갓 서른도 안 돼 세계의 지배자가 되었는데, 서른을 넘긴 내 꼴은 지금 뭐란 말인가?"라고 탄식했다. 당시 카이사르는 알렉산드로스 대왕을 보며 로마 최고의 지배자가 되겠다는 야망에 불타오르고 있었다.

카이사르는 이 시기에 1,300탤런트(11만 명의 병력을 1년 동안 이끌 수 있는 금액)라는 엄청난 빚을 지고 있었다. 그는 민중파의 대표주자로서 민심을 얻고 자기 사람을 만드는 데 주로 돈을 썼다. 320쌍의 검투사가 등장하는 경기를 자비로 열었고, 민중을 위한 공연과 회식에 거액을 지출했다. 그리하여 카이사르는 민중의 호감을 얻을 수 있었다.

기원전 60년 40세가 된 카이사르는 마침내 집정관(임기 1년의 최고 통치자 2명을 선출)에 선출됐다. 비로소 최고 통치자의 자리에 오른 것이다. 카이사르는 집정관이 되기 위해 삼두정치三頭政治를 만들었다. 당시 로마 최고의 권력자인 폼페이우스Gnaeus Pompeius Magnus와 크라수스, 카이사르가 연합해 로마 정치를 좌지우지했는데, 이러한 정치력을 바탕으로 카이사르는 자신을 싫어하던 원로원의 반대를 이겨내고 압도적인 표차로 집정관에 당선됐다.

집정관 취임 두 달 뒤 카이사르는 '율리우스 농지법'을 발의했다. 이 농지법은 국유지를 분배해 로마 시민에게 영구 임대하는 것으로, 로마 시민의 절대적인 지지를 받았다. 원로원의 강력한 반대에도 삼두정치를 등에 업고 농지법이 통과됐다.

당시의 상황은 핵심 원로원 중 한 명인 키케로Marcus Tullius Cicero가 친구에게 보낸 편지에서 잘 드러난다. 이 편지에는 "이제 로마에서 할 일이 없을 것 같으니 별장에나 가서 집필 활동에 전념할까 한다."라고 적혀 있었다. 원로원이 무기력하게 농지법을 저지하지 못한 심정을 엿볼 수 있는 대목이다. 키케로와 카토 등 공화정을 지지하는 원로원 의원들은 카이사르의 독주를 보며 불안해했고, 이러한 원로원과 카이사르의 갈등은 카이사르가 죽을 때까지 계속됐다.

1년간의 집정관을 마친 카이사르는 기원전 58년 갈리아 총독이 돼 갈리아로 떠났다. 이후 8년간 갈리아 총독으로 있으면서 800개가 넘는 도시를 함락하고 300개 부족을 제압했다. 그 결과 갈리아 전 지방(라인 강을 경계로 오늘날 서유럽 거의 전체)을 로마 영토로 편입시키는 큰 공을 세웠다. 심지어 브리타니아(영국)도 점령지에 포함됐다.

이에 대한 전쟁 기록이 『갈리아 원정기』다. 카이사르가 직접 쓴 『갈리아 원정기』는 사료로서의 가치도 크게 인정받고 있으며, 그의 수준 높은 문장력을 보여 주는 저작으로도 유명한데, 핵심 원로원이자 뛰어난 문장가이기도 했던 키케로는 이 저술에 대해 이렇게 평했다.

> "이 책은 모두 알몸이고 순수하며 인간이 몸에 걸치는 의복과도 비슷한 미사여구를 죄다 벗어 던졌을 때 생겨나는 매력으로 충만해 있다. 카이사르는 역사를 쓰려는 자들에게 사료를 제공할 목적으로 썼을지 모르나 사려 깊고 현명한 이들에게는 역사를 쓸 의욕마저 꺾어버리는 결과를 낳았다."

'알레시아 전투'는 카이사르가 갈리아에서 군인이자 전략가로서도 그의 능력을 입증한 전투다. 기원전 52년 카이사르가 이끄는 5만 명의 로마군과 베르킨게토릭스의 34만 명의 갈리아 부족 연합군 간의 대규모 전투를 끝으로 갈리아 지방이 로마에 완전히 복속됐다. 이 전투가 유명한 것은 로마군이 성안에 있는 갈리아군을 공격했을 때 26만 명이나 되는 지원군이 다시 로마군을 포위한 불리한 상황에서 극적으로 승리했기 때문이다. 카이사르는 양쪽에 2개의 방벽(바깥쪽 방벽 길이는 21Km)을 빠르게 쌓아 양쪽의 합류를 막고 공격에 대비했다고 전해진다.

그림 1 카이사르에게 항복하러 온 베르킨게토릭스(Vercingetorix throws down his arms at the feet of Julius Caesar), 리오넬 로이어(Lionel Royer).▲

카이사르는 두 차례에 걸친 협공을 막아낸 후 세 번째 갈리아의 총공세 때 기병을 활용한 효과적인 후위 공격으로 대군을 무찌르고 승기를 잡았다. 갈리아 총사령관 베르킨게토릭스도 결국 항복할 수밖에 없었다. 양쪽에서 포위당한 상태에서도 정예부대의 헌신적인 전투와 카이사르의 전술로 기적적인 승리를 거두었다.

이쯤에서 그의 리더십을 살펴보자. 갈리아 정복의 일등공신은 그와 생사고락을 함께한 장군들과 병사들이었다. 카이사르는 이들의 충성을 이끌어내는 탁월한 능력이 있었다. 목숨을 걸고 싸우는 병사들에게 아낌없이 포상을 줌으로써 부를 나눠 가졌고, 모든 위험에서 솔선수범해 어떤 노고도 마다하지 않았다. 몸이 가냘프고 간질병을 앓고 있었지만 이를 핑계 삼지 않았다.

▲ 출처: https://goo.gl/yXKz4A

한번은 비바람을 피해 사람 하나 겨우 누울 수 있는 곳을 찾았다. 그는 그 자리를 가장 약한 자에게 주어야 한다며 옵피우스에게 그곳을 사용하라고 명령하고 자신은 다른 병사들과 함께 잤다. 이런 리더십이 갈리아 전쟁에서뿐만 아니라 몇 년 뒤 그가 로마를 차지하는 데도 큰 역할을 했다.

카이사르의 갈리아 정복에 로마 시민은 열렬히 환영했다. 반면 원로원은 카이사르의 독재 시대가 될 것이라는 두려움을 느꼈다. 이에 원로원은 폼페이우스를 적극적으로 자기편으로 끌어들였다. 그리고는 카이사르에게 군대를 해산하고 무장을 해제한 채 로마로 즉시 귀국하라는 원로원 최종 권고를 내린다. 이를 어기는 것은 반역죄에 해당했다. 원로원 명령을 따라 로마로 가면 처형될지도 모르고, 이 명령을 어기면 반역죄를 뒤집어쓸 처치에 놓인 것이다.

기원전 49년, 고심 끝에 그는 충성스러운 군단병들과 이탈리아의 북부 경계인 루비콘 강을 건넜다. 여기서 그는 '주사위는 던져졌다'는 비장한 연설을 한 후 자신의 조국 로마로 쳐들어갔다. 갑작스러운 공격에 폼페이우스와 원로원은 로마를 비우고 그리스로 도망갔다. 전열을 정비해 공격하면 다시 쉽게 로마를 찾을 수 있을 것으로 생각했지만 폼페이우스는 카이사르의 상대가 되지 못했다. 기원전 48년 파르살로스 전투에서 카이사르에게 패배한 후 이집트 알렉산드리아로 도망간 폼페이우스는 이집트 왕 프톨레마이오스 13세의 지시로 애석하게도 암살되고 말았다.

로마의 주인이 된 카이사르는 독재관에 취임했다. 독재관은 절대 권력을 행사할 수 있는 자리로, 보통 큰 전쟁 때 빠른 의사결정을 위해 만든 임시직이었으나 카이사르는 스스로 종신 독재관이 돼 사실상 황제와 같은 지위를 누렸다. 그런데도 명목상으로는 공화정 체제를 유지했다.

카이사르는 로마를 개혁하기 위해 각종 정책을 추진했다. 율리우스력을 만들고 화폐를 통일하였으며, 복지 정책 등 로마 시민의 권리를 확대하고 사법 개혁을 단행했다. 개혁정책의 성공으로 대제국 로마의 발판을 마련하며 정치가로서도 커다란 업적을 이루었다. 폼페이우스 같은 동시대 사람은 물론이고 한니발, 스키피오, 알렉산드로스 대왕 같은 고대 영웅도 정치가로서 이름을 날릴 기회를 얻지 못했음에도 말이다.

그러나 그 과정에서 귀족들과 원로원은 철저히 소외됐고 이들의 불만은 커져갔다. 카이사르가 황제가 되려 한다는 불안감이 극에 달하자 원로원을 중심으로 그의 암살을 모의하기 시작했다. 철저한 공화정 신봉자이자 카이사르의 총애를 받던 마르쿠스 브루투스 Marcus Junius Brutus와 데키무스 브루투스 Decimus Junius Brutus Albinus가 암살 계획에 참여함으로써 이들은 힘을 얻었다. 결행일은 3월 15일, 원로원 회의가 열리는 날이었다.

Beware the Ides of March

기원전 44년 3월 15일, 운명의 날이 밝았다. 아침에 카이사르 아내 칼푸르니아는 그가 자신의 품에 안겨 죽는 불길한 꿈을 꾸었다며 원로원 회의에 참석하지 말라고 붙잡았다. 카이사르도 불안해 예언자에게 물으니 불길한 전조가 보인다고 말하자 원로원 회의를 연기하려고 했다.

이때 데키무스 브루투스가 집으로 찾아와 원로원을 홀대했다는 비난을 받을 계기를 만들지 않는 것이 좋겠다며 카이사르를 설득했다. 사흘 후엔 카이사르가 직접 출정하는 파르티아(오늘날 이란 지역) 원정도 예정돼 있어 카이사르는 원로원 의사당이 있는 폼페이우스 대극장으로 향했다.

원로원 의사당에 도착하기 전, 브루투스 일파와 친교가 있던 아르테미도로스가 카이사르 암살 모의를 우연히 듣고는 두루마리에 그 음모를 적어 카이사르에게 전하며 말했다.

> "카이사르여, 이것은 직접 읽으시되 빨리 읽으셔야 합니다. 중대하고도 그대와 직접 관계되는 내용입니다."

카이사르가 그 두루마리를 읽으려 했지만, 많은 사람이 그와 면담하려고 하는 바람에 읽지 못하고 그냥 의사당으로 들어갔다. 그때 원로원 의원인 틸리우스가 카이사르에게 다가와 추방당한 자신의 형을 용서해 달라고 간청하며 카이사르의 토가(겉옷)를 두 손으로 움켜쥐고 아래로 끌어내렸다. 공격 개시의 신호였다. 카스카를 필두로 원로원 의원들이 다가오면서 단검을 꺼내들어 카이사르를 찔러댔다. 카이사르는 뒤로 물러서며 방어하려 했지만 이미 이들에게 둘러싸여 역부족이었다.

그림 2 **카이사르의 죽음**(The Death of Caesar), **빈첸초 카무치니**(Vincenzo Camuccini). 자신의 정적이었던 폼페이우스 석상 앞에서 원로원 의원 14명에 의해 살해당하는 카이사르. ▲

▲ 출처: https://goo.gl/39C45f

자신이 총애했던 브루투스가 단검을 들고 있는 것을 보고 모든 것을 체념하며 "아들아 너마저!"라는 말과 함께 토가를 머리 위로 뒤집어쓰고 죽었다. 아이러니하게도 그가 죽은 장소는 바로 자신의 정적이었던 폼페이우스의 석상 앞이었다. 이때 그의 나이 55세였다.

기록에 따르면 카이사르를 죽이는 데 60여 명의 원로원 의원들이 가담하였으며 이 중 14명이 공격해 칼로 23번 찔렀다. 브루투스와 원로원파는 광장으로 나가 "로마 사람들이여, 우리는 다시 자유로워졌다!"라고 외쳤다.

마지막 순간에 카이사르가 어떤 말을 했는지는 논란이 많다. 수에토니우스 Suetonius가 쓴 『황제전』■에는 "아들아, 너마저!"로 돼 있고, 플루타르코스는 카이사르가 아무 말도 하지 않고 암살자 사이에서 브루투스를 보자 자신의 토가를 끌어올려 머리 위로 뒤집어썼다고 적었다. 카이사르가 토가로 얼굴을 가린 것은 '적어도 체면을 지키고 싶었기 때문'이라고 평했다. 셰익스피어의 희곡 『줄리어스 시저』에서 나오는 대사에서는 그 유명한 "브루투스, 너마저"로 표현하며 카이사르의 죽음을 극적이게 그렸다. 이때 브루투스가 일반적으로는 마르쿠스 브루투스로 알려졌지만, 학자들 사이에서는 누군지에 대한 논란이 있다. 데키무스는 카이사르의 유언장에 제2 상속자로 지정될 만큼 카이사르가 총애한 사람이었고, 마르쿠스도 카이사르 애인 세르빌리아의 아들이고 양아들로 삼을 만큼 아꼈기 때문이다. 셰익스피어는 희곡 『줄리어스 시저』에서 브루투스를 옹호하며 이렇게 썼다.

> 왜 시저에게 반기를 들었느냐고 묻거든, 이것이 나의 대답이오. 내가 시저를 덜 사랑했기 때문이 아니라 로마를 더 사랑했기 때문이라고. 여러분은 시저가 죽고 만인이 자유롭게 사는 것보다 시저가 살고 만인이 노예의 죽음을 당하는 것을 원하시오?

■ De Vita Caesarum, 수에토니우스가 121년에 쓴 전기로, 카이사르와 11명의 로마 황제를 다루었다.

카이사르를 죽임으로써 브루투스를 비롯한 공화정 옹호파가 승리하는 듯했다. 그러나 '수도에 사는 모든 로마 시민에게 한 사람당 300세스테르티우스(약 3개월분 급료)를 주고 정원도 시민들에게 기증한다'는 카이사르의 유언장이 그의 시신과 함께 공개되자 여론은 급변했다. 시민들은 카이사르를 암살한 것에 크게 분노했다. 결국 암살자들은 도망쳤고, 카이사르 부관인 안토니우스와 카이사르의 제1 상속자인 옥타비아누스[Gaius Octavianus]가 권력을 잡았다.

기원전 27년 옥타비아누스가 안토니우스를 포함한 모든 정적을 제거하고 로마의 일인자가 되자 원로원은 옥타비아누스에게 '아우구스투스(Augustus, 가장 존엄한 자)'라는 칭호를 올렸다. 아우구스투스는 이때부터 실질적인 제정을 시작하며 로마 초대 황제가 됐다. 이후 로마는 15세기까지 유럽을 지배했다. 카이사르는 황제가 되지 못했지만, 그의 이름은 황제를 뜻하는 말로 사용되어 러시아에서는 '차르', 독일에서는 '카이저'란 이름으로 영원히 남게 됐다.

카이사르, 암호를 개발하다

카이사르는 공화정을 무너뜨리고 전제정치나 독재정치를 해 비판을 받기도 했다. 그렇지만 많은 사람이 시대를 초월해 그를 정치인, 군인, 역사가로서 고대 서양의 최고 영웅으로 평가하고 있다. 19세기의 로마 역사가인 몸젠은 카이사르를 "로마가 낳은 유일한 창조적 천재"라고 극찬했으며, 2009년 미국 경제잡지 『포브스』가 역사상 가장 강력한 인물 7인에서 1위로 카이사르를 선정했다.

카이사르는 또한 서유럽의 기초를 닦은 사람으로 평가된다. 리옹, 쾰른 같은 대도시들은 그가 만든 군단도시나 식민도시가 발전한 것이다. 프랑스와 이탈리아의 와인산지도 그가 와이너리(Winery, 와인양조장)를 조성하면서 시작됐다. 『로마인 이야기』의 저자 시오노 나나미는 그를 '유럽의 설계자'로 치켜세우고 있다.

이렇듯 유럽에 많은 영향을 끼친 카이사르는 암호 분야의 개척자로도 알려져 있다. 그는 일명 '카이사르 암호'를 만들어 중요한 정보를 암호화해 소통했다.

역사상 암호를 처음 사용한 것은 기원전 500년경 스파르타에서였다. 스파르타는 전쟁 중 왕의 명령을 전할 때 '스키테일^{Scytale}'이라 불리는 원통형 막대와 양피지를 이용해 암호문을 만들어 보냈다. 가늘고 긴 양피지를 펴면 아무 의미 없는 글자지만, 이를 원통형 막대에 감으면 암호문이 나타나는 형식이다. 영화 '300'의 배경인 페르시아 전쟁(기원전 492~479년)에서 페르시아의 그리스 침공 소식을 페르시아에 망명해있던 스파르타의 전왕 데마라토스가 알려주었다. 이때 이 스키테일 암호를 이용했다고 전해진다.

그림 3 원통에 감으면 암호를 해독할 수 있는 스키테일(Scytale) 암호. 스파르타에서 만든 것으로 알려져 있다.▲

카이사르도 암호를 만들었는데, 문자를 치환하는 방식이었다. 알파벳을 3

▲ 출처: https://goo.gl/qXX0RJ

칸씩 밀어서 대응시키면 암호 문자가 만들어지는 방법이다. 예컨대 A는 D로, B는 E로 대응시키는 것이다.

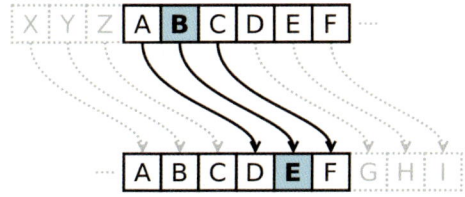

그림 4 가장 기본적인 치환 방식의 카이사르 암호.▲

앞서 카이사르의 죽음에서 언급했듯 원로원 의사당에 도착하기 전 아르테미도로스가 두루마리에 암살 음모를 적어 카이사르에게 전해줬다. 그러나 카이사르는 읽지 못하고 결국 살해당하고 말았다. 후세들이 지어낸 이야기 같지만, 그때 아르테미도로스가 전해준 두루마리에는 암호로 이렇게 적혀 있었다.

　EH FDUHIXO IRU DVVDVVLQDWRU.

앞에서 설명한 것처럼 3칸씩 당겨 다시 써 보면 다음과 같다.

　BE CAREFUL FOR ASSASSINATOR (암살자를 조심하라).

암호 기술은 이후 1, 2차 세계 대전을 거치면서 눈부신 발전을 했다. 2차 세계 대전에서 독일군의 강력한 암호체계를 영국이 해독에 성공함으로써 연합군이 승기를 잡는 데에 중요한 역할을 했다.

오늘날 우리는 암호의 홍수 속에 살고 있다. 암호가 없으면 인터넷 뱅킹이나 전자 상거래, 전자 문서 교환 등 컴퓨터를 이용한 상업적인 활동을 할 수 없다. 공인인증서에 대한 논란도 뜨겁다. 액티브X에 기반을 둔 공인인증서

▲ 출처: https://goo.gl/OG4kQ4

로 인해 외국에서 우리나라의 비싼 제품을 구매하는 것이 불가능하기 때문이다. 현재 법으로는 30만 원 이상의 물품을 구매할 때는 공인인증서를 의무로 사용하게 돼 있다. 이는 규제 개혁 토론에서 글로벌한 상거래를 막는 대표적인 규제 사례로 꼽히기도 했다.

바로 이 공인인증서가 사용자 신원을 확인하는 사이버 인감증명서 같은 역할을 하는데, 그 내부의 핵심 암호 체계가 바로 RSA 알고리즘이다.

공인인증서에 적용된 RSA 알고리즘

1978년 MIT 대학의 대학원생이던 라이베스트^{Rivest}, 사미르^{Shamir}, 애들먼^{Adleman}의 연구로 RSA 알고리즘이 탄생했다. RSA라는 이름은 이들 세 명의 성에서 첫 알파벳을 따 지었다. 공개키와 개인키를 기반으로 하는 이 암호 체계는 암호화뿐만 아니라 전자서명이 가능한 최초의 알고리즘이다. 이 세 명은 RSA를 발명한 공로로 2002년 컴퓨터 부문의 노벨상이라고 불리는 '튜링상'을 수상했다.

이 RSA 암호는 매우 큰 숫자를 소인수분해하는 것이 매우 어렵다는 수학적인 이론에 기반을 두고 있다. 2개의 큰 소수를 곱하는 데는 컴퓨터로 1초도 걸리지 않는다. 그러나 매우 큰 수를 2개의 소수로 인수분해하는 것은 엄청난 시간이 걸린다. 원리를 보면 충분히 큰 2개의 소수의 곱으로 이루어진 수를 이용해 공개키를 만들고 그 2개의 소수를 가지고 개인키를 만든다. 이렇게 하면 개인키를 찾아내는 데 엄청나게 오랜 시간이 들기 때문에 복호화하기가 거의 불가능하다.

복호화하는 데 얼마나 걸리는지 실험한 적이 있다. 1993년에 벨 연구소의 아젠 렌스트라는 사람이 92자리 수를 2개의 소수로 인수분해하는 작업을 시도했다. 600명의 사람과 1,600대의 컴퓨터를 동원해 8개월 만에 복호화에 성공했다.

이 92자리 수를 이진법으로 고치면 129비트가 되는데, 이를 'RSA-129'라고 한다. 현재는 암호 수준을 더욱 강화하기 위해 2,048비트를 사용한 RSA-2048까지 나와 있다. 아직 이 암호를 푼 사람은 없다. 2013년 구글은 자사 사이트의 SSL인증을 RSA-2048 기반으로 변경했다.

큰 수를 2개의 소수로 빠르게 인수 분해하는 알고리즘이 나온다면 어떻게 될까? 그렇게 된다면 이 RSA 알고리즘은 암호 체계로서의 가치를 잃고 바로 폐기 처분될 것이다. 이 가정과 관련한 수학 가설이 있다. 1859년 독일 수학자 리만^{Riemann}이 만든 '리만 가설'로, 이를 쉽게 풀면 '소수들이 어떤 패턴을 가지고 있다'라는 것이다. 소수들에서 패턴만 찾아낼 수 있다면 쉽게 소수로 인수분해하는 것이 가능하다고 알려져 있다.

그러나 이 리만 가설은 '수학 7대 난제' 중 하나로 아직까지 증명되지 않고 있으며 100만 달러의 상금이 걸려 있다. 300년 만에 풀린 유명한 '페르마의 마지막 정리'처럼 언젠가 이 난제도 풀리지 않을까 기대해 본다.

참고자료

1. Bioi Paralleloi, 플루타르코스. 플루타르코스 영웅전(2010), 천병희 번역, 서울: 숲.
2. Commentarii de Bello Gallico, 카이사르. 갈리아 원정기(2012), 천병희 번역, 서울: 숲.
3. De vita Caesarum(121), 수에토니우스. Twelve Caesars(2007), 로버트 그레이브스 영역. 열두 명의 카이사르(2009), 조윤정 번역, 서울: 다른세상.
4. ローマ人の物語(4)(1995), 시오노 나나미. 로마인 이야기 4(1996), 김석희 번역, 서울: 한길사.
5. ローマ人の物語(5)(1996), 시오노 나나미. 로마인 이야기 5(1996), 김석희 번역, 서울: 한길사.

6. 암호 이야기(2006), 박영수, 서울: 북로드.

7. http://ko.wikipedia.org/wiki/율리우스_카이사르

8. http://ko.wikipedia.org/wiki/RSA_암호

세상이 원하는 인재, 통섭형 인재
거울 필체로 쓴 7,000여 장의 메모

1994년 11월 뉴욕 크리스티 경매장. 컴퓨터 황제인 빌 게이츠는 72페이지 분량의 노트를 낙찰받았다. 낙찰가는 약 3,100만 달러(320억 원 정도)로 도서 분야에서 역대 최고가였다. '코덱스 레스터Codex Leicester'라 불리는 이 노트의 주인은 바로 레오나르도 다 빈치(Leonardo da Vinci, 1452~1519)다. 언론에서는 "오늘날의 천재가 과거의 천재에게 보내는 헌사"라고 전했다. 빌 게이츠는 당시 인터뷰에서 다음과 같이 말했다.

"위대한 사유자들은 시대를 앞선다. 다 빈치는 당시의 누구보다도 더 깊이 과학을 이해하고 있었다."

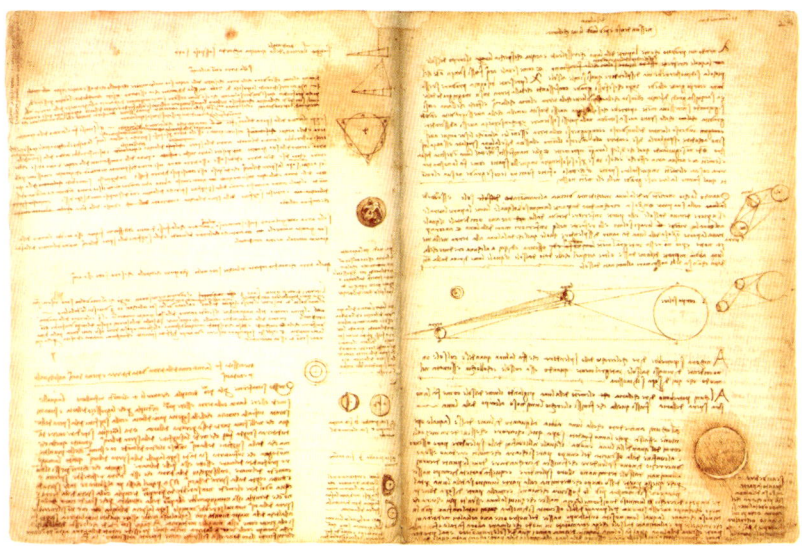

그림 1 빌 게이츠가 낙찰받은 코덱스 레스터(Codex Leicester). 이 노트에는 지구와 달의 운동, 대기와 물에 대한 연구 내용이 기록돼 있다.

2007년 과학저널인 『네이처』는 역사상 세계 10대 천재를 선정했는데, 당당히 1위를 차지한 사람이 바로 레오나르도 다 빈치다. 그는 수많은 메모를 남겼는데 거기에는 평생 동안 관심 있게 살펴보고 연구한 내용이 담겨 있었다. 그는 회화, 건축, 도시 계획, 수학, 천문학, 철학, 문학, 음악은 물론이고 동물과 인체의 해부, 대기와 물의 움직임, 식물의 성장, 시각의 원리, 빛과 그림자 등의 연구처럼 만물의 다양한 모습과 현상에 대해서도 하나도 빠짐없이 관찰하고 연구하고 기록했다.

레오나르도는 특이하게 왼손으로 펜을 잡고서 오른쪽에서 왼쪽으로 글을 썼다. 좌우를 반대로 썼기 때문에 그의 글을 제대로 읽기 위해서는 거울에 비춰야만 한다. 원래 왼손잡이라 오른쪽에서 왼쪽으로 써나가는 것이 더 편

▲ 출처: https://commons.wikimedia.org/wiki/File:Vinci_-_Hammer_2A.jpg

해서이기도 하지만, 남들이 쉽게 자신의 아이디어나 생각을 읽지 못하게 하기 위해서였다는 이야기도 있다. 좌우 반대로 쓰여 있긴 하지만, 7,000여 페이지나 되는 메모를 통해 그의 일상을 들여다볼 수 있으며, 그가 어떤 생각을 했는지 어떤 분야에 관심이 있었는지를 알 수 있게 됐다.

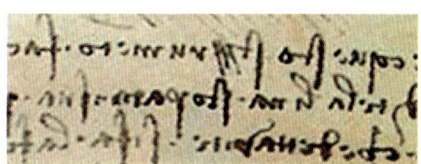

그림 2 레오나르도 다 빈치가 쓴 메모의 일부. 좌우로 뒤집어 쓴 것을 알 수 있다.

스승의 붓을 꺾게 만들다

레오나르도 다 빈치는 1452년 이탈리아 피렌체 공화국의 빈치^{Vinci}라는 마을에서 태어났다. 그의 이름은 '빈치사람 레오나르도'라는 뜻이다. 그는 피렌체의 부유한 공증인인 세르 피에르와 시골 처녀의 아들로 태어났지만, 적자가 아닌 서자였다. 그래서 아버지의 사랑도 받지 못했고 공식적인 교육도 받지 못했다. 세르 피에르는 레오나르도가 십대 중반이 되자 그를 피렌체로 데리고 가서 베로키오$^{Andrea\ del\ Verrocchio}$라는 화가의 공방에 견습생으로 들여보냈다.

베로키오는 피렌체에서 꽤나 유명한 화가였다. 레오나르도는 스승 밑에서 훈련을 받으며 실력을 쌓아갔다. 레오나르도는 스승인 베로키오를 모방하는 것을 넘어 자신만의 방법을 개발해 나갔다. 레오나르도는 스무 살이 되던 해인 1472년에 피렌체 화가 협회의 정식 회원이 돼 정식 화가로 인정받았다. 그 무렵 스승이 그리던 「그리스도의 세례」라는 그림의 귀퉁이에 2명의 천사를 그려 넣을 기회를 얻었는데, 그의 솜씨는 스승 베로키오를 놀라게 할 정도로 최고 수준이었다. 조르지오 바사리$^{Giorgio\ Vasari}$는 그의 저서 『미술가 열전』에서 이 작품을 베로키오의 마지막 그림이라고 썼다.

> 베로키오가 작업했던 그림에서는 그리스도가 성 요한 옆에서 세례를 받는다. 레오나르도는 이 작품에서 옷을 들고 있는 천사를 그렸다. 레오나르도는 나이가 젊음에도 탁월한 실력을 발휘했다. 그가 그린 천사는 베로키오가 그린 중심인물보다 훨씬 나았다. 이는 베로키오가 다시는 물감에 손을 대지 않고 조각에만 전념하게 된 이유이기도 하다. 베로키오는 소년이 자신보다 그림을 더욱 잘 이해했다는 점을 부끄러워했다.

20대 중반이 넘어서면서 레오나르도는 회화를 넘어 과학기술에 관심을 보이기 시작했다. 지레와 도르래를 이용한 기중기, 나선식 펌프, 물로 동력을 얻는 제분기 등에 관심을 보였다.

그는 20대 후반에 이미 뛰어난 음악가이기도 했다. 특히 수금 연주를 아주 잘했다. 레오나르도가 30세가 되던 1482년에 피렌체를 떠나 밀라노에 갔을 때 밀라노 궁정에 화가나 과학기술자가 아닌 음악가로 소개됐다는 기록으로 봐서 그의 연주 실력은 피렌체에 있을 당시부터 유명했던 것 같다. 연주를 잘할 뿐만 아니라 수금을 직접 제작하기도 했다. 『미술가 열전』에는 이렇게 기록돼 있다.

> 그는 은을 사용하여 말의 해골 모양으로 직접 제작한 특별한 수금을 밀라노에 가져갔다. 이는 매우 기이하고 신기한 디자인으로 더욱 원숙하고 낭랑한 소리가 났다.

과학과 인간을 탐구하다

레오나르도는 30세에 고향 피렌체를 떠나 밀라노로 갔다. 새로 밀라노 공작이 된 독재자 루도비코 스포르차(Ludovico Maria Sforza, 1452~1508)가 도시 건축가와 전쟁 기술자를 구하고 있다는 소식을 접하고 나서다. 레오나르도는 그때 그림뿐만 아니라 건축이나 무기, 다양한 기구에 관한 지식도 갖고 있었다. 그가 스포르차에게 보낸 편지가 남아있는데, 오늘날 '자기소개서'의 원조쯤으로 볼 수 있다.

> 저는 전쟁 도구 제작자이자 대가라고 생각하는 사람들의 발명품을 보고 조사해 왔습니다. 조사해 본 결과, 그들이 발명한 기계의 작동이 보통 기계와 전혀 다른 점이 없다는 사실을 깨달았습니다. 그러므로 공작님께 제가 가진 기술을 보여드리고, 제가 소유한 비밀을 알려드리고, 이 모든 물건을 효과적으로 시범 보이는 기쁨을 누리고 싶다고 감히 제안합니다.
>
> 가볍고 튼튼한 교량을 지을 수 있고, 파괴되지 않는 교량도 제작할 수 있습니다. 편리하고 운반이 용이한 대포와 보병을 무찌르는 장갑차를 만들 수 있습니다. (중략) 누구에게도 뒤떨어짐 없이 공작님께 만족을 드릴 수 있다고 확신합니다. 또한 회화에서도 누구 못지않게 할 수 있습니다. 더욱이 각하의 부친 및 스포르차가의 영원한 영광과 명예가 될 청동 기마상을 제작할 수 있습니다.

이렇게 밀라노로 간 레오나르도는 18년 동안 스포르차의 군사 기술자이자 건축가이자 전속 화가이자 수금 연주자로 일했다. 이 시절 그는 유명한 「최후의 만찬」을 그렸으며, 조각에서는 7미터 높이의 청동 기마상에 착수했다. 밀라노가 프랑스에 의해 함락되지 않았다면 역사에 길이 남을 기마상이 될 뻔 했으나 아쉽게도 점토 기마가 완성된 상태에서 파괴됐다. 그 밖에도 건축가로서, 연극 무대의 연출가 겸 음악가로서의 활동도 두드러졌다. 그는 인체 해부 및 빛과 그림자의 연구를 비롯한 과학연구에 몰두하였고 『회화론』을 포함한 각종 저술에도 힘썼다.

특히 그는 인간이 새처럼 비행하는 것에 깊은 관심을 보여, 다양한 새의 동작과 함께 하늘을 나는 기계에 대한 데생을 남겼다. 이 데생이 오늘날의 비행기와 헬리콥터, 낙하산에 대한 최초의 아이디어다. 이는 2000년 6월 27일 영국의 스카이다이버 애드리안 니콜라스가 레오나르도의 설계도와 거의 동일하게 제작한 낙하산으로 3킬로미터 상공에서 낙하에 성공하였을 정도로 구체적인 것이었다.

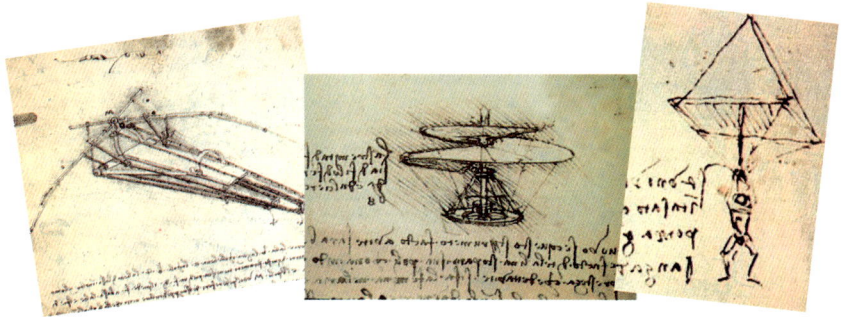

그림 3 우피치 미술관에 소장된 레오나르도 다 빈치의 하늘을 나는 기계. 왼쪽부터 비행기, 헬리콥터, 낙하산에 대한 스케치다.▲

30대 중반부터 레오나르도는 해부학에도 깊은 관심을 보였다. 해부학자로서의 그의 작업은 불굴의 용기가 필요했다. 냉동되지 않은 시신으로 한 해부 작업이 힘들고 역겨웠음에도 평생 30여 구의 시신을 해부하며 인체 및 장기를 세밀하게 관찰해 1,500편에 달하는 해부학 삽화를 스케치로 남겼다. 이는 교회의 교리를 거스르는 행동이었기 때문에 교회와 사람들로부터 공격을 받아 노년에 파리로 가게 되는 계기가 됐다.

1495년 레오나르도는 스포르차의 요청을 받아 산타 마리아 델레 그라치에 성당 수도원의 식당 벽에 역사의 걸작인 「최후의 만찬」을 그리게 됐다. 작품은 매우 더디게 진행돼 그림 그리기에 착수한 지 3년 만에 완성했다. 수도원장이 스포르차에게 "레오나르도가 팔짱을 낀 채 그림을 노려보기만 하다가 며칠씩 허송하는 날이 많고 또 붓질만 한두 차례 문지르고 자주 사라

▲ 출처: https://goo.gl/iRdnUP, https://goo.gl/AVHwRd, https://goo.gl/LJs236

진다."고 불평을 하자 레오나르도는 "예술가의 가장 중요한 일은 그리는 것보다 구상하는 데 있습니다."라고 답했다. 그리고 그는 유다의 얼굴로 사용할 악한 얼굴을 찾고 있는데, 만약 찾을 수 없다면 '무뚝뚝하고 성급한 수도원장'을 모델로 사용하겠다고 스포르차에게 말했다는 일화가 있다.

1498년 스포르차가 프랑스 루이 12세에 의해 축출되자 피렌체로 돌아온 레오나르도는 미켈란젤로를 만났다. 피렌체 공화정이 레오나르도와 미켈란젤로에게 베키오 궁에 피렌체 전쟁 벽화를 그려 달라는 의뢰를 하면서 두 위인의 만남이 이뤄졌다. 당시 레오나르도는 「앙기아리 전투」를, 미켈란젤로는 「카시나 전투」를 그렸다.

그런데 두 천재 화가의 사이는 매우 좋지 않았다. 천성적으로 공격적인 미켈란젤로는 자신보다 한참 선배인 레오나르도를 존경하지 않고 깔봤다. 둘 사이의 관계를 보여 주는 일화가 있다.

한 무리의 사람이 단테의 글귀를 놓고는 논쟁을 벌이고 있었다. 그들은 마침 지나가던 레오나르도에게 그 구절을 설명해 달라고 부탁했다. 그때 미켈란젤로를 본 레오나르도는 '저기 미켈란젤로가 지나가는군요. 그가 설명해 줄 겁니다'라고 대꾸했다. 이 말에 미켈란젤로는 자신을 모욕했다고 생각하고는 화를 내며 이렇게 되받아쳤다. '댁께서 설명하시죠. 청동 기마상을 만들려다가 주조할 수 없어서 수치스럽게도 포기하고 말았던 댁이 말입니다.' 레오나르도는 이 말에 얼굴을 붉히며 그 자리에 우두커니 서 있었다.

미켈란젤로는 밑그림만 완성하고 교황청의 명을 받아 다른 그림을 그리러 떠났고 레오나르도도 거의 완성은 했으나 벽화를 마무리하지 못하고 떠났다. 그 후 레오나르도의 「앙기아리 전투」 벽화는 역사에서 사라졌다. 세계 미술사의 미스터리가 탄생한 순간이다.

레오나르도 다 빈치, 살아있는 전설이 되다

2012년 캘리포니아대의 세라치니 박사팀은 건축가이자 화가인 조르지오 바사리가 그린 「마르시아노 전투」 벽화 뒤에서 레오나르도의 「앙기아리 전투」 벽화를 발견했다고 발표했다. 450여 년 만에 벽화가 세상에 모습을 드러낸 것이다.

발견 과정은 소설 『다 빈치 코드』를 연상시킨다. 조르지오 바사리의 「마르시아노 전투」 벽화는 1563년 권력을 장악한 메디치가를 기념해 그린 벽화로, 벽화 안에 아주 조그마한 글씨로 새겨진 '찾으라. 그러면 발견할 것이다(Cerca Trova)'라는 문장이 적혀 있다. 세라치니 박사팀은 이 문구를 발견하고는 '무언가 숨겨져 있다는 바사리의 비문이 아닐까?'라는 의문을 품었다. 이후 수십 년을 조사한 끝에 레이저와 자외선 및 적외선 카메라 등을 사용해 3cm 정도 뒤에 있는 「앙기아리 전투」 벽화를 발견했다. 또한, 이 벽화의 물감이 「모나리자」에 사용한 물감과 일치한다는 사실도 밝혀졌다. 이 벽화는 「바사리 벽화」의 훼손 가능성 때문에 아직 발굴하지 못하고 있지만, 레오나르도 작품의 최고봉으로 평가되고 있어 우리를 설레게 한다.

그림 4 마르시아노 전투(The battle of Marciano in Val di Chiana), 조르지오 바사리(Giorgio Vasari). 이 벽화에서 'Cerca Trova'라는 문구가 발견됐다.

▲ 출처: https://goo.gl/adTt1W

60세 무렵 레오나르도는 피렌체의 부호 프란체스코 델 지오콘도^{Francesco del Giocondo}의 부인인 리자 게라르디니^{Lisa Gherardini}의 초상화라고 알려진 「모나리자^{Mona Lisa}」를 그렸으며, 교황청의 초대로 로마에 머물며 교황청을 위해 일하기도 했다.

그림 5 레오나르도 다 빈치의 초상화

생애 마지막에 그는 프랑스 국왕 프랑수아 1세의 초대로 프랑스로 건너갔다. 그는 오른팔이 마비돼 제대로 그림을 그릴 수 없었지만, 여러 종류의 기계와 자연에 관한 과학적 연구를 정리하고 미완성된 그림을 손질하면서 평화로운 말년을 보냈다. 레오나르도는 67세의 나이로 프랑수아 1세의 품 안에서 임종을 맞았다. 조르지오는 레오나르도 다 빈치를 다음과 같이 극찬했다.

"우리는 이따금 자연이 하늘의 기운을 퍼붓듯, 한 사람에게 엄청난 재능이 내리는 것을 본다. 이처럼 감당 못 할 초자연적인 은총이 한 사람에게 집중돼 아름다움과 사랑스러움과 예술적 재능을 고루 갖게 되는 일이 없지 않다. 그런 사람은 하는 일조차 신성하여 뭇사람이 감히 고개를 들 수 없으니 오직 홀로 밝게 드러난다. 그가 만들어 내는 것들은 신이 손을 내밀어 지은 것과 같아서 도저히 인간의 손으로 만들었다고 보기 어렵다. 레오나르도 다 빈치가 바로 그런 사람이다."

신의 손을 가진 레오나르도의 옥에 티는 한번 시작한 일을 끝까지 마무리하지 못한 것이 많다는 것이다. 다양한 방면에서 쉴 새 없는 탐구와 활동을 했기 때문인지 레오나르도가 완성한 그림은 열 점 남짓에 불과하다. 시작했던

▲ 출처: https://goo.gl/qefUMU

그림을 완성하지 않고 중도에 그만두는 경우가 많았다. 수없이 많은 메모와 설계도를 남겼지만, 정작 실제로 만들어진 것은 거의 없다. 미켈란젤로가 비난했듯 스포르차가 그토록 원했던 청동 기마상도 결국 완성하지 못했다.

레오나르도의 유언에 따라 그의 모든 노트는 수제자인 프란체스코 멜치 Francesco Melzi가 물려받았다. 멜치는 그 노트들을 성스러운 유물처럼 보관했으나 멜치가 죽은 후에는 관리가 소홀하여 노트들은 뿔뿔이 흩어졌다. 이 노트를 '코덱스Codex'라 부르는데, 코덱스에는 각기 이름이 있다. 이는 레오나르도가 붙인 이름이 아니라 그가 죽은 후 노트의 소유자나 소장 기관이 붙인 이름으로, 코덱스 아틀란티쿠스, 코덱스 마드리드, 윈저 콜렉션, 코덱스 아룬델, 코덱스 포스터, 코덱스 레스터 등이 그것이다. 서두에 소개한 빌 게이츠가 소유하게 된 레오나르도 다 빈치의 노트가 코덱스 레스터다. 코덱스 중에서 코덱스 아틀란티쿠스가 1,119쪽으로 가장 방대하고 가치가 있다. 이 코덱스들 덕에 레오나르도 다 빈치는 살아있는 전설이 된 셈이다.

21세기형 인재, 통섭형 인재

요즘 '통섭'이라는 말이 유행이다. 각종 인문교양 강좌에는 통섭이라는 말이 빠지지 않고 있으며 기업들은 '통섭형 인재'에 목말라 하고 있다. IT 분야에서는 소프트웨어나 사용자 감성을 입힌 UX(사용자 경험), 디자인 같은 분야에 인문학을 접목하는 시도에 통섭이라는 단어를 많이 사용한다. 작고한 애플의 스티브 잡스가 UX나 디자인, 사용자의 심리를 꿰뚫는 소프트웨어를 무기로 소위 '애플빠'라는 강력한 충성 고객을 확보한 것이 통섭의 가장 큰 예다.

통섭이라는 용어는 미국 사회생물학자인 에드워드 윌슨 Edward Wilson의 1998년 저서인 『Consilience, The Unity of Knowledge』를 그의 제자인 최재천 교수가 『통섭, 지식의 대통합』으로 번역하면서 국내에 알려지기 시작했다. 통섭은 원효대사의 화엄경에서 사용한 말로, '줄기'란 뜻의 한자 '통統'과 '잡다'란 뜻의 한자 '섭攝'이 합쳐져 '전체를 도맡아 다스리다'라는 뜻이다. 이제는 '자연과학과 인문사회과학 지식의 융합'이라는 의미로 통용되며 학문의 경계를 넘나들며 새로운 지식과 가치를 만들어 내는 활동을 의미한다.

미국에서는 1997년부터 이공계 학생들에게 인문 경영학적 소양을 쌓도록 하는 PSM Professional Science Master, 전문이학석사 과정 프로그램을 실행했다. 스탠포드 등 여러 대학이 PSM을 도입했으며, 미국 외에 호주, 캐나다 등에서도 이 과정을 도입했다. 우리나라에서도 2012년 '과학비즈니스벨트 기본계획'에 PSM 과정이 포함됐다. 현재 충북대, 한국기술교육대, 홍익대 3개 대학에서 PSM 과정을 시행 중이다. 뉴욕 주립대의 데이비드 킨 대학원장은 PSM을 MBA 과정과 비교하며 '21세기형 학위'라고 했다.

기업체도 통섭형 인재를 채용하고 양성하려는 노력을 기울이고 있다. 대표적으로 구글은 6,000여 명의 신규채용 인력 중에서 5,000여 명을 인문계에서 채용한다. 스티브 잡스가 인수했던 픽사도 사내 대학에 100여 개의 인문학 강좌를 개설해 통섭형 인재 양성에 힘을 쏟는다.

우리 기업 중에는 삼성그룹이 가장 적극적이다. 삼성전자와 삼성SDS는 2013년부터 인문계열 전공자 200여 명을 선발해 소프트웨어 전문 인력으로 양성시키는 SCSA Samsung Convergence Software Academy 프로그램을 운영하고 있다. 인문학적 소양과 기술을 갖춘 통섭형 인재를 양성하기 위해서라는 것이 삼성의 설명이다. 현재 졸업생들은 교육을 마치고 현장에 투입돼 SCSA의 성공 여부가 시험대에 올랐다.

그림 6 2013년 SCSA 인재모집 광고▲

통섭형 인재라면 누구나 레오나르도 다 빈치를 1순위로 꼽을 것이다. 레오나르도는 화가이자 조각가, 발명가, 건축가, 기술자, 해부학자, 식물학자, 도시 계획가, 천문학자, 수학자, 음악가 등 여러 가지 분야를 넘나들며 뛰어난 업적을 남겼다. 그는 왕성한 호기심으로 끊임없이 관찰하고 탐구하고 기록하며 오늘날 누구도 범접할 수 없는 통섭형 인재가 됐다.

현시대에서의 대표적인 통섭형 인재는 단연 스티브 잡스다. 어릴 적 그는 사고뭉치였으나 초등학교 4학년 때 전자공학 키트를 얻으면서 컴퓨터에 심취했고, 고등학교 시절 HP에서 임시직으로 일하면서 IT 분야에서 뛰어난 자질을 보였다. 리드대학에서 동양철학을 공부했으나 1학기 만에 자퇴하고 히피 문화에 빠지는 등 굴곡 많은 청년기를 보냈다.

그 와중에도 캘리그래피^{Calligraphy} 과목을 청강하는 등 교육에 대한 열정은 대단했다. 이때 수업에서 받은 감동은 나중에 매킨토시의 서체에 반영됐다. 디자인을 강조하고 사용자 감성에 가치를 두는 인문학적 사고는 애플 제품 개발에 큰 영향을 끼쳤다. 그는 자신이 창업한 애플에서 퇴출당하는 좌절을

▲ 출처: http://samsungtomorrow.com/4160

겪기도 했지만, 12년 만에 복귀해 'i' 시리즈로 '애플 천하'를 이끌면서 위기에 빠진 애플을 구했다. 기술에 스티브 잡스의 인문학적 철학과 감성이 고집스럽게 반영된 결과였다. "기술과 인문, 하드웨어와 소프트웨어를 융합해야만 미래를 선점할 수 있다."고 말했던 고집불통 스티브 잡스는 떠났지만, 그는 영원히 기술혁신의 아이콘으로 남을 것이다.

관심 분야를 넓히고 지적 네트워크를 형성하라

고대부터 르네상스 시대까지는 통섭형 인재가 많았다. 뉴턴도 물리학자이면서 동시에 수학자였고 천문학자였다. 그러나 근대 이후 산업화, 분업화가 가속화되면서 자신의 전공 분야에서만 잘하면 전문가로 인정받는 시대가 됐다. 다른 분야를 공부할 이유가 적어서 많은 전문가가 전공영역 외에는 잘 모른다. 병원의 수많은 진료과를 보면 실감할 수 있다.

그렇다면 우리는 통섭의 시대에 어떻게 해야 하는가? 자신이 좋아하는 분야에 관심을 두는 단계부터 시작하자. 예를 들어, 영화 보는 것을 좋아한다면 영화에 푹 빠져보고, 자신이 영화평론가라고 생각하고 글을 써보는 것이다. 이를 통해 영화 보는 시각이 훨씬 넓어질 뿐만 아니라 전문지식을 쌓을 수 있다. 취미를 특기로 만드는 것이다.

두 번째로, 관심 영역을 넓게 보라. 가장 좋은 방법은 사람을 많이 만나며 참여와 소통하는 것이다. 특히 자신이 좋아하거나 존경하는 사람과 만나 그 사람이 좋아하는 분야에 동참해 보자. 자신이 사랑하는 사람과는 무엇을 하더라도 즐겁고 재미있을 것이다. 그렇게 예술 분야나 스포츠, 역사, 인문, 사회, 과학에 빠져보며 그 분야의 소양을 쌓도록 하자. 사랑하면 알게 되고, 알면 더욱 사랑하게 된다.

세 번째는 다양한 분야의 사람들과 지적 교류 모임을 만들거나 참여하는 것이다. 같은 업계일 수도 있고 다른 분야일 수도 있다. 다양한 간접 경험을 해 보며 관심 가는 분야는 더 파고들면서 지적 호기심을 넓혀라. 예를 들어, 웹 개발자라면 모바일 개발 역량을 키워보고, 오픈소스 소프트웨어 전문가라면 오픈소스 하드웨어인 '라즈베리 파이(Raspberry Pi)'를 가지고 자신만의 기기를 만들어보는 것이다. 주말에 집에서 자신만의 앱을 만들어 보고 그것을 사람들과 공유해 보라. 이런 활동이 자신의 새로운 비즈니스 모델이 될 수도 있고 생각지도 않던 기회를 줄 수도 있다.

중소업체에서 주말을 반납하며 일하는 개발자는 세상 물정 모르는 소리나 하고 있다고 느낄 수도 있다. 그러나 그 세상에서 빨리 나오고 싶은 열망만큼 자신의 영역을 넓히고 전문 지식을 쌓는 일에 투자해야 한다. 잠을 줄여서라도 자신의 특기를 개발하고 미래를 위한 공부에 빠져들어야 한다. 행운은 준비하는 사람에게만 오는 법이다.

대기업에 근무하는 IT 종사자들도 안주하면 안 된다. 100세 시대다. 은퇴 후를 생각해 보라. 퇴직 후 자신의 길을 못 찾는 선배들을 많이 보았다. 통섭형 인재가 되기 위해 노력하는 사람은 은퇴 후에 혹은 은퇴 전이라도 새로운 일을 찾을 수 있고 인생을 더 즐겁고 의미 있게 보낼 수 있다.

통섭 전문가인 최재천 교수는 통섭형 인재를 '비빔밥'에 비유한다. 여러 가지 반찬을 섞어 비볐을 뿐인데 한국을 대표하는 비빔밥이 나오는 것처럼, 주재료인 밥(전공)에 여러 반찬을 넣고 비벼 보라고 권하고 있다. 또한, 인문학 강연자인 강신주 박사는 "한눈팔아라."라고 말한다. 다양한 세상을 경험해 보라는 뜻이다. 레오나르도는 우리에게 통섭의 메시지를 준다. "아는 것이 적으면 사랑하는 것도 적다."

참고자료

1. Leonardo da Vinci: Flights of the Mind(2005), 찰스 니콜. 레오나르도 다 빈치 평전 (2007), 안기순 번역, 서울: 고즈윈.
2. Le Vite de' più eccellenti architetti, pittori, et scultori italiani, da Cimabue, insino a' tempi nostri(미술가 열전, 1550), 조르지오 바사리.
3. The Arts, 헨드리크 빌렘 반 룬(1974). 반 룬의 예술사(개정판) (2008), 남경태 번역, 서울: 들녘.
4. 통섭적 인생의 권유(2013), 최재천, 서울: 명진출판.
5. 창의융합 콘서트(2013), 최재천 외 11인, 서울: 엘도라도.
6. 인류 문명사와 함께 한 과학/기술과 인문학의 통섭, 황진명(2016), http://blog.naver.com/kbs4547.

로봇이 기사 쓰는 시대, 로봇 저널리즘
희대의 허풍쟁이인가? 천재인가?

1298년 이탈리아 제노바 감옥. 감옥 안에서 한 남자가 흥미진진하게 자신의 모험담을 이야기하고 있다. 다른 한 사람은 그의 말을 열심히 받아 적고 있다. 이 남자가 하는 이야기는 믿기 어려울 만큼 놀라운 이야기로 가득 차 있다. 이 남자의 별명은 '백만 선생'이었는데, 그가 걸핏하면 '수백만의'라는 말을 사용했다고 해 붙여진 것이다. 다분히 허풍쟁이라는 의미를 담고 있는 이 별명의 주인공은 바로 마르코 폴로Marco Polo다. 그리고 그가 제노바 감옥에서 구술하여 탄생한 책이 그 유명한 『동방견문록』▲이다.

▲ 원제는 『Devisement du Monde』이며, 영어권『The Travels of Marco Polo』, 한국과 일본은 『동방견문록』으로 출간됐다.

『동방견문록』만큼 논란이 많은 책도 없다. 유럽에서 성경 다음으로 많이 팔렸다는 이 책은 출판 당시부터 책 내용에 대한 사실 여부에 논란이 있었고, 700년이 지난 지금까지도 그 논란은 끊이지 않고 있다. 이 책의 이탈리아어 제목이 '일 밀리오네 Il Milione (백만)'인 것은 보면 당시의 이 책에 대한 유럽인의 시각을 잘 알 수 있다. 그런데도 이 책이 유럽과 세계에 끼친 영향은 실로 엄청났으니 역사의 아이러니가 아닐 수 없다.

마르코 폴로, 24년간 동방을 여행하다

마르코 폴로는 1254년 이탈리아 베네치아에서 태어났다. 마르코 폴로가 태어난 다음 해 보석상인 아버지 니콜로 폴로 Nicolo Polo 와 숙부인 마페오 폴로 Maffeo Polo 가 어린 아들을 뒤로하고 동방 무역을 위한 여행에 나섰다. 그러나 폴로 형제가 다시 베네치아로 돌아오기까지는 무려 14년의 세월이 흘렀다. 마르코 폴로의 엄마는 이미 세상을 떠난 상태였다. 마르코 폴로는 정상적인 교육을 받지는 못했지만, 15살의 건강한 아이로 자라 있었다.

마르코 폴로가 17살이 된 1271년에 아버지와 숙부는 마르코 폴로를 데리고 다시 몽골로 떠났다. 쿠빌라이 칸 Khubilai khan 이 기독교도가 되겠다며 폴로 형제에게 예루살렘 성유와 2명의 성직자를 데려오기를 요청했기 때문이었다. 그러나 2명의 성직자는 험난한 여정을 못 견디고 도중에 도망가 버리고 폴로 형제와 마르코 폴로 세 명만 긴 여정을 떠나게 된다.

원나라 수도까지 가는 길은 험난했다. 중앙아시아 부근을 지나는 도중에 열병에 걸려 거의 죽을 뻔하기도 했다. 그래서 1년간 요양을 해야 했고, 쿠빌라이 칸이 있는 칸발릭(Khanbalik, 수도인 대도, 오늘날 베이징)에 도착하기까지는 3년의 세월이 더 흘렀다. 폴로 일행이 오고 있다는 소식을 들은 쿠빌라이는 40일 거리까지 호위병들을 보내 궁까지 안전하게 호위할 만큼 그들을 환영했다.

당시 칸발릭으로 들어가려면 반드시 지나야 하는 다리가 있었다. 바로 루거우챠오蘆溝橋, 노구교다. 이 다리는 1192년 완공되어 800년 이상의 역사를 가진 베이징에서 가장 오래되고 길이도 긴 석교다. 마르코 폴로는 이 다리를 지나면서 이렇게 평가했다.

"세계에서 이렇게 아름다운 다리는 없으며 특히 난간의 사자석상은 정말 독특하다."

그림 1 노구교, 일명 마르코 폴 다리. 마르코 폴로가 칭한 세계에서 가장 아름다운 다리다.▲

▲ 출처: By Charlie fong. Public domain, GFDL. https://goo.gl/NtZVch

이렇게 해서 이 다리는 '마르코 폴로 다리'로도 불리게 됐으며 오늘날 베이징의 주요 관광명소 중 하나가 되었다.

21살의 마르코 폴로는 드디어 쿠빌라이 칸을 대면했다. 그는 이야기꾼의 소질이 있었는데, 몽골 언어를 금방 익힌 그의 입담은 쿠빌라이를 매우 즐겁게 했다. 그래서 쿠빌라이는 폴로 일행을 가까이 두었고, 이후 마르코 폴로는 17년 동안 쿠빌라이 밑에 있었다.

마르코 폴로는 어린 나이임에도 일 처리를 완벽하게 해냄으로써 쿠빌라이의 신임을 받았고, 주로 먼 곳으로 여행을 떠나는 사신이나 특사 임무를 맡았다. 임무를 마치고 돌아와서는 그 지역의 풍습이나 신기한 이야기 등을 쿠빌라이에게 전해 주었으며 쿠빌라이는 다른 신하들에게서는 들을 수 없는 매력적인 이야기에 빠져들었다.

마르코 폴로는 『동방견문록』에 양저우(양주)라는 도시를 직접 3년간 통치했다고 기록하고 있는데, 이 부분은 진위 논란이 많다. 그것은 원나라 사료 등 어떠한 기록에도 마르코 폴로에 대한 기록을 찾아볼 수 없기 때문이다. 17년간 머물면서 쿠빌라이의 신임을 받으며 사신의 역할도 수행했고 양저우도 3년간 다스렸다면 중국 문헌에 기록되어 있어야 하는데, 마르코 폴로의 흔적을 찾아볼 수 없으니 말이다. 많은 역사가가 그가 자신의 역할을 과장했을 가능성이 크다고 보고 있다.

또한, 자신이 투석기 제작법을 쿠빌라이에게 전수해 주어 고전하고 있던 몽골군이 중국 남부의 요새 샹양(양양)을 함락하는 데 기여했다고 기록했다. 하지만 원나라 사료에는 샹양을 1273년에 함락한 것으로 되어 있다. 1273년이면 마르코 폴로가 아직 쿠빌라이를 만나기 전이므로 마르코 폴로가 자신의 공적을 자랑하기 위해 거짓 혹은 과장하여 기록한 것으로 보인다.

원나라에서 지낸 지 10년이 훌쩍 넘자 폴로 일행은 고향 생각이 간절해져 집으로 돌아가고 싶다고 쿠빌라이에게 간청했으나 쿠빌라이 칸은 보내주지 않았다. "그대들이 재물이 아쉬워 돌아가고자 한다면 그대들이 원하는 만큼 주겠다. 다른 사유라면 보내줄 수 없다. 여기서 부귀영화를 누리며 살길 바라오."

1291년 드디어 폴로 일행에게 기회가 왔다. 당시 일 칸국(페르시아 지역)을 다스리던 아르군 칸이 왕비가 죽자 그녀를 대신할 몽골의 공주를 보내 달라고 쿠빌라이 칸에게 요청해 왔던 것이다. 그러자 마르코 폴로 일행은 자신들 만큼 안전하게 왕녀를 데려다줄 수 있는 사람은 없다며 다시 쿠빌라이 칸에게 간청했다. 3,000km가 넘는 먼 여정에 폴로 일행의 여행 경험이 필요했던 쿠빌라이는 결국 폴로 일행이 공주를 데려가도록 허락했다.

일 칸국까지의 여행 여정은 험난했다. 14척의 배로 출발하여 남중국해와 인도네시아를 거쳐 인도양을 따라가는 과정에서 600여 명이나 죽을 정도로 위험한 여정이었다. 3년 만에 겨우 도착했으나 아르군 칸은 이미 사망한 상태였다. 때마침 쿠빌라이 칸의 사망 소식도 전달됐다. 마르코 폴로 일행은 공주를 넘겨 주고 무사히 고향에 도착했다. 이때가 1295년, 베네치아를 출발한 지 무려 24년 만의 귀향이었다.

허풍쟁이 이야기꾼인가? 아니면 천재인가?

중국에서 가져온 막대한 보물로 부자가 된 마르코 폴로는 고향에 돌아온 지 3년 후 동방무역의 지배권을 둘러싸고 베네치아와 제노바 사이에 일어난 전쟁에 참여하게 된다. 『동방견문록』 번역본 중 하나인 '라무시오^{Ramusio}' 본 서문에는 다음과 같이 기록돼 있다.

> 베네치아와 제노바의 전쟁이 한창인 무렵, 부유한 폴로 일가는 전투선을 준비하라는 국가의 부름을 받았다. 마르코 폴로는 60척의 배 중 한 함대의 상인 선장으로 참전했으나 1298년 9월 베네치아는 코르출라 전투에서 제네바에 참혹하게 패배했다. 제노바 감옥에 투옥된 마르코 폴로는 1년인지 3년인지 확실치 않지만, 투옥 생활이 길어지면서 많은 이야기를 주변 사람들에게 전했다. 이것이 피사 출신의 로맨스 작가인 루스티첼로의 관심을 끌게 되어 그가 마르코 폴로의 이야기들을 정리하여 한 권의 책으로 만들어냈다.

마르코 폴로의 저서 『동방견문록』은 이렇게 감옥 속에서 운명적으로 탄생하였다. 글을 쓴 루스티첼로$^{Rustichello\ da\ Pisa}$도 마르코 폴로와 함께 제노바 감옥에 수감되어 있다가 대작을 쓸 행운을 얻었다. 모험담이나 로맨스 작가로 꽤나 알려졌던 루스티첼로가 프랑스어로 쓴 원본은 현재 남아있지 않다. 그러나 금으로 넘쳐나는 신기한 동방에 대한 내용이 유럽인의 모험심을 자극하면서 수많은 판본을 만들어 냈다. 현재 전해져 오는 판본만 해도 138가지나 된다.

> 여러 나라의 대공과 황제, 국왕, 공작, 후작, 백작, 전하, 기사와 시민 여러분, 또한 인류의 온갖 종족과 세계 각지의 다양한 사정에 대해 알고 싶은 각계각층의 분들은 이 책을 사서 읽어 보시라! 여기에서 여러분들은 아르메니아와 페르시아, 타타르, 인도, 그리고 여러 지방의 경이롭고 매우 다른 것들에 대해 알게 될 것이다.

『동방견문록』은 이렇게 시작하고 있다. 이 책에는 마르코 폴로가 여행하면서 본 놀라운 이야기들이 기록돼 있다. 마르코 폴로 자신도 "들어도 믿기 어려운" 또는 "보지 않고는 믿을 사람이 아무도 없을" 같은 표현을 자주 사용했다.

마르코 폴로나 루스티첼로는 역사학자가 아니다. 반드시 진실만을 써야 할 이유는 없다. 우리도 신기한 것을 보면 남들에게 이야기하면서 침소봉대

針小棒大하고 과장하는 경향이 있지 않은가? 더구나 마르코 폴로는 쿠빌라이 칸이 옆에 두고 싶어 할 만큼 천부적인 이야기꾼이었다. 어떻게 하면 사람들을 흥미진진하게 만드는지 알고 있었던 것이다.

마르코 폴로는 허풍쟁이의 면모와 천재적인 기억력을 모두 갖춘 사람이다. 베네치아로 돌아올 때 그동안 경험한 기록들을 가지고 왔다고 하더라도, 3년 후 기억이 희미해질 무렵에 구체적인 숫자를 이야기한다든지 방금 보고 온 것 같은 묘사를 한 것으로 볼 때 가히 천재라 할 수 있다. 그것도 감옥에서 말이다. 불과 몇 달 전에 여행 간 곳의 멋진 장면도 정확하게 묘사하는 데 한계가 있는 것이 평범한 우리 아닌가?

백만 가지 허황한 이야기를 하는 사기꾼이라는 소리를 들었던 마르코 폴로지만 후에 사실로 밝혀진 사례도 많다. 한 예로, 마르코 폴로는 '숯처럼 타는 검은 돌'이 있다고 소개했다.

> 이 지역의 산에서 주민들은 검은 돌 같은 것을 캔다. 돌에 불을 붙이면 숯처럼 타고, 나무보다 훨씬 더 많은 열을 내면서 밤새도록 타들어 간다. 그 돌은 처음 불을 붙이면 불꽃이 약간 타오르다가 곧 달아올라 엄청난 열을 발산한다. 이 때문에 이 지역의 모든 사람이 일주일에 적어도 세 번은 따뜻한 물로 목욕할 수 있으며, 여유가 더 있는 사람은 겨울에도 매일같이 목욕할 수 있다.

사람들은 이 검은 돌에 대해 말도 안 되는 거짓말이라는 평가를 했다. 그러나 이 숯처럼 타는 검은 돌이 유럽인에게는 처음 소개된 '석탄'이었다는 것이 밝혀진 것은 한참 뒤의 일이었다. 경험하지 않는 것을 믿지 않는 경험의 오류에 빠졌다고 볼 수 있다.

또한, 엄청난 뱀을 소개하면서 "길이가 열 걸음에 몸통 둘레가 열 뼘이나 되는 뱀이 있는데, 머리 쪽에는 호랑이 발톱 같은 것이 달린 짧은 다리가 있고, 눈은 빵 덩어리보다 크며 턱은 사람도 삼킬 만큼 쩍 벌어져 있다."라고 묘사한 것은 당시 유럽에는 알려지지 않았던 '악어'에 대한 이야기였다. 그 외에도 날개폭이 15m나 되어 코끼리도 들어 올릴 수 있는 거대한 새(큰바다오리), 몸집이 크고 몸에 줄무늬가 있는 사자(호랑이), 갑옷 입은 괴물(코뿔소), 불에 타지 않는 천(석면), 황제가 죽었을 때 2만 명을 같이 순장한 사건 등도 사람들은 믿지 않았다.

이처럼 유럽에 최초로 소개한 진귀한 동식물이나 물건들을 당시에는 거짓말이나 허풍이라 여겼으나 나중에는 사실로 확인됨으로써 허풍쟁이라는 오명을 많이 벗을 수 있었다. 신기한 것뿐만 아니라 마르코 폴로가 신년 축제에서 묘사한 모습도 상상을 초월한다.

> 한 해의 시작인 2월 1일에는 대칸에게 많은 수의 백마가 선물로 들어온다. 이곳의 부자들은 특이한 전통을 지키는데 선물을 9의 9배만큼 하는 것이다. 따라서 대칸에게 말을 보낼 때는 81마리를 보낸다. 이런 연유로 쿠빌라이가 신년 축제 때마다 받는 말의 수가 10만이 족히 넘는다. 선물로 받은 금이나 비단도 모두 마찬가지다. 또한 이 날에는 5천 마리 정도 되는 쿠빌라이의 코끼리들이 모두 모습을 드러낸다.

1324년 죽음을 앞둔 마르코 폴로에게 신부와 친구들이 찾아왔다. 신부는 마르코 폴로에게 그가 한 이야기 중에 취소하고 싶은 것이 있는지 물었다. 친구들도 이제는 고백하리라 기대했다. 그러나 마르코 폴로는 이렇게 대답했다.

> "나는 내가 본 것의 절반도 채 쓰지 못했습니다."

동방견문록, 아메리카 발견에 기여하다

유럽인들은 마르코 폴로를 허풍쟁이로 생각하긴 했지만 『동방견문록』이 그들에게 준 충격은 매우 컸다. 금은보화 같은 보물이 가득한 곳으로 묘사한 동방 세계는 동경의 대상이 되었고 몇몇 유럽인에게는 강한 호기심과 동방 탐험에 대한 모험심을 불어넣었다.

150여 년이 지난 뒤 이탈리아 제노바 출신의 크리스토퍼 콜럼버스^{Christopher Columbus}도 그중 한 사람이었다. 그는 『동방견문록』을 열심히 탐독했고, 흥미로운 대목이 있으면 그 옆에 메모를 남길 만큼 열정적으로 동방을 탐구했다. 메모에서 알 수 있는 것은 콜럼버스가 동방과의 교역에 관심이 많았다는 것이다. 그는 칸발릭에도 관심이 많았으며 금, 은, 사파이어 같은 보석, 비단, 향신료에도 관심이 있었다. 콜럼버스는 『동방견문록』을 통해 중국이나 인도 탐험의 꿈을 꾸었다. 또 당시 최고의 지도 제작자에게 지도를 구해 연구하며 서쪽으로 계속 항해하면 인도에 도달할 수 있다는 확신을 가졌다.

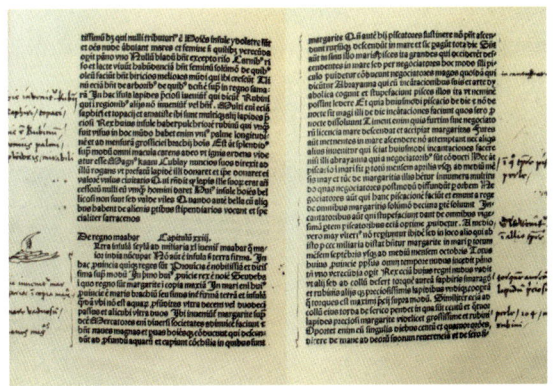

그림 2 콜럼버스는 마르코 폴로의 동방견문록에 메모까지 적어가며 탐독했다.▲

▲ 출처: https://goo.gl/W5dCHK

적당한 바람만 있으면 며칠 안에 인도에 닿을 수 있다는 확신을 가진 콜럼버스는 1484년부터 본격적으로 자신의 항해를 도와줄 후원자를 찾기 시작했다. 포르투칼, 에스파냐, 영국, 프랑스 등 여러 나라를 돌며 계획을 설명하고 설득했지만 번번이 거절당했다.

마침내 8년 만인 1492년 콜럼버스는 에스파냐(스페인)의 페르디도 국왕과 이사벨 여왕의 후원을 받아 친서를 가지고 꿈에 그리던 인도를 찾아 출항했다. 그 친서의 수신인은 인도를 지배하는 몽골의 대칸, 즉 칸 중의 칸이었다.

세 척의 배로 항해를 시작했지만 며칠이면 닿을 것으로 예상했던 육지는 나타나지 않았다. 선원들의 불만은 쌓여 갔고 폭동이 일어날 조짐까지 보였다. "육지가 보이지 않으면 내 머리를 잘라도 좋소. 그럼 여러분 모두 편안하게 고향으로 돌아갈 수 있을 것이오."라고 목숨까지 걸며 선원들을 달랬다.

마침내 70여 일 만에 육지에 도착했다. 도착한 곳은 오늘날 바하마 제도의 산살바도르 섬이었다. 그는 자신이 도착한 곳이 대칸이 통치하는 인도 근처의 섬이라 믿었다. 현재 그곳이 서인도제도라 불리는 것도 바로 이 때문이다. 그는 그곳이 아메리카 대륙이라고는 상상도 못 했다. 그의 항해일지에는 이렇게 기록돼 있다.

> 날씨가 좋으면 이 섬을 한 바퀴 돈 다음, 이곳 왕을 만나 이야기를 나누고 그가 몸에 지니고 있다고 들은 황금을 손에 넣을 수 있는지를 알아볼 생각입니다. 그리고 그 후에는 제가 데려온 인디오들에게서 들은 정보에 따라 황금의 나라 지팡구(일본)로 갈 예정입니다. 그러나 본토로 건너가 두 국왕 폐하의 친서를 대칸에게 전하겠다는 결심은 변함없습니다. 저는 반드시 그 답신을 요구한 뒤 그것을 갖고 돌아갈 것입니다.

과장된 이야기책이라 평가받았던 『동방견문록』을 읽고 바닷길을 통해 동방 탐험을 꿈꾸었던 콜럼버스가 아메리카 신대륙 발견이라는 위대한 업적을 남긴 것은 참으로 아이러니하다. 역사는 때로는 이렇게 예기치 않은 사건으로 발전하기도 한다는 것을 잘 보여 주는 사건이다.

『동방견문록』이 유럽에 끼친 영향은 실로 막대하다. 이 책의 내용에 자극받은 많은 유럽 상인들은 중국과 교류 활동을 하며 중국의 나침반, 화약, 인쇄술 등을 유럽으로 확산시켰다. 당시 유럽의 수준은 중국보다 떨어졌으나 중국의 선진문물을 적극적으로 수용하고 발전시킴으로써 향후 서양이 동양을 앞지르는 계기가 되었다.

『동방견문록』에 영향받은 콜럼버스가 신대륙을 발견함으로써 인류의 역사는 새로운 시대로 접어들게 되었다. 강력한 무기와 해군력으로 무장한 영국, 프랑스, 포르투갈 등이 주도하는 대항해 시대를 열었다. 그리고 유럽 각국은 치열한 식민지 경쟁을 펼치며 세계의 중심으로 떠올랐다. 오늘날 서양이 선도하는 세계 체제는 『동방견문록』이라는 씨앗으로부터 시작되었다고 해도 과언이 아닐 것이다.

로봇이 기사 쓰는 시대

2011년 이탈리아 나폴리 대학의 다니엘 페트렐라 교수가 이끄는 고고학 연구팀은 수년간 각종 사료를 검토한 결과를 내놓으며 이렇게 주장했다.

"『동방견문록』은 마르코 폴로가 직접 체험한 내용을 실은 것이 아니며, 심지어 그는 동방을 여행한 적도 없을 것이다."

마르코 폴로가 중국에 가지 않고 상인들에게서 들은 이야기를 짜깁기했다는 주장이다. 이렇듯 오늘날까지도 마르코 폴로는 그 진실성을 의심받고 있다. 마르코 폴로가 오늘을 살고 있다면 자극적인 기사와 짜깁기 기사를 쓰는 소위 '기레기(기자와 쓰레기의 합성어)' 취급을 받았을지도 모를 일이다.

'기레기' 반대편쯤에는 데이터를 기반으로 객관적인 사실 위주의 기사를 쓰는 소프트웨어 알고리즘이 있다. 로스앤젤레스 에인절스 대 보스턴 레드삭스의 야구 경기에 대한 다음 기사를 보자.

> 9회 2명의 주자가 나가 있었지만, 로스앤젤레스 에인절스의 상황은 다소 비관적이었다. 그러나 블라디미르 게레로의 적시타로 에인절스는 지난 일요일 펜웨이파크에서 열린 보스턴 레드삭스와의 경기를 7 대 6으로 승리했다. 게레로는 에인절스 주자 2명을 홈으로 불러들였다. 이로써 게레로는 4타수 2안타를 기록했다.

이 기사는 지난 2009년 10월에 '스탯몽키$^{Stats\ monkey}$'라 불리는 소프트웨어 알고리즘이 자동으로 생성한 기사다. 약간 딱딱하긴 하지만 기자가 작성하는 기사와 별반 다르지 않다. 이처럼 소프트웨어가 자동으로 작성하는 기사 방식을 '로봇 저널리즘'이라 한다. 알고리즘 저널리즘이나 데이터 저널리즘으로 불리기도 한다.

2010년대 초반부터 인공지능이 본격적으로 발전하기 시작하면서 로봇 저널리즘이 점점 늘어나고 있다. 미국이나 영국에서는 이미 로봇 저널리즘을 기사 작성에 활용하고 있다. 아직 단문 수준이긴 하지만, 수집한 데이터를 활용하여 정확한 기사를 작성해낸다. 논조에 따라 단어를 자동으로 교체하기도 하고 동일 단어를 반복하지 않게 유사 단어 대체 기능까지 지원한다.

2014년 3월 LA 지역에 2.7 규모의 지진이 발생했을 때 지진 속보를 가장 빨리 알린 「LA타임스」의 기사는 '퀘이크봇^{Quakebot}'이라는 로봇 알고리즘이 작성한 기사였다. 지진 발생 직후 지질조사국으로부터 지진 발생 사실이 전송되자 진원지와 진도 등 주요 정보를 바탕으로 로봇이 프로그램화된 문장 구조에 데이터를 배치하고 바로 온라인으로 기사가 나갔다. 이 모든 과정에 걸린 시간은 8분이 되지 않았다. 당시 기사를 번역하면 다음과 같다.

> 지질 조사국에 따르면 월요일 아침에 규모 2.7의 여진이 웨스트우드에서 관측되었다. 지진은 지하 4.3마일에서 오전 7:23에 발생했다. 진도 4.4의 지진은 오전 6:25에 발생하였고 남부 캘리포니아의 많은 지역에서 느낄 수 있었다. 지질조사국에 따르면, 여진의 진원지는 베벌리 힐스에서 5마일, 산타 모니카로부터 6마일, 웨스트 할리우드로부터 6마일 떨어진 지점이었다.

또 2013년 11월 영국의 일간지 「가디언」은 로봇이 쓴 기사로만 구성한 무료 신문 「The Long Good Read」를 발행하는 새로운 실험을 시작했다. 로봇은 「가디언」의 기사 중 주제, 댓글, 리트윗 수, '좋아요' 수 등을 기준으로 인기 있는 기사를 선별하고 자동 편집한 뒤 24페이지 분량으로 신문을 만들어 낸다. 「가디언」은 이를 종이신문으로 인쇄해 무료로 배포한다. 이 과정에 기자의 개입은 없다. 기사 작성의 모든 과정은 독자들의 반응을 분석한 알고리즘이 해결한다.

그림 3 로봇이 쓴 기사로만 구성한 신문 「The Long Good Read」▲

로봇 저널리즘을 비즈니스 모델로 활용하고 있는 스타트업도 있다. 대표적인 회사는 앞에서 언급한 스탯몽키 기술을 기반으로 2010년 창업한 '내러

▲ 출처: Rev Dan Catt. CC BY-SA 2.0. https://goo.gl/0G2lzj

티브 사이언스Narrative Science'다. 이 회사는 로봇이 쓴 기업의 실적 기사를 유명 경제지 『포브스』에 제공하며 수익을 내고 있다. 이 로봇 소프트웨어의 이름은 '퀼Quill'이다. 퀼이 작성하는 기업 보고서나 증권 소식은 언론사뿐만 아니라 다양한 기업에 제공되고 있는 것으로 알려져 있다. 퀼이 작성한 『포브스』의 실적 전망 기사를 보면, 경제지에서 흔히 볼 수 있는 기사와 다르지 않다.

> 테슬라 모터스가 지난해보다 소폭의 손실을 기록할 것으로 예상된다. 전문가들은 2013년 8월 7일 전년 대비 주당 36센트의 손실을 볼 것으로 전망했다.

내러티브 사이언스의 CTO 크리스 해먼드는 2011년 뉴욕타임스와의 인터뷰에서 "20년 안에 내러티브 사이언스의 로봇이 퓰리처상을 받을 수 있을 것"이라며 기사 품질에서도 인간 기자를 압도할 날이 올 것으로 전망한 바 있다.

미국의 오토메이티드 인사이트Automated Insights도 로봇 저널리즘을 비즈니스에 활용하고 있는 기업이다. 이 회사는 초당 9.5개의 속도로 2013년 총 3억 개에 이르는 기사를 생산했으며, 2013년 로봇이 생산한 월평균 1만 5천 개의 기사를 미국 주요 언론사에 판매했다.

2014년 애플의 분기 실적을 보도하는 AP통신의 기사도 오토메이티드 인사이트가 만든 로봇 알고리즘이 작성했다. 기사는 특별한 분석 없이 주요 실적 지표에 주가 추이까지 곁들여져 있었다. 끝부분에 있는 오토메이티드 인사이트가 작성했다는 문구만 없다면 기사 작성을 로봇이 했다는 사실을 짐작하기는 어렵다.

AP통신은 2014년부터 분기 실적 기사를 로봇 알고리즘으로 자동 처리하고 있다. 이를 통해 기존에 분기당 300개의 기업 실적 뉴스를 3,000개까지 늘릴 수 있었다. 대신 AP통신은 기자들이 좀 더 분석력 있는 기사나 기획 기사에 집중할 수 있도록 했다.

로봇의 시대에 살아남기

이처럼 로봇은 비교적 '창조적 업무'로 여겨지던 기자들의 영역까지 들어왔다. 로봇 기자가 사람 기자들을 완전히 대체할 수는 없겠지만, 로봇이 대체할 수 있는 기자의 영역은 점점 늘어날 것이 분명하다. 특히 스포츠나 증권 등 속보 경쟁이 매우 중요한 영역에서는 더욱 그렇다.

『제2의 기계 시대』의 저자 에릭 브린욜프슨Erik Brynjolfsson은 "기하급수적으로 발전하는 IT기술, 모든 정보의 디지털화, 기술과 디지털 정보의 재조합 혁신 이 세 가지로 인해 로봇의 시대가 더욱 가속화되고 있다"고 진단한다. 굳이 이런 이론적 내용이 아니더라도 우리는 이미 몸으로 체감하고 있다.

기자뿐만이 아니다. 로봇으로부터 안전하다고 여겨지던 금융 분석 같은 영역에도 로봇이 등장했다. 투자 분석을 전문으로 하는 애널리스트 분야도 안전지대는 아닌 것이다. 구글 출신의 엔지니어들이 설립한 '켄쇼Kensho'란 스타트업은 '워런Warren'이란 인공지능 로봇을 개발해 미국 고용 지표나 경제 동향 등이 발표되면 증시가 어떻게 반응할지 자동으로 분석하여 다른 기업에 제공하고 있다. 이러한 기술 덕분에 이 회사는 구글 벤처스와 골드만삭스로부터 펀딩을 받기도 했다. 더 나아가 '퓨처어드바이저FutureAdvisor' 같은 기업은 인공지능 로봇을 이용해 개인화된 금융 자문을 저렴한 가격에 제공하는 서비스를 시작했다. 기존에 프라이빗 뱅커(PB)가 하는 자산 컨설팅 서비스를 인공지능 로봇이 대신하는 것이다.

이와 같이 알고리즘과 인공지능 같은 기술혁신이 사람의 일자리를 대체하는 현상이 점점 늘어가고 있다. 영국 옥스퍼드대 연구팀은 "20년 후에 미국 일자리의 47%가 사라질 것"이라고 예측했고, 구글이 선정한 최고의 미래학자 토머스 프레이Thomas Frey는 "2030년까지 전 세계 일자리 20억 개가 사라질 것"이라는 암울한 전망을 하기도 했다.

그러나 로봇 사회를 비관적으로만 바라볼 필요는 없다. 산업 혁명 당시도 많은 일자리를 기계가 대신할 것이라는 우려가 컸지만, 새로운 일자리가 더욱 많이 생겨났음을 기억할 필요가 있다. 또한 로봇이 대체하기 어려운 분야도 여전히 많다.

로봇이 못하는 활동에는 한 가지 공통점이 있다. 바로 새로운 아이디어나 개념을 생각해내는 활동이다. 로봇이 쓴 소설 콘테스트인 '나노제모NaNoGenMo' 같은 실험적인 대회가 있긴 하지만, 우리가 자연스럽게 읽을 수 있는 소설이 결코 아니다. 아직까지 창의적인 로봇이나 모험적이고 혁신적인 기계는 나오지 않았다. 앞으로도 인간의 복합적인 사고체계를 따르는 로봇은 수 세기 내에는 나타나지 않을지도 모른다. 흉내는 낼지언정 말이다.

1997년 세계 체스 챔피언이 IBM의 컴퓨터 딥블루에 패배한 이후로 체스에서 더 이상 인간은 컴퓨터의 상대가 되지 못했다. 그러나 인간과 컴퓨터가 한 팀을 이룬 체스 방식에서는 가장 강력한 체스 슈퍼컴퓨터인 '히드라'조차 상대가 되지 않았다. 인간의 창의적인 전략과 컴퓨터의 알고리즘적 전술을 결합하면 최고의 시너지를 낼 수 있다는 것을 보여 준 것이다.

로봇 시대에는 창의적인 인재만이 살아남을 것이다. IT업계에 종사하는 사람들도 예외는 아니다. 단순히 로직을 코딩하는 사람들은 그 로직을 스스로 코딩하는 알고리즘 로봇에 의해 밀려나게 될 것이다. 로봇이 수행하기 힘든 창조적이고 창의적인 사고를 하기 위한 노력을 해야 10년 후 20년 후에도 살아남을 수 있다. 세계적인 로봇 전문가인 데니스 홍은 2015년 초 한 강연에서 이렇게 말했다.

> "창조란 없는 것을 새로 만들어내는 것이 아니라 서로 연관성 없는 부분을 연결하고 조합하는 것이다."

데니스 홍은 항상 조그만 노트를 들고 다니면서 관찰한 내용을 스케치하거나 떠오르는 생각을 그때그때 기록해 새로운 로봇 연구를 할 때 활용한다. 융합적인 사고를 하는 IT 전문가가 되기 위해 우리도 일상에서 창의적인 시도를 해야 한다. 로봇이 따라올 수 없는 사고를 할 때 로봇은 나를 위협하는 존재가 아닌 나를 도와주는 존재가 될 것이다.

마르코 폴로가 자주 썼던 "보지 않고는 믿기 힘든" 로봇 시대가 머지않아 우리 앞에 펼쳐질 것이다. 인간과 로봇이 조화롭게 공존하는 그런 세상을 꿈꿔본다.

참고자료

1. Marco Polo: The Incredible Journey(2005), 로빈 브라운. 마르코 폴로의 동방견문록(2005), 최소영 번역, 서울: 이른아침.
2. 칭기즈칸 천년의 제국(2005), 배석규, 서울: 굿모닝미디어.
3. The Second Machine Age(2014), 에릭 브린욜프슨/앤드루 맥아피. 제2의 기계 시대(2014), 이한음 번역, 서울: 청림출판.
4. 로봇저널리즘(2014), 강정수, 정보통신정책연구원 ICT인문사회융합 동향, 2014.06. VOL 02.

디지털 제국 구글과 빅 브라더
알렉산드로스, 대제국을 세우다

고대 최고 명장 카르타고의 한니발과 그로부터 로마를 구한 영웅 스키피오가 어느 날 만나 대화를 나눈다. 스키피오가 "이 시대의 최고의 장군이 누구냐?"라고 묻자 "말할 것도 없이 알렉산드로스 대왕▲을 능가할 사람은 없소."라고 한니발이 응수했다. "그렇군요. 그러면 두 번째는요?" "에피루스의 피로스Pyrrhus지" "음… 그럼 세 번째는?" "바로 나, 한니발이오." 그러자 언제쯤 자기 이름이 나오나 하고 조바심 내던 스키피오는 "하하, 그러나 장군은 제게 지지 않았습니까?"라고 어이없다는 듯 물었다. "하지만 내가 그때 당신한

▲ 영어 표기로는 Alexander III of Macedon 또는 Alexander the Great, 그리스어로는 Aléxandros ho Mégas라고 하며, 한국어 표기로는 알렉산더 대왕 또는 알렉산드로스 대왕이라고 한다.

테 지지 않았다면, 나는 알렉산드로스와 피로스를 뛰어넘어 사상 최고의 명장이 되었을 거요."라고 대답했다.

고대 최고 영웅으로 알렉산드로스 대왕을 꼽는 데 누구도 이견이 없을 것이다. 그는 20살에 그리스 북부 소국 마케도니아의 왕이 돼 그리스 전역을 통일하고 3년 만에 당시 세계 최강의 페르시아 제국을 멸망시켰다. 또한, 지중해 연안과 이집트, 멀리 인도 지역까지 광활한 영토를 통일하기도 했다.

일찍이 그처럼 단기간에 세계를 통일한 사람은 없었다. 로마 제국의 창시자 율리우스 카이사르도 지금의 서유럽 지역인 갈리아 지방을 정복하는 데만 7년이 걸렸으며, 또 100년 뒤 중국에서 진시황이 전국시대의 혼란을 마감하고 중국을 통일하는 데도 10년이 걸렸다.

세계 정복의 원대한 꿈을 꾸다

알렉산드로스의 이런 눈부신 전과는 마케도니아 왕이었던 그의 아버지 필리포스 2세Philippos II가 닦아놓은 기초가 있었기에 가능했다. 필리포스 2세는 마케도니아가 강대국으로 발전할 수 있었던 기틀을 마련한 사람이며, 아들보다 앞서 그리스를 제패하고 동방 원정 계획을 세웠던 인물이다. 아버지의 못다 이룬 꿈을 알렉산드로스가 이어받아 이룬 것이다.

필리포스 2세는 젊은 시절에 그리스의 강국이었던 테베에 3년간 볼모로 가 있었다. 그는 테베에 있는 동안 그리스의 선진 문화와 전술학을 배웠고, 33살에 마케도니아 왕으로 즉위하자마자 군사개혁에 착수했다. 필리포스 2세는 테베에서의 배움을 토대로 최강의 군사력을 길러내는 데 성공한다. 그는 그리스인들로부터 변방의 이민족 취급받던 마케도니아를 그리스 도시국가를 대표하는 맹주로 만들었고 그리스 연합군의 총사령관에 선출됐다.

그러나 필리포스 2세는 기원전 336년 의문의 암살을 당하고 만다. 암살의 배후가 페르시아라는 설도 있고 아내 올림피아스^{Olympias}라는 설도 있다. 사실 필리포스 2세는 새로 얻은 왕비 클레오파트라와 그녀가 낳은 아들을 총애했다. 그로 인해 올림피아스는 물론 알렉산드로스와도 관계가 악화돼 올림피아스와 이혼하고 아들 알렉산드로스를 멀리 내쫓기도 했다. 따라서 알렉산드로스에겐 아버지의 죽음은 행운이었다.

어린 시절부터 알렉산드로스는 원대한 꿈과 자긍심을 가지고 있었다. 아버지가 어디를 정복했다는 소식이 들려오면 알렉산드로스는 자신의 꿈을 이룰 기회가 없어지는 것에 대해 아쉬워하며 이렇게 말하곤 했다.

> "아버지가 승승장구하여 모든 것을 다해버리면 내게는 중요한 일을 할 기회가 하나도 남아있지 않을 것이 아닌가!"

알렉산드로스의 자긍심은 그의 어머니 올림피아스의 영향도 컸다. 어머니는 이교의 신들을 숭상하는 신비주의적인 경향이 있었다. 그녀는 아들에게 신의 피가 흐르고 있다고 믿었고 그 생각을 어린 아들에게도 자주 이야기했다. 그 영향으로 알렉산드로스는 자신이 신의 선택을 받은 사람이라는 높은 자긍심을 갖게 되었다. 이러한 성향은 페르시아를 정복하는 데 도움이 됐지만, 말년에 스스로를 제우스 암몬^{Zeus Ammon} 신의 아들이라 믿으며 광적인 행동을 하게 만든 원인이기도 했다.

알렉산드로스는 어려서부터 체계적인 후계자 교육을 받았다. 특히 아버지 필리포스 2세는 마케도니아 궁정의사의 아들을 스승으로 모셔와 3년간 알렉산드로스를 가르치게 했다. 그 스승이 바로 그리스 최고 철학자로 추앙받던 아리스토텔레스^{Aristoteles}였다. 당시 13살이었던 알렉산드로스는 최고의 스승 아리스토텔레스로부터 철학, 고전, 수사학, 의술, 통치술 등 왕에게 필요한 덕목들을 교육받았으며 왕으로서 갖추어야 할 성품과 지도력도 전수받았다. 또한, 술과 여자를 멀리하고 포로와 적국의 왕족까지 대우하는 성품도 갖게 되었다. 후일 그는 '훌륭하게 사는 법'을 가르쳐 준 사람은 아리스토텔레스라고 말할 정도로 그를 존경했다.

알렉산드로스는 고전을 즐겨 읽었다. 특히 그는 호메로스^{Homerus}의 『일리아스^{Ilias}』에 완전히 매료되어 잠자리에 들 때에도 항상 『일리아스』를 칼과 함께 베게 밑에 두었다. 『일리아스』를 읽으며 트로이아전쟁 영웅 아킬레우스^{Achilleus}처럼 되고자 하는 위대한 꿈을 키웠다. 훗날 페르시아 원정 중에 트로이에 들러 아킬레우스 묘를 찾아 애도하고 제사를 지낼 만큼 그에게 높은 존경심을 갖고 있었다.

16살이 된 알렉산드로스는 외지에 나가 정복 사업을 하는 필리포스 2세를 대신해 마케도니아를 통치했다. 마침 알렉산드로스는 자신이 직접 원정에 나설 기회를 얻었다. 마이디 족의 반란이 일어나는데, 자신이 직접 지휘권을 맡아 그 도시의 반란을 진압했다. 어린 나이에 전투를 승리로 장식함으로써 후계자로서 명성을 쌓았고, 마케도니아 시민들은 알렌산더를 주목하게 됐다.

필리포스 2세가 암살을 당하자 알렉산드로스가 20살의 나이에 마케도니아 왕에 올랐다. 알렉산드로스는 왕에 오르자마자 왕으로서의 자질을 시험받았다. 테베를 선두로 해 그리스 도시들이 마케도니아에 등을 돌리기 시작한 것이다. 그는 테베를 본보기로 삼아 철저히 응징함으로써 아테네를 비롯한 다른 그리스 도시들의 이탈을 막고 그리스 동맹군의 결속을 굳건히 했다. 알렉산드로스는 전 그리스의 대표자 회의를 코린토스에서 열고 자신이 그리스군의 총사령관임을 공식적으로 선언했다.

이에 많은 정치가, 예술가와 철학자가 알렉산드로스를 찾아와 알현했으나 코린토스에 머물고 있던 키니코스 학파(금욕주의적인 냉소주의 학파)의 디오게네스Diogenes는 알렉산드로스를 찾아오지 않았다. 알렉산드로스는 괴짜 철학자로 명성을 날리던 디오게네스가 괘씸하기도 하고 궁금하기도 해 몸소 그를 찾아갔다. 마침 디오게네스는 따스한 햇살을 받으며 일광욕을 즐기고 있었다. "그대가 원하는 것은 무엇이든 들어줄 수 있다."라는 알렉산드로스의 말에 디오게네스는 특유의 냉소주의적인 말투로 이렇게 답했다. "그저 햇빛이나 가리지 말고, 옆으로 조금만 비켜 서 주면 좋겠소." 디오게네스를 벌주자는 부하들의 말에 알렉산드로스는 부하들에게 말했다. "내가 만일 알렉산드로스가 아니었더라면, 나는 아마도 디오게네스가 되기를 바랐을 것이다."

기원전 334년 22살의 알렉산드로스는 드디어 페르시아 정복을 위해 소아시아로 진군할 준비를 모두 갖췄다. 그가 원정을 떠나기 전에 왕실 및 개인 재산을 군사들에게 모두 분배하여 나누어 주자 그의 부하 장수가 걱정하며 물었다. "왕의 것으로는 무엇을 남겨 놓으셨습니까?" 그러자 알렉산드로스는 대답했다. "나를 위해서는 희망을 남겨 놓았소." "그럼 왕을 모시고 떠나는 저희도 그 희망을 나누어 갖겠습니다."라며 부하들도 따랐다.

그는 정복전쟁 내내 재산에는 별 관심을 보이지 않았다. 페르시아를 정복하면 훨씬 큰 명예를 얻을 수 있다고 생각했기 때문이다. 그는 소아시아 지역을 점령해 나갈 때마다 금은보화와 각종 전리품을 부하들에게 아낌없이 배분해 주어 부하들의 충성심과 사기를 높임으로써 리더십을 확고히 하는 모습을 보여 주었다.

세 번의 전투로 100만 대군의 페르시아를 멸망시키다

드디어 5만여 명의 그리스 연합군은 20배나 많은 페르시아군과 전쟁을 위해 헬레스폰토스 해협을 건너 소아시아에 상륙했다. 그라니코스 강에서 마케도니아군과 페르시아군의 첫 번째 전투가 벌어졌다.

알렉산드로스는 기병을 이끌고 직접 선두에 서서 강을 건너 몇 배나 많은 페르시아군을 향해 돌진함으로써 그리스군의 선봉을 이끌었다. 알렉산드로스는 어깨와 허리에 상처를 입고 투구가 반 토막 나는 죽을 뻔한 고비를 넘기면서도 맹렬한 기세로 싸웠다. 결국 페르시아군이 많은 사상자를 내고 퇴각해 첫 번째 전투에서 대승을 거두었다. 그리스군은 자신감에 차 있었고 알렉산드로스의 위상은 매우 높아졌다. 이 승리는 알렉산드로스의 용맹성과 리더십이 거둔 승리였다.

그라니코스 전투의 승리 이후 자신감에 넘친 그리스군은 소아시아 이오니아 지방의 해안 도시들을 공략하기 위해 남쪽으로 이동했다. 이 해안 도시들은 페르시아의 식민지였다. 그리스군은 다스키리온, 사르디스, 에페수스, 밀레토스 등을 차례로 함락시키고 고르디온에 이르렀다. 이 고르디온에 얽힌 유명한 일화가 있다.

알렉산드로스가 승리를 기원하기 위해 고르디온의 제우스 신전에 도착했는데, 이 신전 기둥에는 '고르디우스의 매듭'으로 유명한 마차가 묶여 있었다. 옛날 이 지역에는 이륜마차를 타고 온 사람이 혼란에 빠진 나라를 구하고 왕이 될 것이라는 신탁이 있었는데, 고르디우스(황금 손 미다스의 아버지)가 이륜마차를 타고 나타나 결국 왕이 됐고 나라를 '고르디온'이라 했다. 그가 왕이 된 기념으로 자신이 타고 온 마차를 신전 기둥에 묶어놓았다. 아무도 그 매듭을 풀 수 없자 '그 매듭을 풀 수 있는 사람은 아시아의 지배자가 된다'는 전설이 생겼다. 그 매듭을 지금까지 아무도 풀지 못했다는 이야기를 들은 알렉산드로스는 잠시 생각을 하더니 단칼에 매듭을 베어 버렸다. 그리고는 "내가 아시아의 지배자다!"라고 외쳤다. 마치 콜럼버스의 달걀을 떠올리게 하는 이 일화는 혁신적인 아이디어나 발상의 전환에 대한 이야기를 할 때 자주 인용한다.

기원전 333년 알렉산드로스는 잇수스 평원에서 페르시아 황제 다리우스 3세가 직접 이끄는 페르시아의 수십만 대군을 만났다. 그리스군은 5만 정도로 절대적인 병력 열세였다. 그런데도 알렉산드로스는 총공격을 명령했다. 알렉산드로스는 애마 부케팔로스를 타고 갑옷과 깃털 장식을 단 투구를 번쩍거리며 근위부대를 이끌고 적을 향해 돌진했다.

그림 1 잇수스 전투의 알렉산드로스.

알렉산드로스의 공격 전략은 중장보병을 밀집대형으로 세워 송곳처럼 중앙을 직접 공략하는 것이었다. 그리스의 군사 수도 적었고 급경사 지역인 잇수스 평원은 기병이 효과적이지 않기 때문이다. 기병을 주력으로 하는 페르시아군이 실력을 발휘하지 못하고 있는 사이, 알렉산드로스가 이끄는 중장

▲ 출처: https://goo.gl/5pMhMk

보병은 다리우스 3세가 지휘하고 있던 중앙을 마치 모세가 홍해를 가르는 것처럼 뚫고 들어가는 데 성공했다.

다리우스 3세는 점점 다가오는 알렉산드로스를 보자 당황한 나머지 전차를 타고 도주했고, 페르시아군도 일시에 무너지며 앞다투어 도망갔다. 5만의 군대로 60만 명이나 되는 페르시아 본군에 대승을 거두었다. 이 승리도 알렉산드로스의 대범하고 과감한 전략의 승리였다.

잇수스 전투의 승리로 엄청난 전리품과 함께 다리우스 3세의 어머니, 왕비 그리고 두 딸을 포로로 잡는 성과를 올렸다. 알렉산드로스는 다리우스의 가족들을 방문하여 그들을 안심하게 하고 신분에 맞게 예우할 것을 약속했다. 이뿐만 아니라 페르시아의 전사자들에 대한 적법한 장례를 치를 수 있도록 허락했다. 당시는 왕가나 귀족 출신이라도 전쟁에서 지고 포로가 되면 노예 신세로 전락하는 것이 보통이었다. 그런 상황에서 포로가 된 왕의 가족에 대한 알렉산드로스의 배려는 왕가의 여인들을 감동시켰다. 이렇게 배려한 것은 알렉산드로스의 성품 때문이기도 하지만 민심을 안정시키고 자신이 포용력이 좋은 왕이라는 것을 보여 주기 위함이기도 했다.

한편, 도주한 다리우스 3세가 인질이 된 가족의 반환과 페르시아 영토의 반을 양도하겠다는 제안을 해왔다. 그러나 알렉산드로스는 이를 거절하고 페르시아 제국 전체의 정복이 목적임을 선언했다. 부관 파르메니온 장군이 "제가 대왕이라면 그 제안을 받아들이겠습니다."라고 말하자 알렉산드로스가 "나 역시, 내가 자네라면 그랬겠지."라고 응수했다. 세계를 정복하고자 하는 그의 원대한 꿈과 끝없는 정복욕을 보여 주는 대목이다.

알렉산드로스는 다리우스 3세를 즉시 추적하지 않고 페르시아 해군의 근거지 페니키아로 향했다. 페니키아의 여러 도시는 싸우지 않고 항복했지만,

페니키아의 옛 수도이며 연안 지역 최강의 도시 티루스는 결사항쟁의 자세로 나왔다. 티루스는 섬 주위로 이중 성벽이 있는 천하 요새였다. 알렉산드로스는 이 도시를 육지에서 공격하기 위해 당시로써는 획기적인 전략을 세웠다. 바로 육지에서 티루스 섬까지 1킬로미터 정도의 바다를 메우고 제방을 쌓는 것이었다. 바다를 메우는 것은 엄청난 양의 돌과 모래를 바다에 쏟아붓는 작업이었다. 7개월 동안 몇 번이나 제방이 무너졌고 바다를 메우는 일은 불가능해 보였다. 하지만 알렉산드로스는 포기하지 않았고 마침내 바다를 메우고 길을 만들었다. 그리고 결국 티루스를 함락시켰다. 엄청난 시간과 인력을 동원하여 간신히 티루스를 함락시킨 알렉산드로스는 노여움에 차서 1만 명을 학살했으며 여자와 아이들 3만 명은 모두 노예로 팔아버렸다. 티루스와의 전쟁은 알렉산드로스의 혁신적인 발상의 전환과 그의 잔인성을 동시에 보여 준 전쟁이었다.

알렉산드로스는 방향을 바꿔 이집트로 향했다. 이미 알렉산드로스의 승전 소식을 알고 있던 이집트는 저항하지 않고 바로 항복했다. 알렉산드로스는 그것을 이집트의 제우스 암몬신의 도움이라 생각하고 기뻐했다. 이로써 이집트까지 그의 발밑에 두었다. 이집트 정복 직후에 자신의 이름을 따서 '알렉산드리아Alexandria'라는 도시를 세웠다. 이 도시는 후에 로마시대 최대의 문화, 교육, 상업 중심 도시로 성장했다. 이집트의 알렉산드리아는 그 이름과 규모를 꾸준히 유지하며 오늘날 이집트 제2의 도시가 돼 알렉산드로스 대왕의 이름을 높이고 있다. 알렉산드로스는 이후에 점령하는 곳마다 '알렉산드리아'라는 도시를 70여 개나 세웠다고 전해진다. 이 도시들은 그리스의 문화와 지식을 페르시아 지역에 전파함과 동시에 페르시아의 문화를 흡수하는 역할을 함으로써 헬레니즘 문화를 탄생시키는 전초 기지 역할을 했다.

이집트에 머물던 시기에 알렉산드로스는 제우스 암몬 신전에서 신탁을 받앉는데, 신탁은 그가 '제우스 암몬신의 아들'임을 알려 주었다고 한다. 이때부터 알렉산드로스는 자신이 암몬신의 아들임을 확신하고 자신이 마치 신이 된 것처럼 행동하기도 했다.

기원전 331년 이집트까지 평정한 알렉산드로스는 다시 페르시아로 향했다. 이즈음 다리우스의 왕비가 오랜 행군과 더위에 지쳐 병에 걸려 끙끙 앓다가 세상을 떠나고 말았다. 알렉산드로스는 그녀의 천막으로 찾아가 깊은 애도를 나타내고 페르시아의 풍습에 따라 예를 갖춰 성대하게 장사를 지내 주었다. 왕비의 여종이 장례가 진행되는 사이에 진영을 빠져나가 다리우스 왕에게 이 소식을 전했다. 다리우스는 아내의 죽음을 매우 슬퍼하면서 자신의 아내를 극진히 대우해 준 알렉산드로스에게 다음과 같이 외쳤다.

> "나의 왕가와 왕국의 신들이시여! 부디 나의 제국을 무사히 이끌어 주시고 승리를 주시옵소서. 그러나 만일 나의 운명이 다했다면 다른 사람이 아닌 알렉산드로스를 페르시아의 왕이 되게 해 주시옵소서!"

그해 10월 알렉산드로스는 티그리스 강 동쪽 가우가멜라에서 다리우스 3세와 다시 만났다. 그리스군은 5만 정도였고 페르시아군은 20만 규모였다. 다리우스는 잇수스에서의 패전을 거울삼아 기병전에 유리한 가우가멜라 평원에 군사들을 배치해 놓았다. 알렉산드로스의 부관 파르메니온은 밤에 페르시아군을 기습하자고 제안했다. 그러자 알렉산드로스는 "나는 승리를 훔치기 싫다. 낮에 싸워 정당하게 그것을 쟁취하겠다."라며 자신감을 드러냈다. 늦잠을 자는 알렉산드로스를 깨우는 파르메니온에게 "다리우스는 이미 내 손안에 들어 왔는데 일찍 일어날 이유가 없지 않소?"라고 대답했다 하니 참으로 대범하고 자신감에 차 있는 알렉산드로스였다.

드디어 전투가 시작됐다. 알렉산드로스는 좌우 기병을 이용하여 페르시아의 기병을 양쪽으로 분산시켜 틈을 만든 후에 최정예 기병부대를 직접 이끌고 다리우스가 이끄는 중앙 본진으로 쳐들어갔다. 이번에도 알렉산드로스는 최선봉에 서서 전투를 지휘했다.

다리우스 3세도 이번 전투에서는 자신감에 차 있었다. 신형 무기인 바퀴에 칼이 장착된 네 마리 말이 끄는 대형 전차 200여 대가 있었기 때문이었다. 그러나 그리스군이 고함과 방패로 큰 소음을 내자 말들이 혼란을 겪으며 전차는 별 위력을 발휘하지 못했다. 전투는 초반 팽팽하게 전개되나 결국 중앙이 뚫리며 수많은 페르시아 장군과 병사가 쓰러져 갔다. 알렉산드로스가 던진 투창에 다리우스 3세의 전차병이 쓰러지자 또다시 겁에 질린 다리우스 3세는 이번에도 도망쳐 버리고 말았다.

왕이 도망친 페르시아군은 우왕좌왕하다가 괴멸당하고 말았다. 얼마 뒤 다리우스 3세는 그의 부하 벳소스에 의해 비참한 죽음을 맞이한다. 알렉산드로스는 자신의 공을 빼앗아버린 벳소스를 뒤쫓아 죽이고 다리우스 3세를 페르시아 제국의 격식에 맞춰 정중하게 장례식을 치러 주었다. 이때 알렉산드로스의 나이 불과 25살이었다.

이로써 광활한 페르시아 제국은 3년간 단 세 번의 전투로 역사 속으로 사라졌다. 알렉산드로스는 여기서 멈추지 않고 세계를 정복하겠다는 야심에 인도까지 정복하고자 계속해서 원정을 떠난다. 그러나 그리스 군사들은 계속되는 전쟁에 지쳐 있었고 인도 지역의 저항도 만만치 않았다. 이후로 7년간 인더스 강 유역의 여러 지역을 정복했으나 군사들의 원성이 끊이지 않자 알렉산드로스는 결국 전쟁을 그만두고 돌아가기로 했다.

그림 2 알렉산드로스 제국의 영토

제국의 몰락 그리고 새로운 시작

기원전 323년, 바빌론으로 돌아온 알렉산드로스는 열병에 걸렸다. 12일 후 위대한 정복자였던 알렉산드로스 대왕은 자신의 원대한 계획을 마무리하지 못한 채 33세의 젊은 나이에 세상을 떠난다. 신하들이 후계자를 묻자 알렉산드로스는 정신이 오락가락하는 중에 '가장 강한 자'라고 대답했다고 하는데, 그 말은 알렉산드로스 제국이 내분을 일으키는 계기가 되었다.

결국 알렉산드로스의 애매모호한 한 마디로 인해 부하들 간에 권력투쟁이 벌어졌으며 그가 정복한 넓은 제국은 그의 부하 장군들로 인해 네 개의 나라로 분할돼 버렸다. 알렉산드로스의 허망한 죽음으로 인한 알렉산드로스 제국의 몰락이었다. 그렇게 분할된 네 개의 나라는 로마에 의해 차례차례 정복당하며 역사 속으로 사라지고 만다.

▲ 출처: By IrakliGuna. CC-BY-SA-3.0. https://goo.gl/ZYdHTn

알렉산드로스는 전쟁터에 나서면 왕으로 군림하며 뒤에서 명령하기보다 용감한 전사로서 전열의 맨 앞에 나섰다. 과감한 결단력과 용맹성으로 솔선수범해 맨 앞에서 전투에 임했으며 그가 사용한 전략은 이십 배나 되는 페르시아군을 압도했다.

알렉산드로스는 고대 군사 전략의 창시자다. 특히 그의 기병을 활용하는 능력은 천재적이고 창의적이다. 당시의 전쟁은 기병보다는 중장보병이 주력군이었다. 그러나 그는 기병을 활용하여 기동력을 높여 중앙 본진을 깊숙이 파고드는 전략으로 전투 때마다 페르시아군을 혼란에 빠뜨렸다.

약 100년 후 카르타고의 명장 한니발은 알렉산드로스의 기병 전략을 자신의 전략으로 소화해 로마군을 상대로 압도적인 승리를 거둔다. 또한, 나폴레옹은 알렉산드로스 전기를 항상 가슴에 품고 다닐 만큼 알렉산드로스를 존경했다.

알렉산드로스 대왕은 변방의 멸시 당하던 마케도니아 소국에서 시작해 온 그리스를 통합하고 페르시아 제국을 넘어 이집트와 인도 일부까지 정복한 위대한 군주다. 그가 진정 위대한 이유는 '헬레니즘'이라는 문화를 탄생시켰기 때문이다. 그는 자신이 정복한 곳곳에 그리스식 도시인 '알렉산드리아'를 70여 개나 세웠다. 이 도시들을 중심으로 폐쇄적인 그리스 문화와 동방의 문화를 융합시킴으로써 제국을 완성하고 개방적이고 보편적인 세계 문화를 정착시키고자 했다. 알렉산드로스 자신도 페르시아 옷을 즐겨 입으며 현지의 관습과 종교를 인정하고 존중했다. 어느 정복 영웅도 문화를 탄생시키지는 못했다. 알렉산드로스를 카이사르나 칭기즈 칸, 나폴레옹과 같은 정복자와 다르게 평가하는 이유도 여기에 있다.

기원전 330년경부터 이집트가 로마에 정복당하는 기원전 30년에 이르는 약 300년간의 헬레니즘 시대는 로마 제국의 시민권 제도 등 세계주의 정책에 영향을 주었을 뿐만 아니라 이후 서유럽과 이슬람 세계에도 영향을 끼쳤다. 알렉산드로스 제국은 비록 단명했지만 그가 남긴 유산은 영원하다.

구글, 디지털 제국을 세우다

오늘날 우리는 물리적인 영토 전쟁 대신 디지털 영토에 대한 경쟁이 치열한 세계에서 살고 있다. 그곳은 0과 1로만 이루어진 세계로 기업이 국가가 돼 지배하며 이용자들이 백성인 세상이다. 디지털 세계에서 가장 부유한 국가는 단연 애플국이다. 강력한 카리스마를 자랑하던 1대 왕 스티브 잡스가 떠나고 2대 왕 팀 쿡이 다스리고 있지만, 여전히 디지털 세계의 강국을 유지하고 있다.

디지털 영토의 관점에서는 구글국이 가장 넓은 디지털 영토를 차지하고 있는 국가라는데 이견이 없을 것이다. 구글국은 1대 왕인 래리 페이지$^{Larry\ Page}$와 세르게이 브린$^{Sergey\ Brin}$이 서쪽의 조그마한 마을에서 공동으로 건국했다. 두 명의 젊은 왕은 새로운 개념의 무기를 만들었다. 세상의 모든 지식을 찾아 랭킹을 매길 수 있는 '페이지 랭크^{PageRank}'라는 무기였다. 1초도 걸리지 않아 전 세계에 흩어져 있는 모든 지식을 한꺼번에 잡을 수 있을 만큼 강력한 검색엔진이 등장한 것이었다. 이 검색엔진의 등장에 지식을 먹고 사는 백성들은 열렬히 환호했다.

구글국은 건국 초기 한때 경제가 어려워지자 당시 검색 최강국이던 알타비스타국에 나라를 통째로 바치려 했으나 알타비스타국은 변방의 조그만 나라를 쳐다보지도 않았다. 다행히 원조를 받아 살아난 구글국이 백성들에게 지식 먹거리를 무료로 나눠 주자 많은 백성이 구글국으로 이사 오면서 구국은 주변의 검색엔진 나라들을 하나둘씩 점령해 나갔다. 이제 검색엔진 영토는 마이크로소프트국과 멀리 지구 반대편의 바이두국 정도가 조그마한 영토를 차지하고 있을 뿐이다.

1대 왕에 이어 에릭 슈미트$^{Eric\ Schmidt}$가 구글국의 왕이 되었다. 이 무렵 구글국은 또 다른 무기들을 만들었다. '애드워즈^{AdWords}'와 '애드센스^{AdSense}'라 불리는 온라인 광고 무기였다. 이 무기들로 인해 구글국은 엄청난 재물을 모을 수 있게 되었으며 구글국 백성들도 온라인 광고를 통해서 쉽게 돈을 모을 수 있었다. 이렇게 모은 막대한 부를 기반으로 구글국은 검색엔진 영토를 넘어 더 넓은 세계로 눈을 돌리기 시작했다.

구글국은 조그마한 신생국인 안드로이드국을 합병했는데, 이것은 구글국에 엄청난 행운이자 구글국이 제국으로 커 나가기 위한 신의 한 수였다. 안드로이드국은 안드로이드 OS라는 엄청난 자원을 보유하고 있었다. 안드로이드국은 그 OS를 동방의 작은 반도에 있는 삼성국에 먼저 팔려고 했었다. 그러나 메모리나 스마트폰 자원 채취에 열중이던 삼성국은 이 OS 자원의 잠재력을 못 알아보고 거절하고 만다.

구글국은 검색엔진 영토를 통일한 것처럼 이번에도 동일한 전략을 폈다. 안드로이드 OS를 무상으로 전 세계에 뿌린 것이다. 이 자원은 마치 석유처럼 어느 국가 누구라도 쉽게 가공해 강력한 효율을 내는 자원으로 사용할 수 있었다. 그중에서도 OS 자원이 전혀 없던 삼성국이 가장 적극적으로 이 자원을 사용했다. 이 자원을 탑재한 신무기 갤럭시 시리즈는 디지털 세상의 판도를 단숨에 바꿔 버렸다. 가장 강력한 스마트폰 수출국이던 노키아국이 몰락하게 된 것이다. 그리고 삼성국은 그 자리를 차지하며 애플국과 함께 스마트폰 영토를 양분했다. 동방의 변두리에서 디지털 세계의 강자로 올라선 것이다.

OS 자원을 애플국과 양분한 구글국은 다시 넓은 세계로 눈을 돌렸다. 텍스트를 넘어 다양한 동영상을 공유하며 즐기는 백성들이 많아지자 구글국은 이 백성을 자신의 영토로 편입시키기로 결정하고 급속히 세력을 키우며 성장하던 유튜브국을 합병시켰다. 이를 위해 광고 시장에서 벌어들인 막대한 돈을 쏟아부었다. 구글국 왕 에릭 슈미트는 "유튜브국은 전 세계 정보를 연결해 어디서든 접속해 쓸 수 있도록 하려는 구글국의 목적을 달성할 수 있는 강력한 미디어 플랫폼을 가지고 있다."라며 인수 의의를 밝혔다.

구글국의 국가 모토는 '사악해지지 말자'다. 많은 백성이 이 모토를 좋아했고 각종 먹거리를 무료로 제공해 주는 구글국을 좋아했다. 그러나 에릭 슈미트왕이 유튜브국을 인수하며 밝힌 내용으로 구글국의 야심은 명확히 드러났다. 세상의 모든 먹거리를 구글이 제공하여 모든 백성을 구글국의 백성으로 만들겠다는 것이 구글국의 야심이다. 한번 먹거리에 중독되면 쉽게 빠져나올 수 없다는 것을 구글국은 알고 있었던 것이다.

구글국은 이를 위해 수많은 먹거리를 무상으로 백성들에게 나눠줬다. G메일, 구글 지도, 구글 어스, 구글 문서, 구글 드라이드, 피카사 ^{Picasa} 등 셀 수도 없을 만큼 많다. 또 구글 도서를 통해 세상의 모든 책을 디지털화하기 시작했으며, 구글 컬처럴 인스티튜트$^{Google\ Cultural\ Institute}$를 통해 예술 작품을 디지털화하면서 예술계도 접수했다. 이 모든 것은 다른 국가가 쉽게 제공하지 못했던 먹거리들이었다.

이로써 구글국은 검색엔진 영토의 변방에서 시작해 검색엔진 영토를 통일하고, 온라인 광고 영토 대부분을 차지한 뒤 모바일 OS 대륙에 이르기까지 광활한 디지털 영토를 차지함으로써 명실상부한 구글 제국이 되었다. 그것도 디지털 세계 역사상 최단 기간에.

그림 3 구글이 제공하는 서비스들.

반대편에는 영토는 구글국만큼 넓지 않지만, 강력한 충성심으로 무장한 백성들이 있는 애플국 역시 제국으로 성장했다. 애플국은 충성스러운 백성을 기반으로 디지털 세상의 모든 부를 쓸어 모아 가장 부유하고 강력한 제국이 됐다. 이제 구글 제국과 수천 리에 이르는 영토가 맞닿아 있어 곳곳에서 전쟁이 일어나고 있다. 이미 애플국은 구글국의 안드로이드 OS를 사용하는 삼성국과 한바탕 특허 전쟁을 치렀다. 이 전쟁은 구글국을 겨냥한 대리전 성격이자 신흥 삼성국을 견제하고자 하는 이중 포석의 전쟁이다.

빅 브라더 vs 사악해지지 말자

막대한 부를 바탕으로 수많은 국가를 사들이거나 무너뜨리며 구글 제국으로 발전한 구글국은 이제 또 거대한 전쟁을 준비하고 있다. 광활한 영토를 가진 사물인터넷 대륙에 대한 전쟁이다. 콜럼버스의 아메리카 대륙 발견에 버금갈 만한 이 거대한 사물인터넷 대륙은 아직 미지의 땅이다. 아직 왕도 존재하지 않는다. 이 전쟁에는 구글국과 애플국뿐만 아니라 변방에서 중원으로 진출하는 데 성공한 삼성국과 전통의 소프트웨어 자원 강국인 마이크로소프트국, 반도체 칩 강국인 퀄컴과 인텔 등 수많은 국가가 가세하고 있

▲ 출처: https://www.google.co.kr/

다. 구글국 I/O 2015에서 사물인터넷 OS인 '브릴로Brillo'와 통신규약인 '위브Weave'를 공개하며 사물인터넷 대륙에 대한 공세를 강화하고 나섰다. 삼성국도 프로세서와 소프트웨어를 통합한 '아틱ARTIK' 플랫폼을 공개하며 전쟁에 참여했다.

또 로봇과 인공지능 대륙에서 무한한 잠재력을 가진 자원들이 발굴되면서 이 대륙에 대한 국가들의 전쟁도 서막이 오르고 있다. 이 대륙을 발견한 것은 한참이나 되었지만 자원을 발굴할 수 있는 기술이 별로 없어 미개발지로 남아 있었는데, 최근 머신러닝이라는 인공지능 기술이 발달하면서 본격적으로 대륙 탐험에 나서는 국가들이 많아졌다. 특히 이 대륙은 사물인터넷 대륙과 서로 연결돼 있어 이 대륙을 차지할 경우 미래의 디지털 세계의 패자로 나설 수도 있으므로 이 대륙을 선점한 신생 국가들에 대한 인수 공격이 치열하다.

구글국은 이 공격에 가장 적극적으로 나서고 있다. 구글은 인공지능 전문기술을 가지고 있는 '딥마인드DeepMind'라는 국가를 인수하며 포문을 열었다. 이미 자동차나 드론에 인공지능을 탑재한 새로운 무기를 개발 완료하고 시험주행을 하고 있다. 또한, 이미지나 음성 인식 같은 자체 머신러닝 기술도 보유하고 있다. 최근 '구글 포토'를 발표하며 사진과 동영상 저장 공간을 무제한으로 그것도 무상으로 제공하겠다고 선언했는데, 전문가들은 구글 포토를 구글국의 머신러닝 프로젝트와 연관 짓기도 한다. 구글 포토에 올라온 각종 정보를 바탕으로 구글의 머신러닝을 더욱 강력하고 똑똑하게 만들어 인공지능 대륙을 삼키려는 고도의 전략이라는 것이다. 이제 백성들은 세상의 모든 정보를 장악하고 세상을 쥐락펴락하는 '빅 브라더'인 구글 제국에서 벗어나지 못한 채 살게 될 수도 있다.

구글 제국의 '사악해지지 말자'는 이제 사실상 폐기된 모토다. 우리는 이제 구글 제국이 사악해지지 않기만을 바라야 할지도 모른다. 이를 막기 위한 노력이 유럽을 중심으로 일어나고 있다. "유럽이 구글 제국의 디지털 식민지가 될 위험에 처해 있다"고 경고하는가 하면 백성들이 구글 제국에 '잊혀질 권리'를 행사할 수 있다고 판결하기도 했다.

알렉산드로스 제국은 그리스 소국에서 시작해 불과 13년 만에 페르시아를 아우르는 대제국으로 성장했다. 알렉산드로스 대왕이 남긴 문화는 300년을 이어갔으나 그의 제국은 그의 죽음과 동시에 역사 속으로 사라졌다.

구글 역시 창업한 지 불과 20년이 되지 않았음에도 거대한 디지털 제국으로 성장했다. 구글은 이제 갈림길에 서 있다. 알렉산드로스 제국처럼 금방 지는 해가 될지 아니면 그가 남긴 헬레니즘 문화처럼 300년을 지속할지. 선택은 구글 스스로와 그 사용자인 우리에게 달려 있다. 구글이 빅 브라더로 세상에 군림하는 순간 사용자들은 구글을 떠나게 될 것이다. 그리고 구글의 방대한 개인 정보에 대해 잊혀질 권리를 주장하게 될 것이다.

구글 홈페이지에 있는 '구글이 발견한 10가지 진실'의 여섯 번째는 '부정한 방법을 쓰지 않고도 돈을 벌 수 있습니다.'이다. 구글 자신을 위해서라도 초심으로 돌아가 '사악해지지 말자'를 마음에 담아 두기를 간절히 바란다. 알렉산드로스가 자기 자신을 위해서는 '희망'을 남겨 두었듯이 말이다.

참고자료

1. 알렉산드로스(2004), 조현미, 서울: 살림출판사.
2. Bioi Paralleloi, 플루타르코스. 플루타르코스 영웅전(2010), 천병희 번역, 서울: 숲.
3. https://ko.wikipedia.org/wiki/구글

진격의 거인, 중국 인터넷기업 3인방
한니발과 창조적 모방자 스키피오

명장 스키피오 Publius Cornelius Scipio Africanus가 망명 중이던 한니발 Hannibal Barca을 만나 "이 시대의 최고의 장군이 누구냐?"라고 물었다. "말할 것도 없이, 알렉산드로스 대왕이오." "두 번째는요?" "에피루스의 피로스요." "그럼 세 번째는요?" "바로 나, 한니발이오." 그러자 스키피오는 어이없다는 듯 "그러나 장군은 제게 지지 않았습니까?"라고 물었다. "내가 당신한테 지지 않았다면, 나는 알렉산드로스와 피로스를 뛰어넘어 사상 최고의 명장이 되었을 거요."라고 대답했다.

기원전 218년 눈보라가 휘몰아치는 겨울. 눈보라를 헤치고 젊은 장군이 대규모 병력과 코끼리 부대를 이끌고 알프스 산맥을 넘고 있다. 그가 바로

그림 1
루브르 박물관에 전시된 한니발의 대리석상 ▲

카르타고군의 총사령관 한니발 장군이다. 당시 카르타고(현재의 튀니지)는 지중해의 패권을 장악하고 있던 강대국이었으나 로마와의 1차 포에니 전쟁(기원전 264~기원전 241)에서 로마에 패배함으로써 많은 배상금과 해외 영토를 잃고 절치부심하고 있었다.

한니발의 아버지 하밀카르Hamilcar는 이베리아(현재의 스페인)로 건너가 영토를 점령하고 은광을 개발하며 카르타고의 국력을 회복하는 데 주력했다. 하밀카르는 어린 한니발에게 "네가 자라면 반드시 로마를 멸망시켜야 한다. 신과 아버지 앞에 맹세하거라."라고 할 만큼 로마에 대한 증오가 강했다. 그러다 하밀카르는 그만 암살당하고 마는데, 어린 한니발에게 로마는 아버지가 반드시 멸망시키고 싶었던 나라요, 아버지를 죽인 나라였다.

군대를 이끌고 알프스를 넘다

한니발은 기원전 221년에 26세의 나이로 아버지를 이어 이베리아에 있던 카르타고군의 총사령관이 됐다. 로마와의 전쟁 준비가 완료되자 로마의 식

▲ 출처: By Sébastien Slodtz(French, 1655 - 1726) (Jastrow (2006)). https://goo.gl/V84VnS

민도시를 점령하면서 로마와의 2차 포에니 전쟁이 발발했다. 이때 한니발의 나이는 29세였다.

한니발은 로마 본토를 공격하기로 하고, 로마가 전혀 예상하지 못했던 이탈리아 반도의 북부로 공격 루트를 정했다. 이전까지의 전쟁에서 로마는 육군의 나라였고, 카르타고는 해군의 나라였다. 그래서 로마에서는 한니발이 당연히 해상을 통해 공격해 올 것으로 예상하고 많은 병력을 서부와 남부 해안 쪽에 배치한 상태였다. 그러나 한니발은 허를 찌르는 전략으로 이베리아 반도에서 피레네 산맥을 넘고 론 강을 건너 알프스 산맥을 넘는 험준한 경로를 선택했다.

그림 2
알프스를 넘는 한니발.▲

▲ 출처: https://goo.gl/AsRE4s

어찌 보면 무모할 수도 있었던 전략이었다. 특히 알프스 산맥은 4,000m에 이르는 산이 즐비한 험준한 산맥이다. 한니발은 보병 5만 명과 기병 9천 명, 코끼리 37마리를 이끌고 눈보라 치는 험준한 알프스를 넘기 시작하였으나 알프스를 넘어 이탈리아 땅에 내려선 시점에는 보병 2만 명, 기병 6천 명 정도만 남았을 뿐 코끼리는 거의 전멸해 있었다. 병력이 반 이상 줄 만큼 한겨울의 알프스는 험난했다. 한니발은 병력을 보충하기 위해 이탈리아 북부 지역에 살던 갈리아 부족을 설득해 1만여 명의 갈리아 용병과 기병을 다시 얻었다. 사전 조사를 통해 그곳의 갈리아인이 로마의 영토 확장에 불만이 많다는 것을 이미 알고 있었기에 가능했던 일이었다.

이후 무려 17년간 한니발은 이탈리아 본토에서 로마군에 연전연승하며 수도 로마를 제외하고 거의 모든 지역을 점령했다. 기록에 따르면 이 시기 동안 로마 성인 남자의 3분의 1이 전사한 것으로 추정한다고 하니 로마가 입은 피해를 짐작할 만하다. 특히 기원전 216년 칸나에 전투에서는 탁월한 전략과 용병술을 발휘해 총 8만여 명의 로마군 중 7만여 명이 전사하거나 잡혔다. 한니발 군대는 총 3만 6천여 명 중 전사자는 불과 5천여 명에 불과했을 정도로 로마군은 철저하게 격파됐다.

당시 고대의 전투 방식은 중무장 보병 전력을 중심으로 정면 승부하는 방식이었다면, 한니발의 공격 전술은 기병을 전투의 승패를 가르는 핵심 전력으로 변화시킨 획기적인 전술(이를 '포위 섬멸 전술'이라고 한다)이었다. 한니발은 경무장 보병으로 로마군을 유인하고 양쪽에서 중무장 보병으로 로마군을 포위하면서 기병을 활용해 후미를 공격함으로써, 로마군을 가운데로 몰아 놓고 로마군을 거의 전멸시켰던 것이다.

이 칸나에 전투는 오늘날 모든 육군사관학교에서 반드시 가르치는 '고대 전투사의 백미'로 평가받고 있다. 필립 마티작philip Matyszak은 『로마 공화정』에서 이 전투를 "역사상 단 하루 동안의 전투에서 그토록 많은 전사자가 발생한 전투는 제1차 세계대전 중 1916년 서부전선에서 치러진 전투를 제외하고는 없었다."라고 평가했다.

이날의 패배로 로마 원로원과 로마 시민들은 공황에 빠졌다. 우리나라 부모들이 "그렇게 울면 호랑이가 물어간다."라고 하듯이 로마의 부모들은 못되게 구는 아이에게 "한니발이 성문밖에 왔다."고 말할 정도로 한니발은 로마인에게 공포의 대명사가 됐다.

한니발, 창조적 전략으로 영웅이 되다

이처럼 한니발이 이탈리아 본토에 쳐들어가서 로마군과의 전투에서 연전연승할 수 있었던 비결은 아무도 예상하지 못했던 알프스 산맥을 넘어가는 발상의 전환과 당시에는 시도하지 않던 기병을 주력으로 한 포위 섬멸 전술 그리고 부하들과 동고동락하고 챙겨 주며 그들의 충성을 이끌어낸 리더십이 있었기 때문이다.

한니발 이후로 대규모 군사를 이끌고 알프스 산맥을 넘은 유일한 사람은 나폴레옹이었는데, 나폴레옹이 가장 많이 연구한 사람이 한니발이었으며, "한니발이 위대한 것은 코끼리까지 동반하고 알프스를 넘어간 것"이라고 말했다고 한다. 한니발의 묘지에는 "그의 강철 의지 앞에서는 높은 산도 몸을 낮춘다."라는 문구가 기록되어 있는데 이는 알프스 산맥을 넘어간 것을 두고 쓴 것이었다. 또한, 겨울에는 전쟁을 하지 않는다는 당시의 불문율을 깨고 겨울에 기습적으로 알프스를 넘어 바로 로마 본토를 공격하는 대담한 전략으로 로마군의 허를 찌르고 혼란에 빠트렸다.

한니발이 이끄는 군대 중 정예병은 1만 5천 명뿐이었고 나머지는 모두 용병으로 구성돼 있었다. 이 용병들은 대개 전리품을 약속받고 전쟁에 동원되는 군인이다. 아프리카, 갈리아 지방 등에서 모인 이들이 적지에서 1~2년도 아니고 17년간이나 머무르면서도 전선을 이탈하거나 난동을 부리지 않았다. 그게 어떻게 가능했을까? 한니발은 병사들과 함께 같은 밥을 먹고 옆에서 뒹굴며 생활했다. 자신의 이익은 손톱만큼도 생각하지 않고, 전리품을 모두 부하와 용병들에게 나누어 주었다. 용병들은 오직 적을 무찌를 생각에만 골몰해 있는 한니발에게 마음에서 우러나온 존경심을 갖게 되었을 것이다. 이와 같은 이유가 없었다면 한니발이 17년간 용병들을 무탈하게 이끄는 일은 불가능했을 것이다.

그러나 역사는 한니발의 편이 아니었다. 칸나에 전투 이후 로마의 집정관이었던 파비우스 막시무스Fabius Maximus가 한니발과 정면 대결을 피하는 대신 보급로를 차단하는 등 후방에서 그를 괴롭히는 '지구전 전략과 지연 전술'을 구사하면서 한니발을 고립시키는 전략을 펼쳤다. 그리고 한니발의 생각과는 다르게, 로마의 동맹 도시들이 17년간의 공격에도 로마를 배신하지 않고 단결했던 것도 한니발을 힘들게 했다. 조국 카르타고마저 권력자들이 한니발의 권력이 커지는 것을 두려워해 이탈리아에서 홀로 고군분투하는 한니발을 적극적으로 돕지 않았다.

결국 한니발의 전략을 철저히 연구한 스키피오가 한니발을 공격하는 대신 북아프리카로 건너가 카르타고 본국을 직접 공략하면서 카르타고는 다급히 한니발을 소환했다. 이탈리아 반도에서 한 번도 로마에게 패하지 않았던 명장 한니발은 기원전 202년 카르타고의 자마 전투에서 스키피오에게 대패함으로써 그 운이 다했다. 카르타고 최후의 희망이라 할 수 있었던 한니발마저 패하자 카르타고 본국 이외의 모든 영토를 로마에 내주고 막대한 배상금을 지불하기로 하고 제2차 포에니 전쟁은 막을 내렸다.

그 후에 로마는 카르타고의 모든 군대를 해산하고 해안가에서 내륙으로 이주해 살 것을 요구하자 카르타고가 이에 불응하면서 제3차 포에니 전쟁(기원전 149~기원전 146)이 일어났다. 3년을 항전했으나 결국 카르타고는 함락됐다. 싸움에서 살아남은 카르타고인들은 모두 노예로 팔려갔으며 카르타고는 모든 것이 불태워져 폐허가 되고 만다. 불모의 땅이 된 카르타고는 두 번 다시 역사 속에 등장하지 않는다.

제2차 포에니 전쟁 패배 후 외국으로 망명한 한니발은 여기저기 떠돌면서 로마에 복수할 길을 모색했지만, 기원전 183년, 소아시아 비티니아의 왕이 그를 로마인들에게 넘겨주려고 하자 독을 마시고 자살했다. 한니발은 자살하면서 이러한 말을 남겼다 한다. "로마인들이 한 늙은이가 죽기를 기다리는 것을 몹시도 조급해하니 그들의 오랜 걱정거리를 덜어주어야겠군." 이때 한니발의 나이 65세였다.

창조적 모방자, 스키피오

스키피오가 한니발을 처음 대면한 전투는 자신의 아버지가 지휘한 티치노 강 전투에서였다. 이 전투에서 집정관이자 군 총사령관인 스키피오의 아버지는 아들인 스키피오의 도움으로 간신히 포로 신세를 모면했을 정도로 대참패를 당했다. 그리고 8만여 명의 로마군이 참살당한 칸나에 전투에 스키피오도 참전해 한니발을 경험하게 된다. 모든 로마인이 두려움과 증오로 한니발을 바라보고 있을 때 두 번의 전투에서 한니발을 경험하게 된 스키피오는 한니발의 전략과 용병술을 연구했다. 즉, 한니발의 기병 활용 전략, 중무장 보병과 경무장 보병의 배치형태 등을 연구했으며 이들 보병과 기병을 어떤 전술로 움직이는지를 연구했다.

30세에 집정관이 된 스키피오는 기원전 202년 드디어 자마 전투에서 한니발과 세 번째 만났다. 스키피오는 당시 세계 최강인 로마군의 중무장 보병 중심의 공격 전략과 밀집 대형을 과감히 버렸다. 한니발의 전략을 모방해 기병 전력을 획기적으로 강화했고, 보병군단의 줄과 줄 사이를 기존보다 더 벌려 한니발의 코끼리 부대가 돌진해 와도 피해를 당하지 않도록 배치 전술을 변화시켰다. 양 진영의 보병과 기병의 구성 비율을 보면 한니발이 총지휘하는 카르타고군은 보병 4만6천 명과 기병 4천 명에 코끼리 80마리였고, 스키피오가 총지휘하는 로마군은 보병 3만4천 명에 기병 6천 명이었다. 당시 한니발의 기병부대는 주로 아프리카 누미디아 용병부대였는데, 스키피오는 외교 전략을 통해 이들을 자신의 기병으로 포함함으로써 한니발을 고립시키고 스키피오의 기병 규모가 한니발보다 우위에 있게 됐다.

전쟁이 시작되자 한니발은 코끼리 부대로 돌진했으나 스키피오는 분산 대형을 이용해 코끼리 부대를 그냥 통과시킴으로써 코끼리 부대를 무용지물로 만들었다. 그리고 우세한 기병으로 한니발의 기병을 제압한 후 보병과 함께 카르타고군의 보병을 궤멸시켰다. 결국, 자마 전투에서 한니발이 수족처럼 아끼던 정예병 1만5천 명이 거의 전멸당했다. 로마군 전사자는 1,500여 명에 불과할 정도로 스키피오의 완벽한 승리로 끝났다.

스키피오의 승리는 한니발의 기병 우위 전략과 용병술을 모방하고 스키피오 스스로 창안한 코끼리 부대 타개책과 군사적으로 고립시키는 외교전략까지 동원하는 등 한니발 전략을 철저히 연구하고 재창조한 '창조적 모방'

의 승리였다. 이 승리로 스키피오는 로마 원로원으로부터 '아프리카를 점령한 자'라는 의미의 '아프리카누스Africanus'라는 칭호를 받으며 로마를 절체절명의 위기에서 구한 국가의 영웅으로 떠올랐고, 로마가 지중해 전체의 패권을 차지하는 데 결정적 역할을 했다.

진격의 거인, 중국 BAT의 대공습

중국 인터넷 기업의 성장세가 놀랍다. 특히 중국 인터넷 빅 3로 일컫는 바이두, 알리바바, 텐센트(텅쉰)의 성장세는 가히 폭발적이고 거침없다. 13억명의 내수시장을 무기로 글로벌 인터넷 기업인 구글, 페이스북, 아마존 등을 위협하며 세계 인터넷 시장에 지각변동을 일으키고 있다. 이들 세 기업의 첫 글자를 따서 'BAT(Baidu, Alibaba, Tencent)'라는 용어까지 만들어졌다. 세계 인터넷 시장을 미국과 중국이 양분하고 있다고 해도 과언이 아니다.

1998년 마화텅이 창업한 중국 최대의 SNS 업체이자 온라인게임 업체인 텐센트는 시가총액에서 구글, 페이스북, 아마존에 이어 세계 4위 인터넷 기업으로 성장했다. 텐센트의 메신저 서비스인 'QQ'의 월 사용자는 8억6천만 명, 카톡과 비슷한 '위챗WeChat' 서비스는 6억5천만 명이 사용하고 있다. 이외에도 온라인 게임, 음악, 보안 등의 20여 개의 서비스를 통해 중국시장을 넘어 이제 글로벌 기업으로 도약하고 있다.

1999년 마윈이 창업한 전자상거래업체 알리바바는 2015년 9월 뉴욕 증시에 상장했는데, 시가총액 2,314억 달러로 페이스북(2,000억 달러)이나 아마존에 버금가는 높은 시장가치를 인정받았다. 창업한 지 불과 14년 만에 총 거래액이 2,480억 달러(2013회계연도 기준)에 달해 아마존과 이베이의 거래금액을 합친 금액을 넘어서며 세계 최대 온라인 마켓으로 성장했다. 또한, 알리바바의 온라인 결제서비스인 알리페이가 중국 모바일 결제 시장이 50%를 점유하며 호평을 받자 우리나라를 비롯해 글로벌 시장으로도 적극적으로 진출하고 있다.

2000년 리옌훙이 창업한 인터넷 검색업체인 바이두는 중국 검색엔진 시장의 80%를 차지하며 2015년 시가총액 기준 세계인터넷 기업 중 7위로 성장했다. 중국의 구글로 불리는 바이두는 하루 사용자가 6억 명에 이르고 있는데, 중국의 인터넷 보급률이 50% 수준임을 감안하면 아직 그 성장세가 지속될 전망이다. 검색에 집중하던 바이두는 최근 M&A를 강화하며 인공지능, 무인자동차, 공동구매, 클라우드 등에도 진출하고 있다.

표 1 세계 인터넷 기업 시가총액 순위(2015년 5월 기준, 단위 10억 달러) ▲

순위	기업	시가총액
1	구글	373
2	알리바바	233
3	페이스북	226
4	아마존	199
5	텐센트	190
6	이베이	73
7	바이두	72
8	프라이스라인	63
9	세일즈포스	49
10	JD.com	48

▲ 자료 출처: 스태티스타(Statista). http://goo.gl/z2zBAw

2013년 경제전문지 『포브스』가 발표한 '세계 100대 혁신기업'에서 바이두와 텐센트가 각각 6위, 18위에 랭크되며 성장성과 수익성, 혁신성을 인정받았다. 1위는 세일즈포스닷컴이었고, 한국 기업은 아쉽게도 한 곳도 없었다. 2015년에는 바이두와 텐센트 모두 순위가 하락하긴 했지만, 여전히 위력적이다

모방창신, 모방을 통해 새로운 것을 창조하다

이처럼 중국의 BAT가 창업한 지 불과 십수 년 만에 세계 인터넷 시장의 강자로 등장하게 된 배경은 무엇일까? 중국 정부의 보호, 가격 경쟁력 등 여러 이유가 있을 수 있지만, BAT가 구사한 가장 중요한 전략은 바로 '모방'이다. BAT는 모방을 통해 단기간에 거대한 중국 시장을 석권할 수 있었다. 텐센트 QQ의 전신인 'OICQ'는 AOL$^{America\ OnLine}$의 ICQ 메신저를 모방해 만들었다. 또한 'Q존^{Qzone}'은 싸이월드를 모방하였으며, 모바일 메신저인 '위챗'도 카카오톡을 모방했다. 바이두는 구글을 벤치마킹해 사이트 UI도 구글과 거의 유사하게 만들었으며, 최근 구글 글래스와 유사한 '바이두 아이$^{Baidu\ Eye}$'의 시제품을 출시했다. 알리바바는 이베이를 모방한 '타오바오^{TheTaobao}'를 통해 3년 만에 이베이를 중국에서 몰아냈다.

그러나 중국의 BAT가 단순히 모방하는 선에서 끝났다면 이렇게 무서운 기세로 세계 시장에 등장하지 못했을 것이다. 모방으로 시작했지만, 중국의 문화에 맞게 특화했고 이제 재창조를 통해 원래의 회사들을 능가하고 있다. BAT의 전략이 바로 스키피오의 전략이었던 '창조적 모방'이자 모방을 통해 새로운 것을 창조한다는 '모방창신^{模倣創新}' 전략이다.

텐센트는 SNS 서비스로 성장했지만, 텐센트의 주 수익원은 온라인 게임이며 매출의 50%를 넘고 있다. 구글이나 페이스북 등이 광고가 수익 모델인 점과 차별화되는 부분이다. 2012년에는 카카오에 720억 원을 투자하며 2대주주가 돼 카카오의 깊은 속살까지 들여다볼 수 있는 전략도 펼쳤다. 최근 다음과 카카오의 합병으로 텐센트는 5.7배에 달하는 투자수익까지 덤으로 얻었다. 텐센트 CEO 마화텅은 현지 언론과 인터뷰에서 이렇게 말했다.

> "중국의 인터넷 회사는 기본적으로 외국 모델을 모방했다. 텐센트도 예외가 아니다. 하지만 많은 기업이 망했지만 텐센트는 최대 인터넷 회사가 됐다. 다른 점이 있었기 때문이다. 남들이 고양이를 보고 고양이를 그릴 때 텐센트는 고양이를 본떠 호랑이를 그렸다. 기존 모델을 완전히 뒤집은 창조적 모방. 이것이 바로 텐센트가 살아남은 비결이다."

알리바바가 내놓은 온라인 투자 상품인 '위어바오$^{Yu'ebao}$'도 창조적 모방 사례다. 2013년 알리바바가 출시한 위어바오는 알리페이^{Alipay} 계좌에 남은 돈을 알리바바가 펀드 형태로 굴려 수익을 내는 신개념의 금융상품이다. 위어바오는 2015년 6월 말 기준으로 가입자 1억 명, 펀드 규모 90조 원을 돌파하며 세계 4대 MMF$^{Money\ Market\ Fund}$ 상품으로 떠오를 정도로 인기를 끌었다. 알리페이와 위어바오의 성공에 자극받은 여러 기업이 유사 금융상품을 경쟁적으로 내놓을 정도로 역모방하는 사례도 늘어나고 있다. 카카오도 알리페이를 모방한 카카오페이를 출시하며 국내시장 선점에 나섰다.

그러나 BAT가 언제까지 창조적 모방 전략을 펼 수는 없다. 스키피오가 창조적 모방자이긴 하지만, 역사는 스키피오보다 한니발을 창조적 전략가로 높이 평가한다. 글로벌 공략을 위해서는 창의적이고 독자적인 기술과 서비스를 찾아야 한다. BAT가 막강한 현금 동원력을 바탕으로 적극적으로 M&A에 나서고 있는 것도 이 때문이다.

또한, 중국 정부의 보호 아래 노골적으로 모방전략을 펼쳤지만, 세계 시장에서는 지적 재산권을 피해갈 수 없다. 미국의 AOL은 자사 서비스인 ICQ를 무단 도용했다며 텐센트의 OICQ 도메인 관련 소송을 냈고 NAF[National Futures Association, 미국선물협회] 중재위원회는 AOL의 손을 들어 주었다. 아이폰의 외관과 UX를 모방해 신흥 강자로 떠오르고 있는 샤오미도 글로벌로 진출하는 과정에서 애플의 특허공세를 받을 것으로 예상한다.

스티브 잡스는 "유능한 예술가는 모방하고, 위대한 예술가는 훔친다."는 피카소의 말을 즐겨 인용했다. 잡스는 피카소가 자신에게 영감을 주었던 수많은 작품을 통해 새로운 입체파를 창시한 점을 높이 평가하고 그를 존경했다. 애플은 잡스의 이런 경영철학에 따라 새로운 시장을 창출함으로써 혁신의 아이콘이 될 수 있었다. BAT는 이를 기억해야 할 것이다.

참고자료

1. 영웅격정사(2015), 한정주, 서울: 포럼.
2. ローマ人の物語(2)(1993), 시오노 나나미. 로마인 이야기 2(1995), 김석희 번역, 서울: 한길사.
3. 중국 일등기업의 4가지 비밀(2013), 김용준 외 16인, 서울: 삼성경제연구소

미래를 예측하다, 빅데이터와 딥러닝
오이디푸스, 신탁에 맞서다

'오이디푸스 콤플렉스'는 남자아이가 아버지를 경쟁자로 생각해 증오하고 어머니에게 품는 무의식적인 성적 애착을 의미하는 말로, 프로이트가 정신분석학에서 사용한 용어다. 프로이트는 그리스 신화에서 테베 왕 오이디푸스Oidipous가 그의 아버지를 죽이고 친어머니와 결혼하는 비극적인 삶을 살게 되는 데서 착안해 이 용어를 만들었다. 그러나 운명에 맞서 스스로 선택한 삶을 산 오이디푸스에게 이 용어는 너무나도 가혹하다.

오이디푸스의 비극적인 삶과 죽음을 가장 잘 묘사한 작품은 기원전 420년에 소포클레스Sophocles가 쓴 「오이디푸스 왕Oedipus the King」이다. 아리스토텔레스는 소포클레스의 「오이디푸스 왕」을 사람의 힘으로 어찌할 수 없는 공포와 연민으로 인간의 정서를 순화시켜주는 비극 작품 중 최고라고 평가했다.

소포클레스는 그리스 3대 비극작가 중 한 명으로 고대 그리스 비극을 완성했다는 평가를 받을 만큼 유명한 비극을 많이 남겼다. 「오이디푸스 왕」이외에도 「안티고네Antigone」, 「콜로너스의 오이디푸스Oedipus at Colonus」는 소포클래스의 대표 비극이다. 세 작품 모두 오이디푸스의 일대기를 다루는 시리즈 작품으로, 고대 그리스의 사상과 희곡에 관심이 있는 사람뿐만 아니라 동서양을 가릴 것 없이 어느 시대의 독자에게나 감명을 줄 수 있는 고전으로 평가받고 있다.

아폴론 신탁의 끔찍한 예언

비극 「오이디푸스 왕」은 오이디푸스가 테베의 전왕인 라이오스 왕의 살인자를 반드시 찾아내겠다는 선언으로 시작해 자신이 바로 그 살인자임을 알게 되기까지 만 하루 만에 발생한 사건을 이야기하고 있다. 그 전까지 어떤 일들이 일어났는지 그리스 신화를 살펴보자.

오이디푸스가 막 태어났을 때, 아버지인 테베 왕 라이오스는 어린 오이디푸스의 발목을 묶은 후 목동을 불러 멀리 산속에 버려 죽이라고 시켰다. '아들이 자라 아버지를 죽이고 어머니를 범할 것'이라는 아폴론의 무시무시한 신탁이 있었기 때문이었다. 그러나 그 명령을 받은 목동은 차마 그 아이를 산속에 버려 죽게 할 수 없어서 이웃 나라 코린토스의 목동에게 맡기고 테베가 아닌 곳에서 아이를 키워 달라고 부탁했다. 부탁받은 목동은 그 아이를 코린토스의 왕인 폴리보스에게 바쳤다. 폴리보스 왕은 이 아이가 발이 퉁퉁 부어 있어서 오이디푸스(오이디푸스는 '퉁퉁 부은 발'이라는 의미다)라는 이름을 붙여주고 이 아이를 사랑해 왕자로 삼았다.

오이디푸스는 자신이 양자임을 모른 채, 멋진 청년으로 장성해 코린토스 왕과 왕비의 사랑을 독차지했다. 그러나 그는 우연한 기회에 자신에 대한 몸서리치는 신탁을 들었다. '그가 자신의 아버지를 살해하고 어머니와 결혼하게 될 것'이라는 신탁이었다. 오이디푸스는 이 끔찍한 운명의 굴레에서 벗어나기 위해 왕자로서의 삶을 포기하고 코린토스를 떠나 정처 없이 떠돌아다녔다. 자신이 코린토스를 떠나면 아버지를 죽일 일도, 어머니를 범할 일도 없을 것이라 생각했기 때문이었다.

어느 날 우연히 테베로 가는 길에 그는 '세 길이 만나는 삼거리'에서 네 명의 수행원을 거느린 한 무례한 노인을 만났다. 그 노인이 바로 라이오스 왕이었다. 라이오스는 수수께끼를 풀지 못하는 사람들을 죽이는 스핑크스라는 괴물을 퇴치할 방안을 모색하기 위해 델포이로 가는 도중이었다. 라이오스와 오이디푸스는 둘 다 성미가 급했는데, 라이오스가 길을 비키라며 오이디푸스를 때리자 혈기왕성한 오이디푸스는 그들을 모두 때려눕혔다. 불행히도 한 명을 빼고는 모두 죽고 말았다. 이로써 끔찍한 신탁의 한 고리가 꿰어졌다.

라이오스 왕을 죽인 오이디푸스가 테베 근처에 오게 되었을 때 수수께끼를 풀지 못하는 사람들을 잡아먹는 스핑크스라는 괴물에 대해 들었다. 얼굴과 가슴은 여인인데 몸은 날개 달린 사자의 모습을 한 스핑크스는 다른 나라로 통하는 테베의 길목을 막고 있어서 테베 사람들이 굶주림에 시달리고 있던 차였다. 지혜롭고 혈기왕성한 오이디푸스가 스핑크스를 찾아가자 스핑크스가 문제를 냈다.

"아침에는 네 발로 걷고, 점심때는 두 발로 걷고, 저녁에는 세 발로 걷는 것은 무엇이냐?" 잠시 생각한 오이디푸스는 "그건 바로 사람이다. 어릴 때는 네발로 기어 다니고, 젊어서는 두 발로 걷고, 나이가 들어서는 지팡이를 짚고 걸어 다니니까."라고 대답했다.

오이디푸스가 정답을 맞히자 분노를 이기지 못한 스핑크스는 절벽에서 뛰어

그림 1 오이디푸스와 스핑크스(Oedipus and the Sphinx), 장 오귀스트 도미니크 앵그르(Jean Auguste Dominique Ingres).

내려 죽고 말았다. 오이디푸스는 순식간에 테베의 영웅이 됐고, 굶주림에서 벗어나게 된 테베 시민들은 새로운 영웅에 열광했다. 테베인들은 오이디푸스를 왕으로 추대했고 테베의 전통에 따라 라이오스의 왕비였던 이오카스테Iokaste와 결혼하게 했다.

오이디푸스는 이오카스테와 결혼해 아들 둘과 딸 둘을 낳고 15년을 행복하게 살았으며 테베는 평화와 번영을 누렸다. 그러나 오이디푸스를 향한 무시무시한 신탁이 이미 완성되었다는 것을 오이디푸스도, 어머니이자 왕비인 이오카스테도 알지 못했다.

▲ 출처: https://goo.gl/T2XICT

운명에 절규해 스스로 눈을 찌르다

오이디푸스가 범한 죄악에 대한 신들의 저주로 테베에는 역병과 기아가 찾아들었고, 백성들은 고통으로 신음했다. 절망한 테베의 백성들은 오이디푸스를 찾아가 다시 한 번 자신들을 구해달라고 간청했다.

소포클레스의 「오이디푸스 왕」은 궁전 앞 제단 주위에 모여 탄원하는 백성들 앞에 오이디푸스가 등장하면서 시작된다. 오이디푸스는 이 역병의 원인을 알아보기 위해 왕비 이오카스테의 동생 크레온^{Creon}을 델포이로 보내 신탁을 구했는데, 그날 크레온이 돌아와 백성들 앞에 있는 오이디푸스에게 신탁을 전한다. 델포이 신탁의 내용은 "선왕 라이오스의 살해자를 찾아내어 처벌하면 역병이 없어질 것이다."라는 것이었다.

오이디푸스는 그리스 최고의 예언자인 테이레시아스^{Teiresias}를 불러 그 살해자를 찾을 방법을 물었다. 테이레시아스는 "내가 알고 있는 사실을 절대 말하지 않을 것이오."라며 말하지 않으려 했다. 그러나 오이디푸스가 라이오스 왕의 살해 사건에 테이레시아스가 연루된 것 아니냐며 몰아붙이자 예언자는 분노하여 무서운 예언을 털어놓는다.

> "그대가 위협적인 포고까지 내리며 찾고 있는 라이오스 왕의 살인자는 이곳에 있소. 이방인으로 알려진 그가 사실은 테베 태생으로 밝혀질 때, 지금은 눈이 있으되 그때는 눈이 멀 것이요, 지금은 부귀와 권세를 누리나 그때는 거렁뱅이, 지팡이에 의지해 낯선 땅을 헤매리라. 그는 아이들의 아비이자 형제이며, 아이들 어미의 남편이자 아들이고, 아비를 죽이고 자리를 빼앗았네."

경악한 오이디푸스는 늙은 예언자가 미쳤다고 생각했다. 그러나 이오카스테가 '세 길이 만나는 삼거리'에서 라이오스가 죽었다고 말했을 때 오이디푸스는 생각나는 것이 있었다. 계속되는 이오카스테의 말에 숨겨져 있던 진실이 하나씩 드러났다. 포키스에 있는 삼거리길, 시종 4명과 함께 마차 한 대, 키가 크고 자신과 비슷한 외모라는 사실에서 오이디푸스는 과거 자신이 어떤 노인을 죽였던 상황과 모두 맞아 떨어진다는 것을 직감했다. 그 살인자가 바로 자신임을 깨닫게 됐다. 그렇게 오이디푸스는 자신이 라이오스 왕을 죽였다는 사실은 알게 되었으나 자신이 아버지를 죽일 것이라는 신탁과는 상관이 없다며 안도했다. 운명은 이토록 가혹하게 오이디푸스를 향해 다가가고 있었다.

마침 코린토스에서 온 사자가 오이디푸스의 아버지 폴리보스 왕의 사망 소식을 전했다. 오이디푸스는 신탁이 틀렸다는 것을 확신했다. 그러나 그 사자가 자신이 테베의 목동이 버리려던 갓난아기를 받아 코린토스의 폴리보스 왕에게 데려다준 목동이라고 고백하며 반전이 시작됐다. 그의 이야기를 들은 이오카스테가 사건을 더는 추궁하지 못하도록 간절히 말리지만, 오이디푸스는 그때 당시 갓난아기를 테베의 목동에게 건네주었던 목동을 기어이 찾아내 진실을 듣게 된다.

오이디푸스는 "모든 예언이 이루어졌고 모든 것이 밝혀졌도다! 나야말로 저주 속에 태어나서 결혼해서는 안 될 사람과 결혼하고 죽여서는 안 될 사람을 죽였구나!"라고 절규하며 울부짖는다.

그 사실을 들은 이오카스테는 결국 자살하고, 자살 소식을 들은 오이디푸스는 "이제 너희는 내가 겪고 저지른 끔찍한 일들을 다시는 보지 못하리라. 너희는 보아서는 안 될 사람들을 충분히 오랫동안 보았으면서도 내가 알고자 했던 사람들을 알아보지 못했으니 앞으로는 영원히 어둠 속에 있을 지어다."라고 울부짖으며 스스로 자신의 눈을 여러 번 찔렀다. 그리고 스스로 추방되겠다고 말한다.

「오이디푸스 왕」은 코러스가 오이디푸스의 불행을 노래하며 막을 내린다. 테베를 떠난 후 오이디푸스의 방랑하는 삶과 그의 딸 안티고네의 또 다른 비극적인 운명은 「콜로너스의 오이디푸스」, 「안티고네」 작품을 통해 확인할 수 있다.

운명에 맞선 오이디푸스

소포클레스가 작품을 쓰던 시기는 소크라테스가 활동하던 때와 같은 시대로 철학적으로는 기존의 물, 불 등의 자연 중심 철학에서 인간, 이성 중심의 철학으로 이전하던 시기였다. 즉, 신탁의 권위 혹은 운명론에서 벗어나 인간의 자유의지나 행동에 대한 각성이 이루어지고 있었다. 그리스 관객들은 신에 의해 정해진 운명에 대항해 싸웠던 비극적인 영웅들에게서 카타르시스를 느꼈던 것이다.

오이디푸스는 자신의 파멸을 예감하면서도 집요하게 진실을 밝히려는 불굴의 의지를 보여 주며, 자신의 과오가 드러났을 때 남을 원망하지 않고 스스로 책임지려는 자세를 보여 주었다. 그의 정직성이 바로 그를 파국으로 몰아넣고 비극적 종말을 맞이하도록 했던 원인 중의 하나라는 점은 아이러니하지만, 이는 보통 사람과는 구별되는 오이디푸스의 위대한 자질이다.

오이디푸스는 의도하지 않았지만, 자신의 아버지를 죽이고 자신의 어머니와 결혼함으로써 인간으로서 가장 비극적인 삶을 살았다. 우리는 그런 오이디푸스에게서 애잔함과 안타까움을 느끼는 동시에 신탁이라는 운명에 맞서는 오이디푸스를 통해 대리만족을 느끼기도 한다.

오이디푸스는 스스로 운명을 개척해 나간다. 코린토스의 왕의 아들로 살 수 있었지만 그 신탁을 깨기 위해 모든 것을 버리고 고향 코린토스를 떠난다. 아무것도 보장되지 않은 나그네의 삶이었지만, 신의 뜻에 굴복하지 않고 스스로 선택한 삶이었다. 테베로 가는 도중 스핑크스에 관한 이야기를 듣고 그를 피해 갈 수도 있었으나 스핑크스에 당당히 맞서 수수께끼를 맞힘으로써 스핑크스를 물리치고 테베의 왕이 된다. 그의 영웅적인 기질과 새로운 도전을 즐기는 자세를 볼 수 있는 대목이다. "아폴론 바로 그분이 무서운 재앙을 내리셨으나 나의 손 바로 이 손이 가련한 눈알을 찔러댔도다."라고 외치는 오이디푸스 모습에서 신의 뜻이 아니라 자신의 자유의지로 찔렀음을 강조하고 있다. 신이 만들어 놓은 길을 가는 것이 아니라 자신의 길을 적극적으로 만들어 가고자 하는 의지를 보여 주고 있음이다.

독일의 철학자 니체는 말했다.

> "너는 안이하게 살고자 하는가? 그렇다면 항상 군중 속에 머물러 있으라. 그리고 군중 속에 섞여 너 자신을 잃어버려라."

델포이 신탁의 예지력

오이디푸스가 아버지를 죽이게 될 것이라는 델포이 신전의 예언이 바로 '신탁'이다. 영어로 신탁을 '오라클Oracle'이라고 하는데, 이것은 원래 그리스어에서 온 말로 '신의 뜻' 혹은 '신의 계시'를 뜻한다. IT업계에 종사하는 사람이라면 친숙한 단어로, 미 국방성 프로젝트명이었던 '오라클'의 이름을 따서 오라클 데이터베이스가 탄생했다. 영화 '매트릭스'에 나오는 예지력을 가진 흑인 여성(사실은 프로그램)의 이름도 오라클이다.

고대 그리스는 신탁의 시대였다. 그리스 로마 신화뿐만 아니라 실생활에서도 신탁은 강력한 권위를 지니고 있었고, 그리스인들은 중요한 의사결정을 앞두고 반드시 신의 뜻을 물었다. 신탁 중에서 가장 유명한 곳이 예언의 신 아폴론의 신탁을 받을 수 있는 델포이 신전이었다. 동굴 바위틈에서 뿜어져 나오는 신성한 증기를 마신 피티아(신탁을 전하는 무녀)가 황홀경에 빠진 채 예언을 했다. 그녀가 받은 신탁은 모호하고 추상적인 시와 같은 것이었는데, 이런 신탁에 대한 사람들의 신뢰는 절대적이었다.

델포이 신탁은 적중률이 높았다. 그것은 피티아 무녀의 신들린 예지력이나 영감 때문일 수도 있다. 그러나 과학적으로는 정말 신의 뜻을 전해 듣고 예언할 수 있다는 것을 믿기는 어렵다. 델포이는 당시 무역의 중심으로 많은 상인이 왕래하는 허브 같은 곳이었다. 또한, 델포이의 사제들은 신적 권위를 갖고 델포이를 포함한 그리스 전역에 정보망을 구축해 고급 정보를 수집했을 것이다. 그리스 및 주변 지역에서 수집한 정보와 사제들의 집단 지혜를 토대로 앞으로의 일을 예측했을 것이라는 것이 좀 더 현실적이다.

그림 2 델파이의 무녀(Priestess of Delphi), 존 콜리어(John Collier).▲

기원전 480년 페르시아 제국의 100만 대군이 그리스를 침공한 제3차 페르시아 전쟁이 발발했다. 이런 풍전등화의 위기상황에서 아테네가 받은 델포이 신탁을 보자.

▲ 출처: Public Domain, https://goo.gl/fB41ri

"케크롭스 언덕과 성스러운 키타이론의 계곡 사이에 있는 것들이 모두 적의 손에 함락된다 해도, 제우스께서 아테나에게 나무 성벽만은 난공불락의 요새로 만들어 주어서, 너희와 너희 자식들을 도와주리라."

그리스군의 총사령관인 테미스토클레스는 '나무 성벽'을 '목선'으로 해석해 육상전을 포기하고 해전으로 승부를 걸어야 한다고 시민들을 설득했다. 그리고는 페르시아 대군을 살라미스 섬과 그리스 본토 사이의 좁은 바다로 유인해 페르시아 대함대를 궤멸시켰다. 이 해전이 세계 4대 해전의 하나로 유명한 '살라미스 해전'이다. 2014년 3월 개봉한 영화 「300: 제국의 부활」의 배경이기도 하다.

디지털 예언가, 빅데이터와 딥러닝

2010년 남아공 월드컵에서 단 한 번도 틀리지 않고 승부를 정확히 예측한 스타가 있다. 바로 독일의 문어 예언자 파울이다. 파울은 독일과 스페인의 결승전을 포함해 8경기를 모두 맞췄다.

2014년 열린 브라질 월드컵에서는 문어를 대신해 구글의 빅데이터 분석시스템이 예측을 했다. 결과는 16강전과 8강전 12경기 중 11경기의 결과를 정확히 예측했다. 어느 정도 팀 간 전력 차가 있다는 것을 감안하더라도 대단한 적중률이다. 구글은 선수들의 직전 게임 활동을 바탕으로 다음 게임에서 어느 정도의 경기력을 보일지 분석할 수 있는 축구 통계 전문 사이트 옵타^{Opta}의 데이터를 활용했다. 여기에 응원 관중의 숫자, 열광 정도 등의 변수를 추가로 넣어 빅 쿼리$^{Big\ Query}$, 클라우드 데이터플로우$^{Cloud\ Dataflow}$, 컴퓨트 엔진$^{Compute\ Engine}$을 활용해 우승팀을 예측했다.

그리스 전역에 뻗어 있는 정보력을 바탕으로 델포이 신탁의 적중률을 높였 듯이, 이제는 다양한 정보를 수집해 분석하는 빅데이터 분석이 미래를 예측 하는 데 활용되고 있다. 과거에는 신의 영역이었던 예측이 이제는 데이터와 분석 알고리즘을 통해 인간의 영역으로 내려오고 있다. 마이크로소프트는 빅데이터 분석을 이용해 2012년 미국 대통령 선거 결과, 2013년과 2014 년 아카데미상 수상 결과, 인도 총선 결과 등을 성공적으로 예측했다.

이러한 빅데이터 기술이 실리콘밸리에서 뜨거운 감자인 딥러닝$^{Deep\ Learing}$과 결합하면서 관련 산업이 빠르게 진화하고 있다. 딥러닝은 컴퓨터가 사람처 럼 스스로 학습, 추론, 소통할 수 있고, 사물을 스스로 판단할 수 있는 인공 지능 기술이다. 예를 들어, 다양한 고양이 사진을 주며 컴퓨터에게 고양이 식별 방법을 학습시키면, 컴퓨터는 임의의 사진 속에서 고양이 사진을 식별 할 수 있고 심지어는 고양이 종류도 판단할 수 있는 기술이다. 이 기술은 구 글이 이미 2012년 선보였다. 나아가 사전에 고양이를 식별하는 학습 없이 도 고양이를 식별할 수 있는 딥러닝 기술을 개발했다.

가트너가 2014년 주목해야 할 기술로 선정한 딥러닝은 음성인식, 영상인 식, 인지통신에 활용하기 위한 핵심기술이다. 페이스북은 딥러닝 기술을 이 용한 '딥페이스^{DeepFace}'라는 얼굴 인식 알고리즘을 2014년 4월 발표했는 데, 인식 정확도는 97% 정도로 매우 뛰어나다. 마이크로소프트는 딥러닝을 이용한 음성인식 서비스를 개발하고 있다. 네이버는 음성인식과 뉴스 분석 에 딥러닝 기술을 적용했으며 카카오도 딥러닝 업체 '루닛^{Lunit}(기존 회사명 클 디)'에 투자하며 참여하고 있다. 중국의 알리바바나 바이두도 딥러닝을 활용 하기 시작했다.

구글은 2014년 초 딥러닝 업체인 '딥마인드'를 4억 달러에 인수하며 딥러닝 사업화에 신호탄을 쐈다. 세르게이 브린 구글 창업자는 "사람처럼 생각하고 추론할 줄 아는 기계를 만들겠다."라는 포부를 드러내며 구글이 가지고 있는 빅데이터 분석과 딥러닝 기술을 총동원해 무인자동차를 개발했다. 현재 네바다주와 캘리포니아주 등에서 시험운전 허가를 확보하고 돌발 상황 대응능력 등을 테스트 중이다.

표 1 국내외 주요 기업 딥러닝 동향

회사	동향
구글	딥마인드 인수, 무인자동차 개발
페이스북	얼굴인식 딥페이스 기술 개발
마이크로소프트	음성인식 서비스 개발
네이버	음성인식, 뉴스 분석
카카오	딥러닝 업체 투자

고대 델파이 피티아 무녀의 자리를 앞으로는 빅데이터와 딥러닝 기술을 장착한 로봇이 대신할 것이다. 데이터를 기반으로 스스로 판단하고, 인간의 감정을 이해해 해결책을 제시하며, 앞으로의 일을 예측할 수 있는 로봇이 탄생할 것이다. 그렇다면 지금 우리는 무엇을 해야 하는가? 빠르게 진화하는 기술을 고민하기 전에 우리 '인간' 자체에 대한 고민을 할 때다. 바로 운명에 맞서고자 했던 오이디푸스를 알아야 할 때인 것이다.

참고자료

1. 소포클레스. 오이디푸스 왕(2001), 천병희 번역, 서울: 문예출판사.
2. 구본형의 그리스인 이야기(2013), 구본형, 서울: 생각정원.
3. 다카히라 나루미. 소환사(2000), 신은진 번역, 서울: 들녘.
4. Histories (기원전 440), 헤로도토스. 헤로도토스의 역사(2001), 박광순 번역, 서울: 범우사.
5. https://en.wikipedia.org/wiki/Deep_learning

스마트홈, 가족을 생각하다
안티고네는 왜 죽음을 선택했는가?

여기 비극의 주인공이 있다. 자신은 근친상간으로 태어났고, 아버지이자 동시에 오빠인 사람은 스스로 그의 두 눈을 찔렀다. 어머니는 자살을 선택했으며, 두 명의 오빠는 서로의 심장에 칼을 꽂고 죽었다. 가족의 비극 한 복판에 선 여인, 그녀의 이름은 바로 오이디푸스의 딸 '안티고네Antigone'다. 이런 가련한 운명의 주인공이었던 안티고네는 사랑하는 가족과 신념을 위해 죽음도 불사하였기에 그녀의 삶은 연민을 넘어 빛을 발한다.

비극적이고 슬픈 운명을 가진 안티고네의 삶과 죽음을 노래한 작품이 기원전 441년에 고대 그리스 비극시인 소포클레스가 쓴 비극 「안티고네」다. 오이디푸스의 비극 3부작으로 불리는 「오이디푸스 왕」, 「콜로노스의 오이디푸스」, 「안티고네」 세 작품은 하나의 스토리 라인을 가진 오이디푸스 가족의 연대기다. 이 세 작품 중 「안티고네」가 가장 먼저 발표한 작품이나 이야기 흐름상으로는 마지막 편에 해당한다.

「오이디푸스 왕」에서 오이디푸스는 마침내 자신의 정체성을 파악하고, 자신이 아버지 살해범이자 어머니와 결혼해 자식까지 낳은 패륜아라는 것을 알게 된다. 그는 스스로 자신의 눈을 찌르고, 외삼촌이자 처남 크레온에게 어린 두 딸을 보살펴 달라고 부탁하고 테베를 떠나면서 끝을 맺는다.

가족의 비극 한복판에 선 안티고네

그림 1 오이디푸스와 안티고네(Oedipus and Antigone), 알렉산더 코클라(Aleksander Kokular) ▲

「콜로노스의 오이디푸스」는 테베를 떠나 방랑길에 오른 오이디푸스와 그가 떠난 이후 가족 간의 반목을 다루고 있다.

오이디푸스의 큰딸 안티고네는 눈먼 아버지를 모시고 유랑 생활을 하다 아테네의 콜로노스에 정착한다. 이때 오이디푸스가 지지하는 쪽이 전쟁에서 이길 것이라는 신탁과 오이디푸스의 무덤을 소유한 자가 훗날 아테네와 테베

▲ 출처: https://goo.gl/DB1R25

의 전쟁에서 승리할 거라는 신탁을 들은 큰아들 폴리네이케스Polyneikes가 오이디푸스를 찾아왔다. 또한, 크레온과 둘째 아들 에테오클레스Eteocles도 그 신탁을 듣고 안티고네의 동생 이스메네Ismene를 보내는데, 그녀는 폴리네이케스와 에테오클레스 두 오빠가 왕권 다툼으로 전쟁을 하려 한다는 사실을 전한다.

오이디푸스는 두 아들과 크레온이 왕권 차지를 목적으로 자신을 이용하려는 것을 알고 분노한다. 고통과 절망에 빠진 오이디푸스는 그들의 권력욕과 이기적인 행동을 비난하면서 두 아들이 서로 죽이게 될 것이라고 저주한다. 얼마 뒤 오이디푸스는 아테네의 왕 테세우스Theseu의 보호 아래 고난의 삶을 내려놓고 신에게 구원을 받으며 조용히 죽음을 맞이한다.

오이디푸스의 죽음 이후 그의 두 아들 간에 테베의 왕권을 두고 치열한 전쟁이 벌어졌다. 원래 오이디푸스의 두 아들이 한 해씩 번갈아가며 테베를 통치하기로 했으나 작은아들 에테오클레스가 1년이 지나도 양보하지 않자 큰아들 폴리네이케스는 아르고스로 도망쳐 그곳에서 아르고스 공주와 결혼했다. 그 후 폴리네이케스는 아르고스군을 이끌고 그의 조국 테베를 공격하고, 그의 동생 에테오클레스는 테베를 방어하며 치열하게 싸우다 오이디푸스의 저주대로 두 형제는 서로의 심장에 비수를 꽂은 채로 죽게 된다. 테베의 왕이 된 크레온은 테베를 지키려 했던 에테오클레스에게는 성대한 장례를 베풀어 주었다. 그러나 반역자인 폴리네이케스의 시체는 들판에 그대로 내버려둬 새나 들짐승이 먹도록 했고, 명령을 어기는 자는 죽음을 면치 못할 것이라고 포고령을 내렸다.

왕의 명령에 당당히 맞서는 안티고네

비극 「안티고네」는 테베의 왕인 크레온의 명령과 경고에 대해 이야기하는 안티고네와 여동생 이스메네의 대사로 시작한다. 안티고네는 "신께서 정해 놓은 숭고한 법을 어기고 싶지 않다."라며 사랑하는 오빠의 주검을 장례 치르자고 동생에게 권유하지만, 이스메네는 "우리가 법을 어기고 왕의 명령이나 권력을 훼손한다면, 그 누구보다도 비참하게 죽을 거예요. 우선 우리는 남자들과 싸워서는 안 되는 여자로 태어났다는 것을 잊지 말아야 해요. 둘째로 우리는 우리보다 강한 자의 지배를 받고 있기 때문에 이 일만이 아니라 이보다 더 쓰라린 명령에도 복종해야 합니다. 그러므로 나는 지옥의 망령들에게 용서를 빌면서 크레온의 말에 복종하겠어요."라며 동참을 거부한다.

그림 2 죽은 폴리네이케스 앞의 안티고네(Antigone in front of the dead Polynices), 니키포로스 리트라스 (Lytras nikiforos).▲

▲ 출처: https://goo.gl/VOf26t

양심에 따른 '신의 법'을 중요시한 안티고네는 오빠 폴리네이케스의 시신을 몰래 묻어주다가 결국 붙잡힌다. 안티고네는 크게 분노한 크레온 앞에서도 당당하게 맞서는데, 신의 법 혹은 인간으로서의 기본 윤리와 크레온의 명령으로 대변되는 인간의 법 사이의 대립을 보여 준다.

> "인간들을 다스리는 신의 정의는 당신의 명령이나 법과는 무관합니다. 저는 인간인 당신의 명령이, 신들의 변함없는 불문율에 우선할 만큼 강하다고는 생각하지 않습니다. 인간의 뜻을 따르기 위해 신의 불문율을 범할 수는 없습니다."

고대 그리스인들은 죽은 사람을 매장해 흙으로 덮어 주지 않으면 그 영혼이 구천을 떠돌기 때문에 영원한 안식을 얻을 수 없다고 믿었다. 그러므로 적절한 장례식을 치러 애도하고 시신을 매장하는 행위는 매우 중요한 의미를 지녔다. 그리스인들에게 땅에 묻히지 못한다는 것은 죽음만큼이나 두려운 일이었고, 시신을 매장하지 않고 방치하는 행위는 '신의 법'을 어기는 행위로 여겼다. 호메로스의 『일리아스』에서도 그리스와 트로이아의 전쟁 중에 저녁이 되자 잠시 휴전하고 사망한 군인들의 시신을 거두어 매장하는 장면이 나올 정도로 시신을 매장하는 것은 중요한 일이었다.

크레온을 당돌하게 비난하는 안티고네에게 크레온이 소리친다.

> "너무 완강한 정신은 가장 쉽게 꺾이는 법이라는 걸 넌 모르고 있어. 법을 어기는 너의 오만함이 얼마나 어리석은 일인지를 내 깨우쳐 주겠다. (중략) 네가 원하는 대로 해 주마. 저세상으로 가거라. 꼭 사랑해야 한다면 죽은 자들이나 사랑해라."

안티고네의 소식을 듣고 달려온 하이몬^{Haemon}이 아버지 크레온에게 "자식들에게는 아버님의 훌륭한 명성만큼 고귀한 자랑이 없습니다. 아무리 현명한 사람이더라도 많은 일을 배우고 때에 따라 뜻을 굽히는 것은 수치가 아닙니다. 그러니 제발 노여움을 푸시고 생각을 돌리십시오."라며 안티고네를 용서해 달라고 말한다. 하지만 크레온은 오히려 왕을 훈계하고 모욕한다며 하이몬의 눈앞에서 당장 안티고네를 죽이라고 분노한다. 그러자 하이몬은 "그러면 영원히 제 얼굴을 보지 못할 것입니다."라고 선언한다. 사실 안티고네는 크레온의 아들 하이몬의 약혼녀고 서로 사랑하는 사이다. 그런데도 크레온은 자신의 권위를 지키기 위해 안티고네뿐 아니라 자신의 자식인 하이몬마저 가혹하게 대한다.

백성들도 안티고네의 행동을 옹호하며 수군대며 말한다.

> *"저 아가씨가 한 일은 훌륭한 일인데도 부끄럽게 죽어야 한다니 얄궂은 운명이구나. 친오빠가 피투성이의 싸움에서 쓰러졌을 때, 썩은 고기를 찾아다니는 개나 새가 뜯어먹지 못하도록 오빠의 시체를 묻어 주지 않았는가. 저 아가씨는 마땅히 빛나는 명예를 차지해야 하지 않은가?"*

결국 안티고네는 햇빛 하나 들어오지 않는 무덤과 같은 석굴에 갇혔다. 이때 장님 예언자 테이레시아스(오이디푸스에게 아버지를 죽인 범인이 오이디푸스 자신임을 알려준 예언자)가 나타나 크레온을 향해 "분노한 하데스와 다른 신들까지 모독함으로써 왕을 재앙에 빠뜨려 머지않아 집안의 남녀들이 통곡하는 소리를 듣게 될 것"이라고 경고하고 아들 하이몬이 죽을 것이라는 무서운 예언을 한다.

테이레시아스의 예언이 한 번도 틀린 적이 없었기에 크레온은 두려움에 떨며 자신의 결정을 뒤엎고 안티고네를 풀어 주라고 명령하지만, 이미 안티고네는 스스로 목숨을 끊어 버린 뒤였다. 그리고 하이몬도 죽은 안티고네를 끌어안고 비통하게 울부짖다 결국 자결하고 만다. 그뿐만이 아니다. 크레온의 아내 에우리디케Eurydice도 아들을 잃은 슬픔을 견디지 못하고 자결하고 만다. 크레온이 안티고네의 인륜적 행위를 수용하지 못함으로써 자신의 아들과 아내를 죽음에까지 이르게 해 한 가정의 비극적 파멸을 불러왔다.

크레온은 그제야 자신의 잘못을 깨닫고 "난, 내 아들과 아내를 죽게 한 어리석고 못난 인간이오."라고 절규했으나 이미 소용없는 일이었다.

「안티고네」는 코러스의 노래로 막을 내린다.

> "지혜야말로 최고의 행복이라네. 신들에 대한 존경심을 버려서는 안 된다네. 오만한 자들의 큰 소리는 그 벌로 큰 타격들을 받게 되어 늙어서야 지혜를 가르쳐 준다네."

크레온이 주장하는 왕 혹은 국가의 법도 매우 중요하다. 그러나 국가의 법이 인류의 보편적 정서와 충돌했을 때 그 법은 악법이 될 수 있으며, 끔찍한 비극을 낳을 수 있음을 이 작품은 잘 보여 주고 있다. 소포클래스는 코러스의 노래를 통해 법과 인륜 혹은 국가와 개인 사이에 조화로움의 지혜를 이야기하고 싶었는지도 모른다.

가족에 대한 사랑과 용기

크레온은 왕의 법보다 신의 법 혹은 인류의 법이 중요하다는 안티고네의 항변도, 아들인 하이몬의 간절한 간청도, 백성들의 안티고네를 안타까워하는 소리도 듣지 않고 귀를 막아버렸다. 그에게는 오직 자신이 정해놓은 명령과 법, 그리고 자신의 권위가 더 중요했다.

"복종하지 않는 것은 가장 나쁜 일이다. 나라를 망치고 집안을 비참하게 만드는 것도 불복종 때문이다."라는 그의 대사에서 법과 자신의 권위에 도전하는 사람에 대한 그의 생각을 느낄 수 있다.

트로이아 전쟁에서 아킬레우스^{Akhilleus}는 자신의 절친 파트로클로스를 죽인 트로이아의 왕자 헥토르^{Hector}를 죽인 후 시신을 전차에 묶어 끌고 다니며 분풀이를 했지만, 결국 헥토르의 부친 트로이아의 왕 프리아모스의 애끓는 부정에 감동하여 헥토르의 시신을 돌려주어 장례를 치르도록 하지 않았던가? 처음에는 분노에 찬 잔인한 아킬레우스였으나 아버지의 사랑이라는 인륜을 선택함으로써 보다 인간적이고 성숙한 면모를 보여 주었다. 그러나 크레온은 아킬레우스와 다르게 끝까지 인륜에 대해 배려 없이 행동함으로써 결국 비극적 파멸을 자초하게 된다.

헤겔은 「안티고네」가 가장 숭고하고 가장 완벽한 예술 작품 중의 하나이며 여주인공 안티고네는 "지상에 나타난 인물 중 가장 고결한 인물"이라는 극찬을 아끼지 않았다. 안티고네의 고결함은 가족을 사랑하는 마음과 오빠의 영혼이 편안히 쉴 수 있게 하려고 죽음마저 불사하고 왕의 권위에 도전한 신념과 용기에서 나온 것이다.

많은 사람이 그녀의 여동생 이스메네처럼 법이나 왕의 명령이 부당하더라도 그 권위에 복종하기 마련이다. 그러나 안티고네는 비록 힘은 없었지만 옳다고 믿는 것, 즉 신념에 따라 죽음을 두려워하지 않고 왕에게 당당히 맞섰다. 안티고네는 힘이 없었기에, 더구나 당시에는 전혀 권리가 없는 여성이었기에 죽음으로밖에 항거할 수 없었을 것이다. 이 부분에서 그리스인들은 자신들이 갖지 못한 용기와 신념을 보여 주는 안티고네에 열광하고 카타르시스를 느꼈을 것이다.

또한, 안티고네는 아버지가 두 눈을 잃고 테베를 떠나 떠돌이 생활을 할 때, 공주로서의 편안한 삶을 포기하고 유일하게 아버지 곁을 지키며 그의 눈이 되어 주었다. 아버지를 이용하려 했던 오빠들이었지만 그들을 품고자 했다. 안티고네의 삶은 가족의 해체가 가속화되어 가고 있는 이 시대에 진부하지만 분명한 메시지를 던져 준다. 가족에 대한 사랑. 오늘날에도 결코 가볍게 여기지 않아야 할 삶의 가치임을 잊지 않았으면 좋겠다.

스마트홈이 여는 세상

2015년 1월 라스베이거스에서 열린 세계 최대 가전전시회(CES 2015)에서 사물인터넷 바람이 뜨거웠다. 170여 개국 3,600여 개의 참가 기업 중 25%인 900여 개 기업이 사물인터넷 관련 기업일 정도로 열풍이었다. 사물인터넷은 스마트홈, 스마트카, 웨어러블 헬스케어 등의 분야가 있는데, CES 2015의 핵심 키워드 중 하나가 바로 '스마트홈'이었다. 한국스마트홈산업협회에 따르면 2015년 국내 스마트홈 시장 규모가 10조를 넘어섰고, 연평균 20%씩 성장하며 2019년에는 21조로 증가할 것으로 예상한다.▲

안티고네가 가족을 지키기 위해 목숨을 걸고 왕에게 맞섰다면, 스마트홈은 가족에게 편리함을 제공하고 가족을 지키기 위한 기술의 집합체다. 한국스마트홈산업협회는 스마트홈을 주거 환경에 IT를 융합해 국민의 편익과 복지증진, 안전한 생활이 가능하게 하는 가족 중심적인 스마트 라이프 환경이라고 정의하고 있다.

머지않은 미래의 스마트홈 생활을 상상해 보자. 아침이면 침대에 붙은 센서가 내가 일어났다는 사실을 알고 커피머신에 내가 즐겨 마시는 아메리카노를 준비시킨다. 소변을 점검해 건강상태를 확인해 주고 병원에 정보를 전송한다. 냉장고는 부족한 식료품을 장바구니에 넣고 유통기간이 지난 음식을 알려준다.

거울 앞에 서면 그날 날씨나 내 취향을 감안해 옷도 추천해 준다. 약통에 붙은 센서가 복용시간을 체크해 약을 제때 먹도록 돕는다. 아침 식사를 마치

▲ 출처: 2015 스마트홈 산업현황 및 정책방향 보고서

고 커피를 마실 때쯤 스마트폰이 자동차에 시동을 걸고, 자동차는 가장 적합한 온도로 설정한다. 집에 돌아오면 난방 조절기가 날씨와 난방 습관을 고려해서 최적의 난방온도를 설정해 난방비를 절감해 준다. TV 시청 중이거나 운동 중일 때 상황에 맞게 온도를 설정해 준다. 홈 CCTV는 아이가 집에 들어오면 나에게 알려주고, 24시간 우리 가족을 지켜 주며 화재 등 사고로부터 보호해 준다.

지금까지는 스마트홈이라는 개념이 싹튼 시기였다면 2015년에는 그 개념이 구체화되고 제품화가 진행됐다. 머지않아 앞에서 상상한 스마트홈에서의 일상을 경험하게 될 것이고, 영화 '마이너리티 리포트'에서 펼쳐진 스마트한 세상이 우리에게 다가올 것이다. 상상이 현실이 되고 있다.

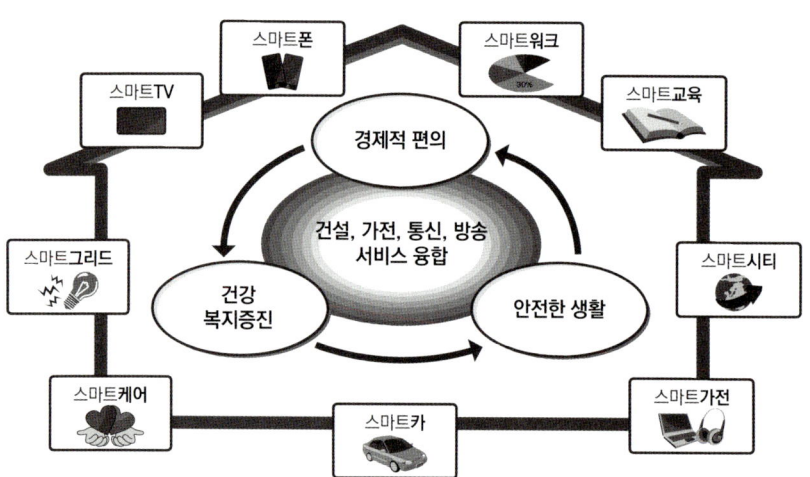

그림 3 스마트홈의 범위 ▲

▲ 출처: 한국스마트홈산업협회, http://goo.gl/0oD6yX

'스마트홈 플랫폼' 주도권 전쟁이 시작되다

스마트홈이 더 스마트해지고 지능화되려면 기기들을 개별로 연결하던 방식에서 벗어나 '스마트홈 플랫폼'을 기반으로 다양한 기기들을 상호 연결하는 것이 중요하다. 구글, 애플, 삼성 등 스마트홈 3인방은 스마트홈을 플랫폼 기반으로 추진한다는 전략으로 2014년부터 본격적으로 진행해 왔다.

가장 앞서 있다고 평가하는 업체는 구글이다. 구글은 2014년 초 가정용 온도조절기 업체인 네스트Nest를 인수했다. 매출이 3억 달러에 불과한 네스트를 32억 달러(약 3조 3,600억 원)에 인수한 것은 구글이 네스트를 스마트홈 플랫폼으로 키우고자 했기 때문이다. 네스트의 온도조절기를 이용해 스마트홈의 허브가 되는 TV, 냉장고, 전등, 시계, 전자레인지 등 집 안의 모든 물건을 연결한다는 구상이다.

네스트는 2014년 6월 'Works with Nest' 프로그램을 시작하면서 다양한 업체들과 파트너십을 맺고 스마트홈 생태계 구축에 주력했다. CES 2015에서 15종에 이르는 네스트 호환 기기를 발표했는데, 여기에는 스마트 도어록, 스마트 조명, IP 전화 등이 포함됐다. 또한, 5,000여 개의 개발업체가 네스트와 연동되는 제품을 만들고 있다고 밝혔다. LG도 그중 하나다.

삼성전자도 2014년 8월 사물인터넷 플랫폼 회사인 스마트싱스SmartThings를 인수하며 스마트홈 플랫폼을 구체화하기 시작했다. 2014년 말 국내에서 열린 '2014 스마트TV 글로벌 서밋'에서 스마트싱스를 활용한 스마트홈 플랫폼을 공개했다. 스마트싱스의 개방형 플랫폼을 이용해 자사 기기뿐만 아니라 타사의 다양한 기기를 삼성 스마트홈 생태계 속에 포함하려 할 것이다. 또한, CES 2015에서 삼성은 개발자들이 삼성의 개방형 플랫폼에 참여할 수 있도록 1억 달러 개발자 지원에 투자할 것이라고 밝히기도 했다.

애플도 2014년 6월 세계 개발자회의^{WWDC}에서 스마트홈 플랫폼인 '홈킷$_{HomeKit}$'을 발표하며 스마트홈 시장에 본격적으로 뛰어들었다. 아이폰을 중심으로 각종 가전기기를 연결한다는 구상인데, 필립스, 오스람 등 많은 업체가 참여하고 있다. 애플은 CES 2015에 참여하지 않았지만, 애플의 파트너들은 홈킷을 이용한 스마트 플러그, 스마트 도어록 제품 등을 선보였다. 이들 제품은 목소리로 제어할 수 있도록 음성인식 기능인 시리와 연동돼 있다.

스마트홈 시장을 놓고 빅3가 이렇게 각축을 벌이고 있지만, 스마트홈에 거주할 사람에 대한 고민이 부족한 것은 아쉽다. 선보이는 기술들은 주로 편리함, 쾌적함, 보안 등에 초점을 맞추고 있다. 기기가 알아서 제공하는 편리함은 종종 게으름과 구성원 간 대화 단절을 초래할 수 있어서 자칫 스마트홈 환경에서 오히려 더 개인화되고 고립될 수도 있다.

그래서 기기뿐만 아니라 가족 구성원 연결에 대한 배려도 필요하다. 몸이 아닌 마음을 편안하게 해 주고 가족을 연결해 주고 서로 사랑을 느끼게 도와주는 스마트홈을 꿈꿔 본다. 마치 안티고네의 말처럼.

"나는 서로 미워하기 위해서가 아니라, 서로 사랑하기 위해 태어났어요."

참고자료

1. 소포클레스. 소포클레스 비극 전집(2008), 천병희 번역, 서울: 숲.
2. 사물인터넷(2014), 매일경제 IoT 혁명 프로젝트팀, 서울: 매일경제신문사.
3. 한국스마트홈산업협회, http://www.kashi.or.kr/

스티브 잡스, 소크라테스를 만나다
소크라테스의 두 가지 죄 그리고 닭 한 마리

기원전 423년, 아테네에 방화 사건이 일어났다. 범인은 아들로 인해 거액의 빚을 진 농부였다. 농부는 빚을 면할 꾀를 배우려고 자기 아들을 한 선생에게 보냈는데, 아들이 거기서 배운 꾀로 오히려 자신에게 주먹을 휘두르고 목까지 조르자 화가 치민 농부가 자식을 망치고 신을 모독한 학교를 없애버리겠다며 학교에 불을 지른 것이었다.

여기에 등장하는 선생이 바로 유명한 소크라테스Socrates다. 고대 그리스 최고 희극작가인 아리스토파네스Aristophanes는 「구름Nephelai」이라는 작품에서 당대의 유명한 철학자인 소크라테스를 해괴한 논변으로 청년을 타락시키는 협잡꾼으로 묘사한다. 소크라테스에게 도대체 무슨 일이 일어난 걸까?

고대 서양 철학의 최고봉인 플라톤Platōn의 스승이자 예수, 석가, 공자와 함께 세계 4대 성인으로 추앙받는 소크라테스는 기원전 469년 아테네에서 석공인 아버지와 산파인 어머니 사이에서 태어났다. 가난한 집안에서 태어난 소크라테스는 커서도 돈벌이를 하지 않고 사람들과 대화하며 돌아다녔기에 늘 가난했다.

그림 1 못생긴 소크라테스의 조각상 ▲

외모도 추했다. 키가 작고 대머리에 툭 튀어나온 눈과 넓고 평평한 코, 불룩 뛰어나온 배를 가졌다. 당시에 "소크라테스를 닮았다."라는 말은 더럽게 못생긴 사람을 의미할 만큼 아테네에서 가장 못생겼다. 더군다나 그는 신발이나 옷을 사는 일도 거의 없었고 보통은 맨발로 다녔으며 잘 씻지도 않았다. 플라톤의 「향연Symposium」을 보면 평소 그가 어떻게 하고 다녔는지를 알 수 있다.

> 방금 목욕을 하고 신을 신고 나선 소크라테스를 만났다는 걸세. 그것은 그분에게 흔치 않은 일이지.

소크라테스가 30대 후반에 아테네와 스파르타 간의 그리스 패권을 둘러싼 펠로폰네소스 전쟁이 발발했는데, 아테네 시민으로서 그도 전쟁에 참여했다. 30대 후반부터 40대 후반까지 세 차례 큰 전투에 투입돼 보병으로 활동했다. 첫 번째 전투 때 같은 막사에서 지내던 알키비아데스Alcibiades라는 청년이 다치자 죽음을 무릅쓰고 그의 생명을 구하기도 했다. 알키비아데스는 그를 높이 평가하며 이렇게 묘사했다.

▲ 출처: Sting, CC BY-SA 2.5, https://goo.gl/qQ7RVY

그는 어려움을 참아내는 데 있어 누구보다 강했습니다. 전투 중에 식량이 떨어질 때에도 그는 아무렇지도 않아 했습니다. (중략) 정말 매서운 추위가 있었는데, 모든 병사가 막사 내에 머무르고 밖으로 나가지 않았습니다. 그러나 소크라테스는 소매 없는 솜으로 된 외투만 걸치고 신발도 없이 맨발로 얼음 위를 걸어 다녔습니다.

스무 살 가까이 차이 나는 소크라테스와 알키비아데스의 만남은 스승과 제자 이상으로 발전했다. 소크라테스는 화려한 용모와 웅변술을 가진 알키비아데스를 사랑했고, 알키비아데스는 소크라테스의 지혜와 말솜씨를 사랑했다. 다소 동성애 같은 느낌이 있으나 당시에는 덕이 높은 어른이 젊은이를 사랑하며 가르친다는 측면에서 용인됐다. 그리고 이 둘의 사랑은 육체적인 동성애 관계라기보다는 정신적인 측면의 사랑에 더 가까웠다.

나중에 알키비아데스는 아테네를 이끄는 지도자가 됐으나 스파르타로 망명함에 따라 전쟁에서 아테네가 스파르타에 패배하는 원인을 제공했다. 그로 인해 그의 스승인 소크라테스까지 비난을 받게 되고 훗날 소크라테스의 고소와 죽음에도 영향을 끼쳤다.

악처를 얻으면 철학자가 되리라

소크라테스의 아내 크산티페^{Xanthippe}는 악처로 유명해 세계 3대 악처 중 한 명으로 뽑힐 정도다. 제자들의 기록에는 '참을 수 없을 만큼 잔소리 많고 시끄러운 여인'으로 묘사되기는 하나 악처라는 명성은 그녀에게 억울한 면이 없지 않다.

사실 소크라테스는 돈을 벌어 오지 않았고 집안 형편에도 전혀 관심을 기울이지 않았다. 그가 죽음을 맞이하는 70세에 큰아들이 청년이 됐다는 점으로 미루어 볼 때 그가 결혼한 것은 50세 무렵이고, 크산티페와의 나이 차이는 스물다섯 살 이상이라고 알려져 있다. 꽃다운 나이에 소크라테스와 결혼해 혼자서 아이 셋을 키우며, 가장으로서는 낙제인 남편의 뒷바라지까지 했으니 크산티페로서는 무심한 남편에게 잔소리를 퍼부을 수밖에 없었으리라. 그녀와 관련한 몇 가지 일화를 보자.

그림 2 소크라테스에게 물을 붓는 크산티페Xanthippe Dousing Socrates, 블로멘달Reyer Jacobsz. van Blommendael ▲

알키비아데스가 크산티페의 잔소리가 너무 심해서 견디기 어렵다고 투덜대자 소크라테스는 "도르래 도는 소리도 자주 듣다 보면 아무렇지도 않다."라고 답했다. 또 크산티페가 소리를 지르고 난 뒤 소크라테스에게 물을 끼얹자, "천둥이 친 뒤엔 비가 오는 법"이라고 태연히 받아넘겼다. 또 어느 날은 제자들이 소크라테스에게 물었다. "결혼은 꼭 해야 하는 것입니까?" 그러자 소크라테스는 자신의 상황을 빗대 대답했다. "결혼은 반드시 해야지. 좋은 아내를 얻으면 행복할 것이고 악처를 얻으면 철학자가 될 테니까."

플라톤의 「파이돈Phaedo」에는 소크라테스 사형집행 당일의 크산티페를 이렇게 묘사하고 있다. 악처의 모습은 보이지 않고 그의 죽음을 슬퍼하는 아내로서의 모습이다.

▲ 출처: https://goo.gl/ntAKz2

우리가 들어가 보니 크산티페가 어린 아들을 안고 앉아 있더군. 크산티페가 우리를 보더니 울음을 터뜨리며 말을 했지. "여보, 당신이 친구들에게 말하는 것도 이제 마지막이 되겠어요." 그러자 선생님께서 말씀하셨다네. "크리톤, 누구 시켜서 저 사람 좀 집으로 보내 주게." 그러자 가슴을 치며 통곡하는 크산티페를 하인이 데리고 나갔지.

소크라테스, 지혜의 산파가 되다

소크라테스가 마흔 살 무렵에 친구이자 제자였던 카이레폰Chaerephon이 델포이의 아폴론 신전으로 가서 "아테네에서 가장 현명한 사람이 누구입니까?"라고 물었다. 그러자 이런 신탁이 내려왔다.

> "소포클레스는 현명하다. 유리피데스는 더욱 현명하다. 그러나 소크라테스는 만민 중에서 가장 현명하다."

이 신탁을 전해 들은 소크라테스는 매우 놀랐다. 자신이 현명하지 않다는 것을 잘 알고 있었기 때문이었다. 그래서 그는 신탁이 맞는지 확인하기 위해 아테네 시민들이 현명하다고 인정하는 정치가, 시인, 장인들을 찾아가서 그들을 관찰하며 그들의 지혜를 알아보았다.

소크라테스가 현인들의 지혜를 알아보는 방법은 그들과 대화하는 것이었다. 소위 '문답법' 혹은 '산파술'이라고 불리는 방법으로 질문과 답변을 통해 상대방이 지혜를 터득할 수 있도록 도와주는 방법이다. 소크라테스는 그들에게 인간은 무엇이냐, 덕이란 무엇이냐, 인간이 추구해야 할 삶의 궁극적인 가치는 무엇이냐, 행복은 무엇이냐 등을 물었다. 대화를 통해 그들이 잘 알지도 못하면서 스스로 지혜로운 자라는 자만에 빠져 있다는 것을 알게 되었다. 소크라테스는 자신이 그들보다 나은 것이 딱 하나 있다는 것을 확신했다.

> "나는 무엇을 모르고 있는지를 알고는 있지만, 그들은 자신이 아무것도 모른다는 사실조차 모른다."

소크라테스는 비로소 자신의 사명을 깨달았다. 그 후 그는 죽을 때까지 신탁이 자신에게 부여한 '지혜의 산파' 역할을 하며 살았다. 그는 누구나 당연히 인정하는 사실에서부터 대화를 시작해 상대편이 자가당착에 빠져 자신의 주장이 틀렸다는 것을 스스로 인정할 수밖에 없게 했다. 더 나아가 그들이 아무것도 모르고 있음을 깨닫게 해버렸고, 그 과정에서 그들은 굴욕감과 모욕감을 느끼고 소크라테스에게 적개심을 품게 됐다. 그렇게 소크라테스는 아테네 지도층과 수많은 시민을 적으로 만들었다. 그의 대화 한 토막을 보자.

> "민중이란 누구인가?"
>
> "가난한 사람들을 말합니다."
>
> "가난한 사람이란 어떤 이들이지?"
>
> "돈에 항상 쪼들리는 사람들을 말합니다."
>
> "부자들도 항상 돈이 부족하다고 아우성이다. 그렇다면 부자도 가난한 사람 아닌가?"

그의 대화는 이런 식이었다. 더군다나 그는 냉소적이기까지 했다. 제자인 크세노폰Xenophon이 쓴 『소크라테스의 회상Memorabilia of Socrates』에는 다음과 같은 일화가 전해진다.

> 소크라테스가 하인을 지독하게 혼내고 있는 사람에게 말한다.
>
> "왜 자네는 이토록 심하게 하인을 벌주고 있는가?"
>
> "이놈은 매우 호사스럽게 먹기만 하는 바보니까 그렇지! 형편없는 게으름뱅이 놈이 돈 욕심은 얼마나 많은지!"

"그런데 말이야, 지금 말한 기준대로라면 자네는 그대 자신과 하인 중에 누가 더 매를 맞아야 하는지 생각해 본 적이 있나?"

너 자신을 알라

소크라테스 이전에는 철학자들의 관심이 우주와 자연에 있었다. 만물의 근원을 물, 불, 공기라고 주장하는가 하면, 피타고라스는 만물의 근원을 숫자라 주장하기도 했다. 이러한 자연 철학 흐름에서 최초로 '인간'을 철학의 주인공으로 내세운 사람이 바로 소크라테스다. 소크라테스는 '인간은 무엇인가?', '왜 사는가?', '어떻게 사는 것이 참된 삶인가?' 등 인간 자체에 대한 고민을 하며 답을 찾고자 했다.

소크라테스는 델포이의 아폴론 신전을 방문했을 때 신전 기둥에 쓰여 있었다는 '너 자신을 알라'라는 그 유명한 문구를 평생의 삶의 모토로 삼고 즐겨 사용했다. 그는 인간의 지혜가 신에 비하면 하찮은 것에 불과해서 '먼저 자신의 무지를 인정하고 참된 지혜를 구하라'고 주장했다.

알키비아데스가 정치에 큰 꿈을 갖고 정치가가 되려 하자, 소크라테스는 그에게 '너 자신을 알라'라고 하는 물음을 던지며 그가 아직 정치에 대해 아무것도 모르고 있음을 깨닫게 한다. 그리고 소크라테스는 알키비아데스에게 지혜를 더 쌓으라며 그가 정계에 진출하려는 것을 반대한다. 플라톤의 『알키비아데스』에는 '너 자신을 알라'의 의미가 잘 나타나 있다.

> 자신을 알라고 명하는 자는 우리에게 혼을 알라고 시키는 걸세. 자신을 알려면 혼을 들여다봐야 하고, 무엇보다도 혼의 훌륭함, 즉 지혜가 나타나는 혼의 이 영역을 들여다봐야 하네.

여기서 '혼'이란 인간의 정신이나 이성을 의미한다고 할 수 있다. '너 자신을 알라'는 말에는 자신의 무지함을 깨닫는 데서 그치는 것이 아니라 우리 안에 지혜를 알게 해 주는 이성이 있다는 걸 알아야 한다는 것이다. 자신의 무지함을 인정하되 포기하지 않고 지혜를 추구해야 한다는 것, 이것이 '너 자신을 알라'를 통해 소크라테스가 아테네 시민들에게 하고 싶은 말이다.

소크라테스, 협잡꾼이 되다

고대 그리스 최고 희극작가인 아리스토파네스. 그는 소크라테스를 주인공으로 「구름」이라는 희극을 공연한다. 당시 20대 초반이었던 아리스토파네스는 소크라테스를 해괴한 논변으로 청년을 타락시키는 협잡꾼으로 묘사한다. 이 극에서 소크라테스는 진리를 탐구하는 철학자가 아니다. 또한, 소크라테스는 그리스 신을 부정한다. '번개의 신' 제우스를 인정하지 않고 번개를 일으키는 구름을 신으로 모시는 무신론자로 묘사한다. 내용을 살펴보자.

> 말과 마차에 미친 아들로 인해 거액의 빚을 진 농부가 있다. 그는 빚을 갚지 않아도 되는 변론술을 익히기 위해 자신 대신 아들을 소크라테스에게 보낸다. 결국 그와 그의 아들은 소크라테스에게 변론술을 배워 빚쟁이를 쫓아내는 데 성공한다. 그는 기뻐하며 잔치를 벌이지만, 아들과 말다툼을 벌이게 되고 결국 자식에게 사정없이 맞고 목까지 졸린다. 더욱 기가 막힌 것은 변론술을 배운 아들이 자신의 행위가 정당하다고 항변하는 것이었다.
>
> "아버지도 어릴 적에 저를 때리셨지요?"
>
> "내가 널 때린 건 널 사랑하고 널 걱정해서였다."
>
> "좋아요, 그럼 저도 아버지를 사랑하고 걱정한다면 아버지를 때려도 되는 거 아닌가요? 어째서 제 몸은 맞아도 되고, 아버지의 몸은 맞아서는 안 되는 거죠?"

> 그제야 농부는 교묘한 혓바닥 기술을 가르쳐 아들을 망친 소크라테스에게 불같은 앙심을 품고서 학교에 불을 질러 버린다.

「구름」은 매일 인기리에 공연됐다. 소크라테스를 협잡꾼으로 묘사함으로써 그를 껄끄러워하던 아테네의 지도층과 시민들에게 카타르시스를 주었다. 날카로운 풍자와 멋들어진 대사로 아테네의 간지러운 부분을 긁어줌으로써 그는 대표적인 희극작가가 됐다. 희극의 힘은 대단했다. 「구름」은 소크라테스를 협잡꾼 이미지로 확실히 각인시켰다.

그런데 아리스토파네스의 눈에 비친 소크라테스의 모습은 어떤 모습이었을까? 당시 아테네 젊은이들에게 변론술, 정치, 윤리, 철학, 예술 등을 돈을 받고 가르치는 '소피스트'라 불리는 사람들이 있었다. 소크라테스도 겉보기에는 소피스트들과 비슷한 일을 했으므로 아테네 시민들에게 소크라테스는 소피스트들과 다르게 보이지 않았다. 아니 그들 중에 최고의 소피스트로 보였다. 아리스토파네스의 시선도 비슷했을 것이다.

그러나 소크라테스는 진리를 등한시한 채 돈으로 지식을 거래하는 행위를 성을 사고파는 매춘과 동일하게 여길 정도로 소피스트들을 수치로 여겼고 경멸했다. 소피스트는 영혼을 발견하고 지혜를 탐구하는 일을 돈과 결부시켰기 때문이었다.

아이러니 한 건 「구름」에서 아리스토파네스가 소크라테스에게 씌웠던 두 가지 죄는 그로부터 24년 후 소크라테스에게 그대로 적용돼 그를 법정에 서게 한다. 우연의 일치인가? 아니면 아리스토파네스의 선견지명인가? 운명은 참으로 얄궂다.

일흔 살의 소크라테스, 법정에 서다

기원전 399년 아테네의 아고라 법정. 법정에 선 일흔 살의 소크라테스가 피고석에 서서 500명의 시민으로 구성된 배심원단을 향해 자신을 변론하고 있다. 그의 죄목은 이렇다.

> "소크라테스는 국가가 인정하는 신을 믿지 않았으며, 도시에 새로운 신들을 끌어들이는 죄를 범했다. 그는 또한 젊은이들을 타락시키는 죄도 범했다. 사형이라는 벌을 제안한다."

소크라테스를 고소한 사람은 아테네의 유력한 지도층 인사들로 문학계를 대표하는 멜레토스, 교육계를 대표하는 리콘, 정치인을 대표하는 아니토스였다. 특히 아니토스는 아테네의 유력 정치인으로서 실질적인 고소인이었다. 이들의 목적은 사사건건 자신들을 세 치 혀로 공격하고 비난하는 소크라테스를 추방하기 위함이었다.

정치적인 이유도 있었다. 소크라테스의 제자들이 저지른 비행에 대한 단죄이기도 했다. 그의 애제자였던 알키비아데스는 스파르타로 망명함으로써 아테네를 배신하는가 하면, 스파르타의 꼭두각시 지도자로 공포정치를 펼쳤던 크리티아스도 소크라테스의 제자였다. 물론 소크라테스가 제자들을 그렇게 교육한 것도 아니었고 그들의 배후세력은 더더욱 아니었다. 하지만 이들에게 소크라테스는 눈엣가시 같은 존재였다.

소크라테스는 자신의 대화 방법 때문에 사람들의 분노를 샀을 뿐이라며, 자신은 그리스 신을 신봉하는 사람이며 젊은이들을 타락시키지 않았다며 변론한다. 그러면서 설령 남을 가르치는 일을 그만두고 무죄를 제안해 온다고 하더라도 자신은 그 제안을 받아들이지 않을 거라고 확고하게 대답한다.

> "아테네 시민 여러분, 나는 여러분을 존경하고 사랑합니다. 그러나 나는 여러분보다는 신에게 복종할 것이며, 나에게 생명과 힘이 있는 동안에는 지혜를 갈구하고 지혜를 가르치며, 내가 만나는 사람들에게 충고를 하고 평소의 태도대로 말하는 일을 결코 중단하지 않을 것입니다. 여러분이 나를 무죄로 풀어주든 말든 나는 나의 행동을 바꾸지 않을 것임을 이해해 주십시오. 비록 내가 몇 번이고 사형을 당한다 할지라도 말입니다."

이 말은 배심원을 자극했다. 500명 배심원단 중에서 유죄 280명, 무죄 220명으로 유죄가 확정됐다. 당시 아테네에서는 1차 판결 때 유무죄를 확정하고, 2차 판결에서 형량을 결정한다. 당시 아테네 법은 원고가 제안한 형보다 가벼운 벌을 피고가 제안할 수 있었다. 따라서 소크라테스가 마음만 먹는다면 추방이나 벌금형을 제안해 목숨을 구할 수도 있었다. 그러나 2차 변론에 나선 소크라테스는 자신은 형벌 대신 상을 받아야 할 사람이라고 주장함으로써 배심원들을 더욱 자극했다.

2차 투표의 결과는 사형이었다. 사형에 표결한 사람은 360명으로 1차 투표 때보다 더욱 늘었다. 1차 때 무죄를 주장한 80명의 배심원이 2차 때는 그에게 사형을 선고했다. 결국, 배심원을 향한 거칠 것 없는 발언으로 배심원들의 분노를 삼으로써 사형을 자초한 것이었다. 사형선고에도 소크라테스는 담담하게 마지막 발언을 하며 변론을 마쳤다.

> "이제 떠나야 할 시간이 되었습니다. 각기 자기의 길을 갑시다. 나는 죽기 위해서, 여러분은 살기 위해서, 어느 쪽이 더 좋은가 하는 것은 오직 신만이 알 뿐입니다."

소크라테스, 신념과 맞바꾼 독배

사형 집행일 전날. 이른 새벽부터 크리톤이 소크라테스를 찾아왔다. 어릴 적부터 소크라테스의 친구로 평생 그를 지지하고 후원했던 사람이 크리톤이었다. 그는 소크라테스에게 "자네는 그런 잘못을 저지른 적이 없네. 그러니 오늘 밤 나하고 같이 떠나세. 모든 준비가 됐다네."라며 제발 자기들이 하자는 대로 따라 달라고 애원했다. 소크라테스는 간절히 부탁하는 크리톤을 오히려 설득했다.

> "나는 언제나 나의 이성적 사유에 입각해 가장 올바른 것으로 판단되는 원칙을 따르며 살아왔네. 이 원칙 준수의 결과가 사형일지라도 나는 원칙을 포기할 수 없다네. 사람들의 평판이 중요한 것이 아니라 올바른 사유가 중요한 것이지. 사는 것이 중요한 것이 아니라 올바르게 사는 것이 중요한 거야."

사형 집행일 아침. 제자들은 소크라테스의 감옥 안으로 하나둘씩 모여들었다. 소크라테스는 생애 마지막을 자신이 사랑했던 제자들과 죽음과 영혼에 대해 토론하며 보냈다. 죽음은 끝이 아니고 영혼의 해방이라며 제자들을 위로했다.

> "지혜를 사랑하는 사람은 누구든지 죽음을 두려워하지 않아야 하네. 그러나 스스로 목숨을 끊어서는 안 되지. 자살은 옳은 일이 아니니까. (중략) 죽는다는 것은 육체로부터 영혼이 분리된다는 것을 의미하지. 이것이야말로 영혼이 육체의 쇠사슬로부터 풀려나는 것이 아닌가? 진정한 철학자만이 항상 영혼을 해방하려고 노력하는 것이야."

드디어 시간이 되자 소크라테스는 독배를 가져오라고 했다. 그가 차분한 표정으로 독배를 마시자 지켜보던 제자들이 울음을 터뜨렸다. 그러자 그는 "정말 이상한 친구들이군. 내가 이런 모습을 보지 않으려고 여자들을 먼저 내보낸 건데."라고 말하고는 온몸에 독 기운이 퍼지게끔 감방 안을 걸었다. 마침내 발과 머리가 무거워지자 소크라테스는 자리에 누웠다. 독 기운이 심장까지 올라오자 그는 마지막 유언을 남기며 숨을 거두었다.

그림 3 소크라테스의 죽음(The Death of Socrates), 자크 루이 다비드(Jacques-Louis David).▲

"여보게, 크리톤! 아스클레피오스에게 닭 한 마리를 빚졌네. 기억해 두었다가 자네가 갚아 주게."

당시 아테네에는 병에서 회복된 사람은 의술의 신 아스클레피오스에게 닭 한 마리를 바치는 관습이 있었다. 소크라테스는 영혼이 비로소 육체에서 해방된 것을 신께 감사하고 싶었던 것일까?

스티브 잡스, 소크라테스를 만나다

2001년, 스티브 잡스는 「뉴스위크」와 인터뷰에서 이런 말을 한 적이 있다.

"소크라테스와 오후를 보낼 수 있다면 내가 가진 모든 기술과 바꾸겠다."

▲ 출처: https://goo.gl/aBm3Hs

소크라테스의 두 가지 죄 그리고 닭 한 마리 - 135

세상을 떠난 스티브 잡스가 하늘나라에서 소크라테스를 만났다. 소크라테스는 사람들과의 대화를 여전히 즐기고 있었다. 그에게 다가가 인사를 하며 말을 건넨다. 물론 가상이다.

스티브 잡스 : 안녕하십니까? 선생님! 뵙고 싶었습니다.

소크라테스 : 오! 스티브 잡스 아닌가. 자네 덕에 나를 찾는 사람들이 많아졌네. 그래, 나와 오후를 보내기 위해 자네의 모든 기술을 다 주겠다고 했는데, 진심인가?

스티브 잡스 : 저는 선생님이 인간을 철학의 중심으로 가져온 것처럼 사람들이 기술에서 벗어나 인간에 대한 고민을 더 하기를 바라는 마음에서 좀 과장해 이야기했습니다. 그런데 생각보다 반응이 컸습니다. 하하하.

소크라테스 : 뭐 하나만 물어보지. 자네가 가진 그 기술이라는 것이 다른 사람에게는 없는 건가?

스티브 잡스 : 꼭 그렇지는 않습니다. 다만, 저는 그 기술을 사람 중심으로 재해석해 사람들에게 감동을 줄 제품을 만든 거죠.

소크라테스 : 그럼 남들도 다 가진 그런 기술을 나에게 주겠다는 건가? 자네만이 가지고 있는 가치 있는 걸 줘야지. 그렇지 않은가?

스티브 잡스 : 생각해 보니 그렇군요. 선생님. 죄송합니다.

소크라테스 : 알았네. 이쯤 해 두세. 그래, 나랑 어떤 이야기를 해 보고 싶었나?

스티브 잡스 : 저는 선생님을 시대를 관통하는 최고의 멘토라고 생각하고 있습니다. 대화법을 통해 스스로 깨달음을 얻게 하고, 기존 생각의 틀에서 벗어나 새로운 지혜를 얻을 수 있도록 도와주는 지혜의 산파이시기 때문입니다. 저는 선생님이 말씀하신 '숙고하지 않은 삶은 살 가치가 없다.'라는 말

을 가장 좋아합니다. 제 평생 그렇게 살기 위해 노력했고요. 그래서 아무 생각 없이 사는 직원들을 보면 화가 나서 참을 수가 없었습니다.

소크라테스 : 그래 그런 직원들을 어떻게 했나?

스티브 잡스 : 열정 없는 직원은 가차 없이 해고했죠. 어떤 일을 하는지 물었을 때 제가 납득할 만한 설명을 하지 못하는 직원을 그 자리에서 해고한 적도 있었죠.

소크라테스 : 심했군! 나도 사람들을 심하게 몰아붙이곤 했지. 그날을 후회하지 않나?

스티브 잡스 : 저는 우주에 흔적을 남기기 위해 제 모든 삶을 바쳤습니다. 저의 임무는 직원들에게 관대해지는 것이 아니라 그들이 더 나아지도록 만드는 것이라 생각했습니다. 그래도 지금 생각해 보면 좀 심했죠. 다시 그때로 돌아간다면 선생님처럼 대화를 통해 스스로 깨닫고 바뀌도록 도와주고 싶습니다.

소크라테스 : 허허, 이 사람. 그게 쉬운 줄 아는가? 그래. 우주에 흔적은 남겼나?

스티브 잡스 : 괴짜 같은 저를 싫어하는 사람들도 많지만 그래도 사람들이 저를 혁신의 아이콘으로 불러 주고 제 제품들로 세계가 열광한 것을 볼 때 세상에 흔적은 남긴 것 같습니다. 인간을 기술의 중심으로 끌어들여 시대의 흐름을 바꾼 것도 나름대로 의미 있었습니다. 뭐 그래도 선생님만큼이야 하겠습니까? 무려 이천 년 동안 세상에 영향을 주시고 계시지 않습니까? 선생님. 사람들에게 어떻게 살아야 하는지 한 말씀만 해 주신다면요?"

소크라테스 : 흠. 자네 말을 좀 빌리세. '항상 갈망하라, 우직하게' 무엇을? 지혜를!

스티브 잡스 : 하하! 영광입니다.

소크라테스 : 자. 세상일은 그만 잊게. 자네가 남겼다는 그 흔적이 사람들을 인도할 것이야.

어떻게 살 것인가?

괴팍한 성격에 독설 퍼붓기를 주저하지 않았던 스티브 잡스. 그런 그가 2005년 스탠포드 대학 졸업식에서 가슴 뛰는 연설을 한다. 빌 게이츠가 하버드대 졸업 연설에서 기업의 사회적 책임, 빈곤 퇴치, 환경 문제에 대한 모범생적인 연설을 했지만 우리에게 주는 감흥은 없다. 그러나 스티브 잡스의 스탠포드 대학 연설은 우리에게 미래에 대한 설렘과 나도 그렇게 해 보고 싶다는 열정을 불어넣어 준다.

스티브 잡스처럼 드라마틱한 삶을 산 사람도 별로 없다. 그는 자신이 살아온 삶을 세 가지 키워드로 설명하는데, 바로 점, 사랑과 상실, 죽음이다.

점은 경험을 의미한다. 입양, 마약, 대학 중퇴, 인도 여행, 선불교, 히피, 서체 공부 등 그가 찍어온 점으로 인해 그의 삶은 풍부해졌다. 그리고 그 점들이 하나둘씩 연결되며 그의 스토리가 됐다. 스토리가 있는 사람은 더욱 열정적이며 창조적이다. 또한, 역경을 이겨낼 에너지가 풍부하기 때문에 새로운 시도에 두려움이 없다. 잡스가 바로 그랬다.

> "여러분들은 그 점들이 언젠가 미래에 어떤 식으로든 이어질 것이라고 믿어야 합니다. 여러분의 배짱, 운명, 인생, 일 등 무엇이든지 말이죠. 이런 사고방식은 한 번도 나를 실망시키지 않았습니다. 그리고 내 인생을 변화시켜 왔습니다."

잡스는 서른 살이 되던 해 자신이 만든 애플에서 쫓겨났다. 실리콘밸리에서 달아나고 싶을 정도로 고통스러웠지만, 점차 자신이 해 왔던 일을 사랑하고 있음을 깨닫게 됐다.

> "그땐 몰랐지만 애플에서 해고된 것은 지금껏 내게 일어난 일 중에서 최고의 일이었습니다. 그것은 나를 내 인생 최고의 창조적인 시기로 밀어 넣었습니다. (중략) 때로 인생은 당신의 뒤통수를 벽돌로 때립니다. 믿음을 잃지 마세요. 나는 나를 전진시킨 유일한 힘이 내가 하고 있는 일을 내가 사랑했다는 점이라고 확신합니다."

마지막은 죽음에 대한 이야기다. 그는 열일곱 살에 "당신이 하루하루를 마지막 날처럼 산다면, 언젠가 당신의 인생이 분명히 옳은 삶이 될 것이다."라는 문구를 읽고, 그로부터 33년간 매일 아침 거울을 보며 "오늘이 내가 죽기 전날이라 해도 나는 오늘 내가 하려 했던 일을 할까?"라고 물었다고 한다.

잡스는 췌장암을 진단받고 주변을 정리하라는 의사의 권고를 받았다. 그러나 기적적으로 수술을 통해 암 덩어리를 제거했다. 그렇게 죽음에 가까이 간 경험을 통해 우리에게 가슴 뛰는 조언을 한다.

> "나는 죽음이야말로 삶의 가장 위대한 발명품이라 생각합니다. 중요한 것이 무엇인지 확실히 깨닫게 해 주고 우선순위를 정해 주기 때문입니다. 시간은 제한돼 있습니다. 그러니 남의 인생을 사느라 삶을 낭비하지 마십시오. 그리고 가장 중요한 것은 자신의 가슴과 직관을 따르는 용기를 가지라는 것입니다. 가슴과 직관은 여러분이 진실로 무엇이 되고 싶은지를 이미 알고 있습니다."

이천 년 전 "숙고하지 않는 삶은 살 가치가 없다."라고 가르친 소크라테스. 그리고 다양한 경험을 하며 자신만의 창조적 삶을 살라는 스티브 잡스. 자신의 신념과 원칙에 따라 자신과도 타협하지 않으려 했던 이 두 명의 거장은 저 하늘에서 우리를 내려다보며 말한다.

자신을 더 들여다보고, 어떻게 살 것인가를 숙고하고, 조금씩 바꿔 보라고.

참고자료

1. 4 Texts on Socrates, 플라톤. 소크라테스의 변명(1999), 황문수 번역, 서울: 문예출판사.
2. 철학콘서트(세트) (2012), 황광우, 서울: 웅진지식하우스.
3. 서양의 고전을 읽는다 1 (2006), 강순전/안광복 외 16인, 서울: 휴머니스트.
4. Lives of Eminent Philosophers, 디오게네스 라에르티오스. 그리스 철학자 열전(2008), 전양범 번역, 서울: 동서문화사.
5. 스티브 잡스의 세상을 바꾼 말 한 마디(2011), 휴먼스토리, 서울: 미르북스.

나를 지켜주는 웨어러블, 패션을 입다
불화의 사과와 아킬레우스의 방패

노래하소서, 여신이여! 펠레우스의 아들 아킬레우스의 분노를,
아카이아인(그리스인)에게 헤아릴 수 없이 많은 고통을 가져다 주었으며
숱한 영웅들의 굳센 혼백을 저승에 보내고
그들 자신은 개들과 온갖 새들의 먹이가 되게 한 그 잔혹한 분노를!
인간들의 왕인 아가멤논과 고귀한 아킬레우스가 처음에 서로 다투고 갈라선
그날부터 이렇듯 제우스의 뜻은 이루어졌도다.

호메로스의 서사시『일리아스Lias』의 맨 처음은 이렇듯 아킬레우스Achilles의 분노로 시작한다.

신화와 역사가 혼재된 대서사시인『일리아스』는 트로이아 전쟁의 하이라이

트인 그리스의 최고 명장 아킬레우스의 분노로 시작하여 트로이아의 명장 헥토르의 죽음에 이르는 51일 간의 사건을 노래하고 있다. 그래서 『일리아스』에는 트로이 목마나 아킬레우스의 죽음 같은 우리가 잘 알고 있는 내용들이 나오지 않는다.

기원전 8세기경 호메로스가 쓴 것으로 알려진 『일리아스』와 『오디세이아』는 고대 문학의 최고봉으로 꼽히고 있다. 호메로스가 실존 인물인지, 두 작품을 모두 썼는지에 대해서는 논란이 있음에도 그는 서양 문학의 창시자로 추앙받고 있다. 『일리아스』는 24권으로 구성돼 있으며 1만 5천 행이 넘는 대작이다.

불화의 사과

트로이아 전쟁은 기원전 13세기경 일어난 그리스 연합군과 트로이아 간의 10년에 걸친 전쟁이다. 19세기 후반 트로이아 유적이 발견돼 지금은 실제 일어났던 전쟁으로 인정하고 있다. 그렇다면 트로이아 전쟁은 왜 일어났는가? 신화에 의하면 그것은 바로 사과 한 개 때문이다. 바람둥이 제우스는 은빛 발을 가진 바다의 여신 테티스를 사랑했다. 그러나 테티스가 낳은 아들이 아버지를 능가할 것이라는 예언을 들은 제우스는 테티스를 인간인 펠레우스에게 시집보내 버린다.

테티스의 결혼식이 열리는 날. 그 결혼식에 불화의 여신 에리스는 초대받지 못한다. 어느 누가 행복해야 할 결혼식에 불화의 여신이 오는 걸 좋아하겠는가? 에리스는 분노해 '가장 아름다운 여신에게'라고 쓰인 황금사과를 결혼식에 놓고 가버린다. 이 사과를 놓고 세 여신이 서로 자기 것이라고 주장한다. 세 여신은 바로 헤라, 아테네, 아프로디테다. 이에 제우스는 세 여신을 인간 중 제일 미남인 트로이아 왕자 파리스에게 보내 사과의 주인을 가리게 한다.

헤라는 아시아에 대한 통치권을, 아테네는 전쟁에서의 승리를, 아프로디테는 가장 아름다운 여인을 아내로 주겠다며 자신들을 선택해 주기를 바란다. 파리스는 이 중 사랑을 선택해 사과의 주인은 아프로디테가 된다. 그 보답으로 파리스는 인간 중 가장 아름다운 여인 헬레네를 데리고 트로이아로 돌아간다.

그림 1 파리스의 심판(Judgement of Paris), 페테르 파울 루벤스(Peter Paul Rubens).

문제는 헬레네가 스파르타의 메넬라오스 왕의 아내라는 것이었다. 헬레네가 결혼하기 전 그리스의 많은 영웅이 그녀에게 구혼했는데, 구혼자들은 누

▲ 출처: https://goo.gl/HKWV1v

가 헬레네의 남편이 되든지 문제가 생기면 서로 돕기로 서약했다. 헬레네가 파리스와 도주하자 남편 메넬라오스는 구혼자들의 맹세를 내세워 그리스 전 지역의 왕과 군대를 모았다. 총사령관으로는 그의 형 아가멤논을 선출하고 10만 대군이 1천 척의 배를 타고 트로이아 원정길에 오른다.

전쟁에 참여한 건 인간뿐만이 아니었다. 신들도 그리스와 트로이아로 나뉘어 전쟁에 관여했다. 트로이아의 편에 선 신들은 태양신 아폴론, 미의 여신 아프로디테, 전쟁의 신 아레스였다. 아프로디테는 파리스를 지지하기에 트로이아 편이고, 아레스는 아프로디테의 연인이기에 트로이아 편이었다. 아폴론은 그리스 사령관 아가멤논이 아폴론 신전을 지키는 신관의 딸을 노예로 삼자 트로이아를 지지한다. 반면 헤라와 전쟁의 여신 아테네는 파리스가 자신들 대신 아프로디테를 선택하자 그리스 편을 들고, 테티스를 사랑했던 포세이돈은 테티스의 아들인 아킬레우스를 지지하며 그리스 편에 선다.

바다의 여신 테티스와 인간인 펠레우스의 결혼식에 나타난 사과에서 시작한 트로이아 전쟁에 그들로부터 태어난 그리스 최고의 전사 아킬레우스가 운명과도 같이 전쟁의 승리를 좌지우지하는 주인공으로 등장한다. 그에 맞서는 또 다른 영웅은 파리스의 형인 트로이아의 명장 헥토르 왕자다. 이제 『일리아스』의 아킬레우스 분노를 따라 트로이아 전쟁의 현장으로 들어가 보자.

아킬레우스의 분노

트로이아 전쟁이 발발한 지 10년째. 전쟁은 지지부진했고 그리스 연합군은 트로이아는 함락시키지 못한 채 대신 트로이아 인근의 여러 도시를 점령했다. 이 과정에서 그리스 연합군의 총사령관 아가멤논은 크리세이스라는 여인을 포로로 취했다. 얼마 뒤 아가멤논의 막사에 트로이아 해안 근처 크리세 섬에 있는 아폴론 신전의 신관 크리세스가 찾아왔다. 그는 포로로 잡혀 온 자신의 딸 크리세이스를 구하려고 아가멤논을 찾아온 것이었다.

> *"제우스의 아드님이신 아폴론을 경외한다면 내 사랑하는 딸을 돌려주고 대신 몸값을 받아주십시오."*

그러나 아가멤논은 아폴론을 들먹이는 크리세스를 모욕하고 쫓아내 버렸다. 크리세스는 아폴론 신에게 자신과 아폴론 신이 당한 모욕을 복수해 달라고 기원했다. 크리세스의 기도를 듣고 분노한 아폴론은 올림푸스에서 내려와 그리스군 진영을 향해 분노의 화살을 9일 동안 날렸다. 아폴론이 날린 화살은 역병이 돼 그리스 진영에 널리 퍼졌고 수많은 그리스 병사가 죽임을 당했다.

그때 그리스 최고의 예언자인 칼카스가 나타났다. 그는 아폴론이 노한 이유는 아가멤논이 크리세스를 모욕했기 때문이므로 크리세이스를 당장 아버지인 크리세스에게 돌려보내야 한다고 말했다. 아가멤논은 격앙된 어조로 칼카스를 비난하지만, 그의 예언 능력을 믿기에 할 수 없이 크리세이스를 돌려보내기로 한다. 대신 크리세이스를 내주는 보상으로 아킬레우스의 전리품이었던 브리세이스를 자기가 차지하겠다고 일방적으로 선언해 버린다. 아킬레우스는 분노하며 다음과 같이 외치고 막사로 돌아가 버린다.

> *"오오, 그대 파렴치한 철면피여! 우리가 그대를 따라 이곳에 온 것은 메넬라오스(트로이아 전쟁의 원인이 된 헬레나의 남편)와 그대를 위해 트로이아 인들을 응징함으로써 그대를 기쁘게 해 주기 위함이었소. 그런데도 내가 피땀 흘려 얻은 내 명예의 상을 그대가 몸소 빼앗아 가겠다고 위협하다니. 나는 한 번도 그대와 동등한 상을 받아 보지 못했소. 치열한 전투의 노고를 더 많이 감당해 내는 것은 내 팔인데도 분배할 때에는 그대의 상은 월등히 더 컸으며 나는 지치도록 싸운 뒤 보잘것없는 물건을 가지고 돌아가곤*

했소. 하지만 이제는 내 함대를 데리고 고향으로 돌아가겠소이다. 여기서 모욕을 받아 가며 그대를 위해 싸울 생각은 추호도 없소."

브리세이스는 원래 트로이아 인근 도시 국가의 왕비였으나 아킬레우스가 그 도시를 점령하고 여종으로 삼았었다. 이후 아킬레우스가 어느 누구보다도 사랑한 여인이 됐다. 그런 그녀를 아가멤논이 빼앗겠다고 하니 그의 분노는 전쟁을 그만두기에 이르렀다. 결국 아가멤논에게 브리세이스를 빼앗긴 아킬레우스는 바닷가로 가서 어머니인 바다의 여신 테티스를 부르며 울분을 토로했다

"어머니! 어머니께서는 저를 단명하게 낳으셨으니 제우스께서는 제게 명예만이라도 주셨어야 했습니다. 그러나 제우스께서는 제게 그럴 생각이 없으신 모양입니다. 아가멤논이 저를 모욕하고 제게서 브리세이스와 명예를 빼앗아 갔으니 말입니다."

테티스가 바다 속에서 나와 눈물을 흘리는 아들을 달랬다. 신들의 아버지인 제우스에게 트로이아가 승리하게 해 달라 탄원하겠다고 말했다. 트로이아가 이기게 되면 아가멤논은 아킬레우스가 얼마나 중요한 존재인지를 깨닫고 그의 명예를 회복시켜 준 뒤 되돌아와 달라고 애원할 것이기 때문이었다. 테티스는 올림포스 산으로 가 무릎 꿇고 제우스에게 탄원했다.

"아카이아족이 아킬레우스를 존중하고 그 애에게 전보다 더 큰 경의를 표할 때까지 트로이아인들에게 승리를 내려 주십시오."

한때 테티스를 사랑했던 제우스는 테티스의 간곡한 청을 들어주었다. 이로써 아킬레우스를 두려워해 성 안에서 방어만 하던 트로이아군은 아킬레우스가 전쟁에서 빠지자 반격에 나섰다. 트로이아의 사령관인 헥토르의 지휘 아래 들판으로 쏟아져 나와 공격을 함으로써 트로이아는 큰 승리를 거두게 된다.

절친 파트로클로스의 죽음과 헥토르와의 대결

총사령관 아가멤논은 회의를 소집하고 장수들의 의견을 들었다. 아가멤논이 불화의 원인이 된 처녀를 아킬레우스에게 되돌려주고 사과의 뜻으로 후한 선물을 보내는 것으로 의견이 모아졌다. 아가멤논은 아킬레우스의 친구 오디세우스를 보내 사과의 뜻을 전하나 아킬레우스 의지는 꺾지 못했다.

아킬레우스의 부관이자 친한 친구인 파트로클로스가 찾아왔다. 그는 그리스군의 희생을 막을 수 있는 자는 아킬레우스뿐이라며 전투에 참여할 것을 설득하지만, 아킬레우스는 여전히 꿈적하지 않았다. 그러면 아킬레우스의 투구와 갑옷을 주면 자신이 대신 입고 나가 그리스군의 사기를 높이겠다고 제안했다. 이마저 거절할 수 없던 아킬레우스는 결국 파트로클로스에게 그의 금빛 찬란한 무구를 입혀서 출전하게 했다.

아킬레우스가 다시 참전한 것으로 생각한 트로이아군은 혼비백산해 트로이아 성으로 줄행랑을 치기에 바빴다. 파트로클로스는 적을 절대 추격하지 말라는 아킬레우스의 당부를 잊고 도망치는 트로이아군을 깊숙이 쫓다 그만 트로이아의 맹장 헥토르와 마주쳤다. 용감하게 헥토르에게 달려들었으나 그는 헥토르의 적수가 되지 못했다. 태양신 아폴론이 헥토르를 도와 파트로클로스의 투구와 창을 떨어뜨리자 헥토르의 칼에 목숨이 떨어졌다. 파트로클로스가 입었던 아킬레우스의 갑옷은 헥토르 손으로 넘어갔다.

아킬레우스는 절친 파트로클로스의 시신을 보고 엄청난 분노와 슬픔에 사로잡혔다. 지금까지 그의 분노는 아가멤논을 향한 것이었다. 그러나 이제 그 분노는 바로 친구를 죽인 헥토르에 대한 분노로 바뀌었다.

아킬레우스는 어머니 테티스에게 헥토르를 찾아 원수를 갚고 싶다고 했다.

그러자 테티스는 대장장이 신 헤파이스토스에게 부탁해 잃어버린 무구보다 훨씬 나은 무구를 만들어 주겠다고 하고는 그 길로 헤파이스토스에게 달려갔다. 헤파이스토스는 즉시 그녀의 부탁을 들어주었다.

그림 2 일리아스의 묘사를 기초로 만들어진 아킬레우스의 방패.▲

먼저 크고 튼튼한 방패를 만들었다. 가장자리에 세 겹의 테를 두르고 은으로 멜빵을 달았다. 방패는 다섯 겹이었다. 헤파이스토스는 훌륭한 솜씨로 여러 가지 교묘한 형상을 방패에 새겨 넣었다. 하늘과 바다, 태양과 보름달, 온갖 별들, 결혼식, 재판하는 광경, 전쟁하는 모습, 풍요로운 땅, 밭가는 농부, 추수하는 모습, 금으로 새겨진 포도밭, 소 떼, 양떼, 무도회장 등의 모습이 방패에 들어갔다. 헤파이스토스는 이어서 반짝이는 가슴받이, 황금으로 치장한 투구, 유연한 정강이받이를 만들었다.

아킬레우스는 헤파이스토스가 새로 만들어 준 투구와 갑옷 그리고 빛나는 방패를 가지고 트로이아의 최고 명장 헥토르와 맞섰다. 그러나 분노에 가득 차 자신을 향해 달려드는 아킬레우스를 보자 헥토르는 겁이 나서 트로이아 성벽을 따라 달아났다. 트로이아 성을 세 바퀴나 돌며 쫓고 쫓기는 상황이 지나간 뒤, 헥토르의 목이 갑옷 사이로 드러나자 아킬레우스 창이 헥토르의 목을 관통했다. 헥토르가 죽어가며 말했다.

"나를 아카이아 함선들 옆에서 개들이 뜯어먹게 내버려두지 말고 몸값을 받고 내 시신을 부모님과 아내에게 돌려보내 주시오."

아킬레우스는 여전히 분노에 사로잡혀 헥토르의 간청을 냉정하게 거절했

▲ 출처: https://goo.gl/1CEjmy

그림 3 죽은 헥토르를 끌고 다니는 아킬레우스(Triumphant Achilles), 프란츠 마츠(Franz Matsch)

다. 헥토르의 혼이 그의 몸을 떠나 하데스의 집으로 날아갔다. 아킬레우스는 죽은 헥토르를 전차에 묶은 뒤 끌고 다니며 시신을 욕보였다. 모든 트로이아백성들이 헥토르의 처참한 모습에 통곡하며 울부짖었다. 친구를 잃은 슬픔에서 헤어 나오지 못한 아킬레우스는 12일 동안이나 매일 새벽 헥토르의 시신을 전차 뒤에 매달고 파트로클로스의 무덤을 세 바퀴씩 돌았다. 그럼에도 헥토르의 시신은 전혀 상하거나 부패하지 않았는데, 그것은 아폴론이 그를 지켜 주었기 때문이었다.

헥토르의 아버지 프리아모스 왕이 아킬레우스에게 찾아와 두 손으로 아킬레우스의 무릎을 잡고 두 손에 입을 맞추며 시신을 돌려주기를 애원하자, 아킬레우스도 고향에 홀로 있는 늙은 아버지 펠레우스를 생각하며 시신을 돌려주기로 한다. 아킬레우스는 헥토르의 시신을 깨끗이 씻겨 가장 좋은 옷으로 싸서 프리아모스 왕에게 넘겨준다. 그리고 12일 동안 휴전을 선포해 헥토르의 장례를 치르게 도와주는 것을 끝으로 『일리아스』는 막을 내린다.

▲ 출처: By Franz von Matsch, CC BY-SA 3.0, https://goo.gl/iFEAwG

웨어러블, 나를 지키고 나의 품위를 높여주다

아킬레우스는 대장장이 신 헤파이스토스가 그를 위해 특별히 만들어준 투구와 갑옷을 입고 방패를 들고 싸움에 나섰다. 그의 방패는 햇빛을 받아 빛났으며 적의 날카로운 창으로부터 지켜 주었다. 특히 신의 손길이 닿은 방패는 아킬레우스의 위엄과 그리스 최고 장수로서의 명예를 한껏 높여 주었다. 방패는 명예 그 자체였다. 호메로스는 그의 방패를 묘사하는 데 많은 공을 들였다. 방패 안에 인간의 희로애락과 삶과 죽음, 온 세상을 표현하고자 했다.

IT기기 중 방패와 같은 역할을 하는 것이 바로 웨어러블^{Wearable} 기기다. 웨어러블 기기는 말 그대로 '착용하는 전자기기'를 의미한다. 신체와 가까운 위치에서 사용자와 소통할 수 있는 전자기기다. 웨어러블 기기는 나를 지켜주며, 나의 멋스러움을 보여 주고 가치를 높여 준다. 마치 아킬레우스의 방패처럼. 예를 들어, 스마트워치는 체온, 심장박동 같은 생체 신호를 지속적으로 수집하며 나를 지켜 주는 건강 도우미 역할을 할 뿐만 아니라 나의 패션을 완성하고 멋스러움을 보여 주는 역할도 한다.

2014년부터 불기 시작한 웨어러블 열풍이 2015년에도 이어지고 있다. 아니 더 강해지고 있다. 스마트폰 시장이 점차 포화되면서 시장의 관심은 웨어러블로 옮겨가고 있다. 선발 주자인 애플, 삼성전자, 구글뿐만 아니라 나이키, 아디다스 등의 스포츠 패션 업계, 핏빗^{Fitbit}, 조본^{Jawbone}과 같은 스타트업 회사들이 다양한 제품과 서비스를 출시하며 경쟁을 본격화하고 있다.

웨어러블 기기는 착용 부위에 따라 안경, 시계, 밴드, 신발, 반지, 벨트, 목걸이, 의류, 배지 등 다양한 종류가 있다. 심지어 피부에 파스처럼 부착하는 제품도 나와 있다. 이 중에서 손목에 착용하는 스마트밴드와 스마트워치가 가장 많은 제품군을 형성하고 있다. 사실 스마트워치와 스마트밴드를 명확하게 구분할 수 있는 기준은 없다. 스마트밴드는 피트니스 기능에 최적화돼 있고 가격이 매우 저렴한 반면, 스마트워치는 피트니스 기능 외에도 스마트폰이 가지고 있는 다양한 기능을 포함하고 있어 가격도 고가다. 특히 스마트밴드인 샤오미의 '미밴드'는 2만 원이 되지 않지만, 스마트워치는 수십만 원대부터 시작해 가격 차가 천차만별이다.

지금까지 웨어러블 시장을 선도한 것은 스마트밴드였다. 특히 기본에 충실한 피트니스 기능과 저렴한 가격을 앞세워 소비자의 사랑을 받았다. 스마트밴드의 최고 강자는 '핏빗'이다. 지난 2007년 제임스 박과 에릭 프리드먼이 공동 설립한 핏빗은 웨어러블 시장에서 가장 주목받는 기업으로 성장했다. 특히 핏빗은 애플워치와의 경쟁에서도 밀리지 않고 있다. 실제로 IDC^{International Data Corporation}가 내놓은 2015년 2분기 실적 자료에 따르면, 핏빗은 440만 대를 판매하며 가장 많은 웨어러블 기기를 출하했고, 애플은 2위로 360만 대를 출하한 것으로 나타났다. 핏빗 제품은 걸음 수나 이동거리, 칼로리 소모량 등 활동을 측정하고 수면을 기록하는 등 피트니스 기능에 충실한 제품이다. 최근 샤오미의 '미밴드'가 빠른 속도로 핏빗을 추격하고 있다. '대륙의 실수'로 불리는 미밴드는 310만 대를 판매하며 애플에 이어 세계 3위로 급부상했다.

그러나 시장의 관심은 스마트워치쪽으로 이동하고 있다. 애플이 2015년 4월 '애플워치^{Apple Watch}'를 출시하면서부터다. 애플워치는 출시하자마자 무섭게 시장점유율을 높이며 애플의 저력을 다시 한 번 보여 주고 있다. 애플워치는 3가지 종류가 있는데, 이 중 애플워치 에디션은 천만 원이 넘는 고가로 최고 명품을 지향하고 있다. 또 프랑스 명품 브랜드 에르메스에서 만든 가죽 스트랩은 명품을 선호하는 사람들에게 인기다.

이에 질세라 삼성도 '기어 S2'를 발표하며 반격에 나섰다. 삼성은 기존 사각형 디자인을 버리고 원형 스마트워치를 내놓으며 디자인 측면에서도 호평을 받았고, 베젤을 돌리는 인터페이스 등의 기능성도 인정받고 있다. 특히 기어 S2에서는 이탈리아의 국보급 디자이너로 꼽히는 알레산드로 멘디니와 디자인 협력도 진행해 명품 이미지를 보여 주고 있다. 기어 S2에 적용한 삼성의 자체 운영체제 타이젠은 개방적인 모습을 보이고 있다. 타이젠 스마트워치는 그동안 삼성 갤럭시폰만 연동해 쓸 수 있었다. 하지만 스마트워치 생태계 확장을 위해 안드로이드폰이나 아이폰과도 연동한다는 계획이다.

LG전자도 프리미엄 스마트워치 'LG워치 어베인 럭스'와 'LG워치 어베인 2nd 에디션'을 출시하며 도전장을 내밀었다. 특히 '럭스'는 최고급 명품을 지향하며 23K 금도금과 고급 악어가죽 스트랩을 적용해 패션기기로의 측면을 강조하기도 했다.

한편 중국 업체들의 움직임도 두드러지고 있다. 화웨이는 자사의 첫 스마트워치 '화웨이워치'를 출시했다. 레노버도 이달 2세대 원형 스마트워치 '모토360'을 선보이며 화웨이나 샤오미에 맞서 원형 스마트워치로 웨어러블 시장을 노크하고 있다.

그림 4 왼쪽부터 핏빗, 기어 S2 클래식, 애플워치 에르메스 (출처: 각사 홈페이지 참고).

패션을 입은 웨어러블, 갈림길에 서다

웨어러블 기기는 기능과 함께 패션의 역할도 중요하다. 오히려 패션 액세서리로서의 가치가 더 중요하다. 더 이상 시간을 보기 위해 시계를 사지 않는다. 이제 자신의 멋과 품위를 위해서 시계를 구입한다. 스마트워치 시장에 진입하는 업체들은 스위스나 파리의 패션 명가들과 제휴해 패션과 명품 이미지를 강조하고 있다. 앞으로 이러한 경향이 더욱 심화할 것으로 보인다.

2015년 9월 독일에서 개최한 국제가전박람회(IFA 2015)에 가장 이색적인 업체는 삼성물산이었다. IT와 무관해 보이는 삼성물산 패션부문이 웨어러블 제품으로 글로벌 시장에 출사표를 던졌다. 이 박람회에서 삼성물산은 패션과 IT의 융합을 담은 스마트슈트, 온백, 바디 콤파스 등 총 4개 제품을 선보였다.

스마트슈트는 남성복 브랜드 로가디스에 웨어러블 기기를 장착한 수트로, NFC 태그가 손목 부위의 스마트 버튼에 적용됐다. 여기에는 스마트폰과 연동돼 각종 비즈니스 업무를 도울 수 있는 장치가 내장돼 있다. 온백On Bag은 배터리 모듈이 내장된 스마트폰 충전 가방으로, 자석 젠더를 통한 무선 충전이 가능하고 전용 애플리케이션을 통해 배터리 잔량 체크와 휴대폰 위치 찾기 등 다양한 기능을 제공한다. 바디 콤파스Body Compass는 바이오 스마트 셔츠로, 심전도와 근전도 센서가 내장돼 심박과 호흡을 추적할 수 있고 근육 움직임과 호흡의 상관관계를 고려한 운동 코칭 기능을 활용할 수 있다.

이제 웨어러블은 스마트밴드나 스마트워치를 넘어 만성질환이나 고령화 사회에 대비한 헬스케어 같은 전문영역으로 확대되고 있다. 이미 미국의 스타트업 회사 프리스틴Pristine은 원격지에 있는 의사가 구글 글래스로 수술 과정을 지켜보며 음성으로 의견을 교환할 수 있는 솔루션을 출시했다. 또 코벤

티스Corventis의 '픽스PiiX'라는 제품은 가슴에 붙이는 밴드형 기기로, 이미 미국 식품의약국의 승인을 받았다. 구글은 미국의 헬스케어 업체인 '리프트랩스Lift Labs'를 인수했다. 리프트랩스는 신경퇴행성 질환을 겪는 환자들의 손떨림 증상에도 흔들림을 방지해 주는 숟가락을 개발한 업체다. 숟가락에 부착한 센서가 진동을 발생해 이용자가 음식물을 흘리지 않도록 도와준다. 이처럼 헬스케어는 웨어러블 기기가 가장 크게 확대될 것으로 예상되는 분야다.

웨어러블! 분명 떠오르는 시장이긴 하지만, 레드카펫이 깔린 멋진 길이 기다리고 있을지는 아직 미지수다. 아직까지는 독자적인 영역을 확보했다기보다 스마트폰의 보조적인 역할에 머물거나 스마트폰 연동을 통해 활용성을 극대화하는 수준이라 사람들의 지갑을 열게 하기에 부족해 보인다.

또한, 명품으로서의 가치도 문제다. 시간이 지나도 명품으로서의 가치가 유지되는 스위스 명품시계와 달리, 스마트워치는 1년만 지나면 구닥다리가 된다. 그러다 보니 아날로그 시계에 스마트폰 연동 기능을 넣은 스마트워치도 출시되고 있다. 이는 명품으로서의 가치를 유지하고 싶어서다. 스위스 시계 업체인 모바도Movado가 HP와 협력해 만든 '블루모션BlueMotion'이나 위딩스Withings의 '액티비테Activité'가 그런 사례다.

사람들에게 지갑을 열 명분을 확실하게 주지 못한다면, 자칫 웨어러블 시장이 성장하지 못하고 찻잔 속의 태풍에 그칠 우려도 있다. 나를 지켜 주는 것과 나의 멋과 명품으로서의 가치를 보여 주는 것, 이 두 마리 토끼를 모두 잡아야 웨어러블만의 독자적인 영역을 확보할 수 있을 것이다.

헤파이스토스가 만든 아킬레우스의 방패가 온 우주를 담아 아킬레우스의 명성을 빛냈듯이, 웨어러블이 나를 포함한 온 세상과 소통하면서도 나를 빛내주기를 기대해 본다.

참고자료

1. ILIAS, 호메로스. 일리아스(2015), 천병희 번역, 서울: 숲
2. 신화, 인간을 말하다(2011), 김원익, 서울: 바다출판사.
3. 웨어러블의 미래, 패션에서 길 찾아야(2014), LG경제연구원, http://goo.gl/Yhe7mg

IT, 인문을 만나다
역사와 고전으로 엿보는
19가지 IT 키워드

동양편

IT, 인문을 만나다
역사와 고전으로 엿보는
19가지 IT 키워드

동양편

날씨, 빅데이터를 만나다
칭기즈 칸과 푸른 군대의 나라 몽골

인류 역사상 가장 넓은 영토를 지배했던 나라, 몽골 제국. 칭기즈 칸^{Chingiz} ^{Khan}은 여러 부족으로 분열되어 있던 몽골 부족을 하나로 통일한 후 중국과 아시아, 러시아, 동유럽 일대까지 광활한 지역을 자신의 발아래에 두었다. 전성기 때의 몽골 제국은 고대 로마 제국의 5배를 넘을 만큼 넓었고, 오늘날 러시아, 캐나다, 중국 세 나라의 영토를 모두 합친 넓이에 육박하는 광활한 영토였다. 그 중심에 칭기즈 칸과 그의 푸른 군대가 있었다. 푸른 늑대와 하얀 암사슴으로부터 시작되는 건국신화를 가진 나라, 몽골. 1162년 그곳에서 한 아이가 태어났다. 아이의 이름은 테무진^{Temüjin}이다. 몽골의 거의 유일한 역사서인 『몽골비사』에는 그의 탄생을 다음과 같이 묘사하고 있다.

> 오른손에 주사위뼈만한 핏덩이를 쥐고 태어났다. 눈에는 불이 있고 얼굴에는 빛이 있다.

당시 몽골은 수십 개의 부족으로 나뉘어 거친 초원에서 서로 뺏고 빼앗기는 약탈로 생존을 이어가고 있었다. 겨울이면 영하 30도를 넘나드는 매우 추운 지역이었으므로 한 지역에 정착하지 못하고 유목생활을 하며 떠돌아 다녔다.

자신을 극복하고 칭기즈 칸이 되다

테무진의 아버지 에수게이가 테무진을 약혼시키고 돌아오는 길에 타타르족(몽골 부족 중 하나)에게 독살을 당했다. 그 후 에수게이 가족은 부족으로부터 버림받고 겨우 탈출해 목숨을 근근이 부지하며 힘든 세월을 보냈다. 그렇게 몇 년을 살아남아 약혼녀와 결혼했으나 아내는 얼마 후 납치를 당했고 다른 남자의 아들을 낳았다. 어려서 아버지를 잃고 부족에게 버림받고 죽음의 고비를 넘나들며 아내까지 납치당한 테무진은 복수심에 불탔으며 가슴은 분노로 채워졌다. 그때의 테무진에게는 그림자 말고는 동무도 없었고, 꼬리 말고는 채찍도 없었다.

테무진은 16살 경 몽골의 유력한 세력 중 한 명인 옹 칸에게 의지해 그 밑에서 여러 부족을 통합하며 자신을 따르는 세력을 키워갔다. 27살이 된 테무진은 몽골 부족 대표회의에서 칭기즈 칸이라는 칭호를 얻고 칸(부족장)이 되었다. 칭기즈 칸의 세력이 더욱 커지자 위협을 느낀 옹 칸은 칭기즈 칸의 아들과 자기 딸의 결혼 수락 잔치에 칭기즈 칸을 초대해 제거하려 했다. 칭기즈 칸이 뒤늦게 계략을 알아채고 도망갔으나 살아남은 사람은 겨우 19명에 불과했다.

부족과 종교가 다른 19명의 부하와 발주나 호수에서 목숨을 연명하던 칭기즈 칸은 "만일 내가 이 사람들을 잊어버린다면 흙탕물처럼 되게 하소서."라고 맹세하며 흙탕물을 마시자 연이어 한 명씩 그 물을 마셨다. 이후 이들은 칭기즈 칸과 생사고락을 함께하며 몽골 통일과 세계 정복 과정에서 크게 활약했다.

그림 1 대만 국립고궁박물관에 소장된 칭기즈 칸 초상화▲

칭기즈 칸은 추종자들을 모아 다시 세력을 규합했다. 이제 칭기즈 칸과 옹 칸 두 세력의 명운을 건 전쟁을 피할 수 없었다. 마침내 칭기즈 칸이 승리하고 옹 칸은 붙잡혀 죽었다. 얼마 뒤 그의 어릴 적 의형제였던 자무카도 칭기즈 칸 앞에 붙잡혀왔다. 칭기즈 칸을 배신하고 몽골의 패권을 두고 다툰 자무카였다. 칭기즈 칸은 "이제 하나로 함께 지내자. 다시 동무하자."며 그를 설득했지만, 그는 자신을 죽여 달라며 마지막 말을 남긴다.

> "천하가 이제 준비되어 있는데 동무해 무슨 도움이 될까? 오히려 자네 옷깃 아래 가시가 될 것이다. 나를 빨리 떠나게 하라. 죽어 누우면 나의 유골이라도 높은 곳에서 영원히 그대의 후손의 후손에 이르기까지 보호해 주겠다."

1206년 드디어 칭기즈 칸은 전 몽골을 통일하고 1대 칸에 추대됐다. 몽골 제국의 서막이 열리는 순간이었다. 이후 불과 21년 만에 칭기즈 칸은 서하를 정복하고, 여진족이 세운 금나라를 정벌하였으며, 중앙아시아의 대국인 호레즘 왕국을 멸망시키며 광활한 지역을 정복했다.

▲ 출처: https://goo.gl/C6EdD9

1227년 서하 정복을 얼마 앞두고 칭기즈 칸은 눈을 감았다. 생전에 그는 자신의 초상화를 그리거나 상을 조각하지 못하게 했다. 심지어는 몽골 제국은 그의 무덤의 위치를 비밀에 부쳤다. 마르코 폴로는 『동방견문록』에서 "칭기즈 칸이 죽은 뒤, 시신을 운송하는 도중에 사람을 만나면 다 죽였다. 죽이기 전 그들에게 '현세를 떠나 내세로 가서 너희의 돌아가신 주인을 섬겨라'라고 말했다. 이렇게 죽인 사람이 2,000명에 가까웠다."라고 전했다. 오늘날까지도 그의 무덤을 찾기 위한 몽골, 중국, 일본, 미국 등 세계 각국의 노력은 계속되고 있지만, 아직까지 발견되지 않고 있다.

> 집안이 나쁘다고 탓하지 마라. 나는 아홉 살 때 아버지를 잃고 마을에서 쫓겨났다. 가난하다고 말하지 마라. 나는 들쥐를 잡아먹으며 연명했고 목숨을 건 전쟁이 내 직업이고 내 일이었다. 작은 나라에서 태어났다고 말하지 마라. 그림자 말고는 친구도 없고 병사로만 10만 명, 백성은 어린애와 노인까지 합쳐 2백만 명도 되지 않았다. 배운 게 없어 힘이 없다고 탓하지 마라. 나는 내 이름도 쓸 줄 몰랐으나 남의 말에 귀를 기울이면서 현명해지는 법을 배웠다. 너무 막막하다고 그래서 포기해야겠다고 말하지 마라. 나는 목에 칼을 쓰고도 탈출했고, 밤에 화살을 맞고 죽었다 살아나기도 했다. 적은 밖에 있는 것이 아니라, 내 안에 있었다. 나는 내게 거추장스러운 것은 모두 없애 버렸다. 나를 극복하는 그 순간 나는 칭기즈 칸이 됐었다.

칭기즈 칸의 푸른 군대

칭기즈 칸은 자신을 '푸른 이리의 후예'라 칭했으며 그의 군대를 '푸른 군대'라 불렀다. 몽골의 푸른 군대의 말발굽 소리는 고려까지 들려왔다. 칭기즈 칸이 죽은 지 4년 후인 1231년 몽골의 1차 고려 침략을 시작으로 7차례의 침략이 있었으며 이후 삼별초의 대몽항쟁까지 무려 42년간 몽골의 침탈과 살육으로 우리 국토는 황폐해지고 백성의 삶은 더욱 피폐해졌다. 이 전쟁의 참상을 일연은 『삼국유사』에 남기기도 했다.

> 나는 들었네/황룡사 탑이 불타던 날/번지는 불길 속에서 한 쪽은/무간지옥을 보여주더라고

고려 왕실은 개경에서 강화도로 천도하며 결사항전으로 맞섰으나 결국 몽골에 굴복해 강화를 체결하게 된다. 몽골의 침략에 맞서 끝까지 항전한 나라는 고려가 유일하니 그나마 위안이라면 위안이랄까?

이처럼 몽골의 푸른 군대는 불과 80여 년 만에 세계 역사상 가장 광활한 영토를 점령하고 다스렸다. 몽골이 세계를 호령한 데는 여러 가지 요인이 있을 것이다. 칭기즈 칸이나 몽골 연구가들은 몽골이 제국으로 성장할 수 있었던 요인으로 최고의 기동력을 갖춘 군대, 빠르게 정보를 수집하는 역참 제도, 다민족이나 다종교 허용 정책, 기술자 우대 정책 등을 들고 있다.

푸른 군대의 기동력은 세계 최강이었다. 그들은 두 다리로만 말을 다뤄 달리는 중에도 양손을 자유롭게 사용할 수 있었으며, 잠이나 식사도 말에서 내리지 않고 해결할 만큼 말과 하나였다. 또한, 별도의 보급부대 없이 현지에서 조달하거나 말린 고기로 끼니를 해결했다.

그들의 역참 제도는 하루에 수백 킬로미터를 이동할 수 있을 만큼 잘 돼 있었다. 30~40km마다 역참을 두어 세계 각지의 정보를 불과 일주일 정도면 제국의 수도에서 수집할 수 있었다. 『동방견문록』에서 '매우 크고 멋있는 숙사'로 소개할 정도로 몽골 제국 전역에 설치된 역참은 마르코 폴로에게도 깊은 인상을 남겼던 것 같다.

몽골의 기술자 우대 정책도 몽골의 세계 정복에 기여했다. 특히 성이 없던 몽골에 중국의 성 중심의 방어체계는 요새처럼 느껴졌을 것이다. 칭기즈 칸은 전쟁 와중에 선언한다. "기술자는 죽이지 마라." 그래서 정복하는 곳마다

철저하게 사람들을 죽였지만, 투석기 같은 공성 무기 기술자뿐만 아니라 목수, 대장장이, 농업기술자 등은 신분이나 계급과 관계없이 본국으로 데려가 대우해 주며 그들의 기술을 흡수했다.

마지막으로 한 가지를 추가하자면 날씨를 활용한 전략을 들 수 있다. 몽골은 초원의 추운 기후를 적극 활용했다. 고대부터 전통적으로 겨울에는 전투를 하지 않았다. 물론 한니발 장군 같은 몇몇 예외는 있었지만, 겨울에 전쟁을 일으키지 않는 것은 관례였다. 추위에 익숙한 러시아도 예외는 아니었다. 그러나 몽골은 달랐다. 오히려 혹한의 추위를 적극 이용했다.

몽골, 겨울 천산을 넘다

칭기즈 칸은 1219년 호레즘 정벌을 선언했다. 당시 호레즘은 중앙아시아 대부분을 통일한 대국이었다. 칭기즈 칸이 호레즘과의 교역을 위해 500여 명의 상단을 파견했는데, 호레즘은 이들이 염탐꾼이라며 죽였다. 이에 칭기즈 칸은 호레즘과의 전쟁을 선포하고 대군을 이끌고 정벌에 나섰다.

호레즘으로 가는 길은 험난했다. 몽골 초원을 출발한 20만의 칭기즈 칸 군대는 산, 사막, 강을 건너 무려 3,000km 이상을 이동해야 했다. 특히 마지막으로 천산(톈산) 산맥을 넘어야 했다. 천산은 중국 북서쪽 끝의 파미르 고원에서 중앙아시아까지 걸쳐있는 험준한 산맥이다. 늦가을 천산 북쪽의 산기슭에 도착했다. 여름에도 눈과 얼음으로 덮여 있는 험한 산길을 칭기즈 칸은 혹독한 추위가 몰아치는 겨울에 넘었다. 호레즘이 전혀 예상치 못한 시기를 고른 것이다. 해발 4000m가 넘는 천산 산맥을 넘어가면서 수많은 병사와 말이 희생됐다.

마침내 천산을 넘어 오트라르 성에 도착한 때는 다음해 2월이었다. 오트라르 성은 몽골 500명의 상단이 죽은 곳이다. 칭기즈 칸은 부대를 둘로 나누어 주력군을 부하라 쪽으로 돌리고 남은 병력으로 오트라르 성을 공격했다. 예상치 못한 몽골군의 출현에 놀란 오트라르군은 한 달 동안 저항했으나 결국 함락됐다. 오랜 이동과 전투에 힘든 병사들은 성을 쑥대밭으로 만들고 살육을 자행해 온 성안에 피비린내가 진동했다.

호레즘 왕은 수도 사마르칸드로 쳐들어 올 것으로 예상하고 방비에 서둘렀지만, 예상을 깨고 붉은 사막 키질쿰을 건너 북쪽으로 돌아 후방 깊숙이 자리 잡은 제2의 도시 부하라에 나타났다. 이 붉은 사막은 그곳 상인들도 지나가기를 기피하는 험악한 사막이었다. 오트라르성 에서의 잔혹함을 이미 듣고 있던 차에 전혀 예상치 못한 곳에 등장한 몽골군을 본 부하라 군사들은 성을 버렸고 칭기즈 칸은 무혈 입성했다. 부하라까지 점령당하자 호레즘 왕 무함마드는 수도에서 11만의 군사로 저항했으나 이미 사기가 꺾인 군사들이 제대로 싸우지도 않고 도망가자 결국 무함마드도 성을 버리고 도망갔다. 불과 닷새 만에 수도가 함락됐다. 40만이 넘는 군대를 보유하던 호레즘이 칭기즈 칸의 허를 찌르는 겨울 침공과 후방 공격에 불과 두 달 만에 허망하게 무너져 버렸다.

겨울 혹한에 러시아를 점령하다

칭기즈 칸의 뒤를 이어 셋째 아들 오고타이가 2대 칸으로 즉위했다. 오고타이 칸은 유럽과 러시아 공략을 선언했다. 칭기즈 칸의 손자 바투가 총사령관이 돼 15만 몽골군을 이끌고 출정했다. 1237년 12월 루시(오늘날 러시아) 침공을 시작했다. 당시 루시는 단일 국가 형태가 아닌 여러 개의 공국으로 나뉘어 분열돼 있었다. 루시 공격의 첫 번째 대상은 북부 대도시 리아잔이었다. 바투가 이끄는 푸른 군대는 12월의 혹한 속에 얼어붙은 볼가강을 이용해서 빠르게 이동해 리아잔에 대한 공격을 감행했다. 리아잔의 주민들은 남녀노소 할 것 없이 용감하게 싸웠으나 엿새째 되는 날 성벽이 무너졌다. 몽골군도 피해가 컸던 탓에 도시 안으로 진격해 리아잔을 완전히 황폐화시켜 버렸다. 당시 러시아 기록에는 이렇게 기록돼 있다.

> 저녁 무렵이 되면서 도시 안에 살아남은 사람은 하나도 없어서 죽은 사람을 위해 눈물 한 방울 흘려 줄 사람조차 남아있지 않았다.

이후 몽골군은 조그마한 공국에 불과한 모스크바를 손쉽게 정렴했다. 다음 해 2월, 북부의 가장 큰 공국인 블라디미르에 다다랐다. 당시 도시는 10미터 높이의 성곽으로 둘러쳐져 있어 공격이 쉽지 않았으나 몽골군은 성 주위를 포위하고 투석기 등을 통해 밤낮으로 공격해 결국 이틀 만에 블라디미르를 점령했다. 이 도시 역시 약탈과 파괴로 잿더미가 됐다.

불과 3~4개월 만에 루시의 12개 공국을 무너뜨린 몽골군은 루시의 가장 부유한 도시인 노프고로드에 접근했다. 그러나 날이 따뜻해지면서 봄 홍수와 진창길로 기동성이 저하되자 몽골군은 퇴각을 명령한다. 노브고로드가 몽골군에 정복당하지 않았던 것은 순전히 날씨 덕이었다.

몽골군은 초원에서 휴식을 취하다 겨울이 다가오자 남부의 가장 중심도시인 키예프로 진격했다. 키예프는 단단한 석벽으로 둘러싸인 요새도시였지만 금나라 정벌 때 익힌 공성 무기 앞에 함락되고 말았다. 이번에도 키예프 사람들을 모두 죽이고 도시 전체에 불을 질렀다. 과거 루시의 수도이자 유서 깊은 키예프는 결국 사람이 살지 않는 폐허로 변해버렸다.

당시 이 지역에 있던 수도원의 수사는 몽골군을 '혐오스러운 사탄의 종족이며 타르타로스(그리스 신화의 지옥)에서 풀려난 악마' 같다고 묘사했다. 그리고 "키예프에는 살아남은 것이라고는 거의 없었고, 모든 도시가 파괴돼 200여 채의 초라한 집만 남아있었다."고 기록할 만큼 철저히 파괴됐다.

루시를 정복한 후 1241년 동유럽으로 방향을 바꾼 푸른 군대는 두 개의 진로를 택했다. 하나는 폴란드고 다른 하나는 헝가리였다. 폴란드에 침입한 몽골군은 기사단을 앞세운 폴란드군을 괴멸시켰다. 헝가리군도 당시 유럽 최강의 군대였지만, 몽골군의 공격을 감당하지 못하고 참패했다. 유럽의 관문인 폴란드와 헝가리가 무너지자 이제 온 유럽이 풍전등화의 위기에 놓였다.

이때 유럽에 희소식이 들려왔다. 2대 칸인 오고타이가 젊은 나이에 사망한 것이었다. 이 소식을 들은 총사령관 바투는 유럽 공격을 중단하고 몽골로 돌아갔고 유럽은 위기에서 벗어났다. 몽골의 법은 대칸이 사망할 경우 왕자들과 왕족들은 모두 몽골로 돌아와 다음 칸의 선출을 위한 '쿠릴타이' 회의에 참여해야 했다. 오고타이 칸이 죽지 않았다면 서유럽도 푸른 군대의 말발굽에 짓밟혀 유럽 전체가 몽골 제국에 편입됐을지도 모른다.

동유럽 원정 후 1243년 바투는 루시에 킵차크 칸국을 세우고 1대 칸에 올랐으며, 루시인들은 이후 약 250년간 몽골인의 통치를 받았다. 이 킵차크 칸국은 몽골 본토의 대칸에 복종하는 형태를 취했다. 몽골군이 루시를 침략하면서 루시에 끼친 피해는 엄청났다. 대량학살, 약탈과 파괴로 인한 황폐화, 공물의 수탈로 땅은 척박해지고 사람들은 비참한 빈곤에 시달렸다. 그래서 루시인들은 몽골에 의해 지배받던 시기를 '타타르의 멍에'라고 부르며 치욕스러워 한다. '타타르'라는 말은 원래는 몽골의 한 부족 이름이었으나, 그리스 신화에 나오는 '타르타로스'와 발음이 비슷해 유럽에서는 몽골족을 총칭하는 말로 사용했다. 그만큼 몽골군은 유럽인에게 지옥과도 같은 공포의 존재였다.

역사상 러시아를 겨울에 침략해 성공한 예는 몽골이 유일하다. 나폴레옹이 1812년 60만 대군을 이끌고 러시아를 침공했다가 겨울의 혹한을 만나 제대로 된 전쟁 한 번 하지 못하고 추위와 배고픔 그리고 전염병까지 겹쳐 살아남은 자가 10만을 넘지 못했다. 히틀러도 비슷했다. 2차 세계대전이 한창인 1941년 겨울, 독일군은 소련을 굴복시키기 위해 수도인 모스크바로 진격했지만, 이제껏 겪어보지 못한 추위와 소련의 저항 때문에 처음으로 대규모 전투에서 패배했다.

몽골군은 영하 30도까지 떨어지는 추위에 적응하고 있었기 때문에 러시아의 혹한을 이겨낼 수 있었다. 또한, 몽골군의 최대 장점인 기동성을 살리기 위해서는 여름의 진창길보다는 겨울의 얼어붙은 강과 하천이 오히려 유리했다. 그래서 몽골군에게 러시아 공격의 적기는 겨울철이었다.

여몽 연합군, 태풍 때문에 일본 정벌에 실패하다

몽골군은 싸울 때마다 연전연승했지만 날씨 때문에 유일하게 패배한 전쟁이 있다. 바로 일본 정벌이다.

1260년 쿠빌라이가 몽골 제국의 5대 칸에 올랐고, 1271년 국호를 중국식 연호를 따 '원'으로 변경했다. 몽골 제국과 원나라의 최전성기를 이끈 황제가 35년간 재위한 쿠빌라이 칸이다. 고려가 몽골에 항쟁하다 굴복해 몽골의 부마국(쿠빌라이의 딸이 고려 충렬왕의 왕비가 됨)이 된 때가 쿠빌라이 제위시절인 1274년이다. 쿠빌라이 칸은 일본을 복속시키기 위해 6차에 걸쳐 고려와 원의 사신을 일본에 파견했다. 그러나 당시 일본을 지배하고 있던 가마

쿠라 막무는 국서의 내용이 불손하고 무례하다는 이유로 국서에 대한 회답을 모두 거부하고 사신을 죽였다.

1274년 쿠빌라이 칸은 드디어 일본 정벌을 결행한다. 몽골 침략으로 피폐해졌지만, 힘이 없는 고려는 어쩔 수 없이 일본 정벌에 참여해 900척의 군선을 만들었다. 고려로서는 엄청난 재정 부담이자 출혈이었다. 10월 초 4만여 명의 여몽연합군을 구성해 900척의 배를 타고 출정했다. 여몽연합군은 하카다(오늘날 후쿠오카)에 상륙했다. 선봉에 선 고려군의 활약으로 일본은 천여 명의 사상자를 내며 패주한다. 고려 지휘관 김방경의 분전으로 승리의 발판을 마련했다. 『고려사』에는 "왜병이 공격하자 김방경이 활을 쏘며 큰소리로 외치며 독려하니 왜병이 놀라 달아났다"고 기록돼 있다. 몽골 총사령관 홀돈은 "비록 몽골군이 잘 싸우지만 어찌 이보다 더하랴."라고 감탄했다.

그러나 밤이 되자 홀돈은 김방경의 반대에도 야습을 우려해 모든 병력을 배로 철수시켜 버린다. 그날 밤 갑자기 강한 태풍이 몰아쳐 왔다. 이 태풍으로 200여 척의 군선이 침몰했다. 『고려사』에는 "돌아오지 못한 자가 무려 1만 3,500여 명이었다"고 기록돼 있다. 10월 말에 덮친 강한 태풍으로 전투에서 이기고도 전쟁에서는 패하였다.

1차 정벌이 실패한 지 7년 후 쿠빌라이 칸은 일본에 대한 두 번째 정벌을 시도했다. 남송을 멸망시킨 몽골은 이번에는 남송의 3,500여 척의 전함과 10만 대군도 동원했다. 고려의 충렬왕은 "또다시 일본 정벌을 일으킨다면 저희로서는 그에 필요한 전함과 양식을 더 이상 공급할 능력이 없습니다. 저희의 지극한 정성을 받아주시고 간절한 이 호소를 양해해 주시길 바랍니다."라며 어려운 국가 사정을 설명하고 선처해 달라고 요청했으나 거절당했다. 고려는 이번에도 엄청난 출혈을 해가며 전함 900척, 고려군 2만5천 명을 지원했다.

그림 2 몽고습래회사(蒙古襲來繪詞), 다케자키 스에나가(竹崎季長). 여몽연합군과 일본의 1차 전쟁을 담았다.

5월 하순 여몽연합군 4만 명은 합포(오늘날 마산)를 출발했다. 별도로 남송의 10만 군대도 3,500척의 배로 출발했다. 그러나 일본도 몽골의 재침략에 대비해 해안선에 석축을 쌓고 방어 준비를 해왔다. 여몽연합군은 일본의 격렬한 저항에 7주 동안 상륙을 못 하고 고전했다. 7월 말 뒤늦게 남송에서 출발한 10만 대군이 합류하지만, 8월 초 싸워보기도 전에 바로 태풍이 몰려오면서 2차 원정도 실패하고 말았다. 『고려사』에서는 이때 10만 명이 돌아오지 못했다고 기록하고 있다. 대부분의 군사가 바다에서 수장된 것이다.

두 번에 걸친 여몽연합군의 일본 원정은 실패로 끝났다. 그것도 두 번 모두 태풍이 패전의 원인이었다. 일본은 이를 두고 '신의 바람' 즉 '가미카제'라는 이름을 붙여 하늘이 자신을 보호해 주었다고 믿었다.

기상 전문가에 의하면 1차 정벌 때는 10월 말(당시는 음력을 사용)로 태풍이 대한해협을 통과할 확률은 5%도 안 된다. 2차 정벌 때는 여몽연합군이 7주 동안 바다에 떠있었으니 그 기간 동안 태풍을 맞을 확률은 70%에 육박한다. 고려군도 태풍이 몰려올 것을 경고했지만, 바다를 잘 모르는 몽골군은 그 말을 무시했다. 여몽연합군의 일본 정벌은 날씨가 전쟁의 승패를 좌우한 결정적 요인이었다.

▲ 출처: https://goo.gl/MujFH5

빅데이터는 새로운 기회의 바다

일본 정벌 때 태풍이 없었다면 전쟁은 어떻게 전개되었을까? 몽골군이 고려군의 경고를 무시하지 않고 태풍에 대비했더라면 어땠을까? 어쩌면 일본 역사상 최초로 일본이 정복당하는 상황이 발생했을지도 모를 일이다.

"날씨는 인류의 모든 것을 지배한다."

고대 그리스의 철학자이자 인류 최초의 기상학자였던 아리스토텔레스의 말이다. 이것은 오늘날에도 유효하다. 날씨를 인류가 제어할 수 없기에 이를 예측하고 대비하기 위한 활동은 계속되고 있다. 또한, 날씨를 경영이나 마케팅에 활용하는 경우도 아주 많다. 우리가 의식하든 의식하지 못하든 날씨의 직간접적인 영향을 받고 있다.

IT 관점에서는 어떨까? 최근 몇 년간 IT 중심에는 빅데이터가 있다. 빅데이터란 과거에는 분석하기 어려웠던 다양한 형태의 대량 데이터를 의미한다. 이러한 빅데이터로부터 의미 있는 정보를 빠르게 찾아내는 것이 빅데이터 분석이다. 이러한 빅데이터가 날씨와 만나면서 이전에 알기 어려웠던 새로운 예측이나 비즈니스 모델이 나오고 있다.

최초의 의미 있는 시도는 구글에서 나왔다. 2008년 11월 구글은 독감 경보 시스템을 선보였다. 구글은 독감과 관련한 주제를 검색하는 사람의 수와 실제로 독감 증상이 있는 사람 수 간에 밀접한 관련이 있음을 발견했다. 구글은 이러한 검색어가 나타나는 빈도를 집계해 전 세계 여러 국가 및 지역에서 독감이 얼마나 유행하는지를 실시간으로 예측했다.

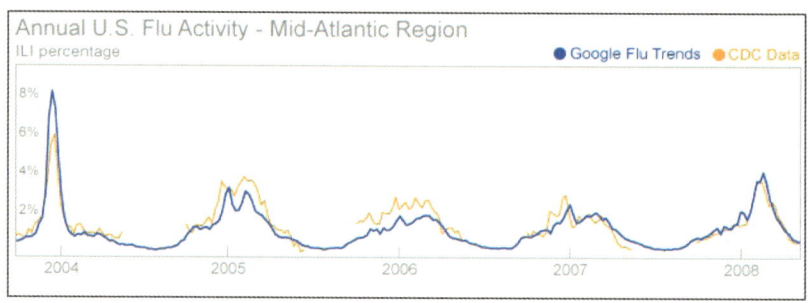

그림 3 구글 Flu Trends와 미국 질병통제예방센터(CDC)의 독감 유행 비교.▲

날씨와 빅데이터를 연결해 새로운 비즈니스 모델을 만든 사례도 있다. 2013년 10월 세계적인 거대 농업기업인 몬산토^{Monsanto}는 날씨 관련 빅데이터 기업인 클라이밋 코퍼레이션$^{Climate\ Corporation}$을 9.3억 달러(약 1조원)에 인수한다고 발표했다. 클라이밋은 2006년 구글 엔지니어 출신의 데이빗 프리드버그가 설립한 실리콘밸리의 스타트업이다. 인수 당시 클라이밋의 직원 수는 150여 명이었다.

프리드버그는 2011년 스탠포드 대학 강의에서 날씨와 관련한 사업을 구상했던 이유를 이렇게 밝혔다.

> "구글에서 일하던 어느 비 오는 날 자전거 대여점을 지나치면서 '이런 비가 오는 날 누가 자전거를 빌릴까? 대여점 주인에게는 며칠이나 비가 내리느냐에 따라 돈을 벌 수 있을지 없을지가 달려 있는데, 정확한 날씨 정보를 수집해 이를 모델화하면 사업이 되지 않을까?'라고 생각했다."

그렇게 해서 구글에서 함께 일했던 엔지니어와 데이터 분석가들을 영입해 만든 회사가 클라이밋이다. 미국의 기상 데이터는 일반에 모두 공개되어 있는데, 클라이밋의 1조 원의 가치는 어디서 나오는 것일까? 미국 내 250만

▲ 출처: By Search Engine Land, CC BY 2.0, https://goo.gl/mbWE91

개의 위치에서 수집하는 기상 데이터를 실시간으로 분석하는 빅데이터 분석 모델과 그것을 기반으로 한 '날씨 보험'이라는 비즈니스 모델 덕분이다. 클라이밋은 농민들이 날씨에 따른 작황 변화에 민감하게 반응한다는 점에 착안해 미국 전역을 잘게 나눠 지역별로 기온과 강수량 등 상관관계 등을 분석한 후 이를 기반으로 날씨 보험 상품을 만들었다.

더욱 대단한 것은 보험 조건을 충족할 경우 자동으로 보험금을 지급하는 획기적인 모델을 만든 것이다. 예를 들어, 가뭄 보험에 든 농민이 특정 지역 강수량이 미리 지정한 수준에 미달할 경우 피해 상황에 관한 근거 자료 없이도 자동으로 보험금을 받을 수 있게 한 것이다. 이전까지는 복잡한 서류 작업을 해야 했기 때문에 이 상품은 미국 농민들로부터 폭발적인 호응을 얻었다.

이러한 비즈니스 모델이 성공하려면 수집한 대량의 기상 데이터를 빠르게 분석할 수 있어야 한다. 클라이밋의 데이터 과학자들은 10조 건의 날씨 시뮬레이션 데이터를 생성해 50테라바이트의 데이터를 분석하고 보험 정책과 지급액을 시뮬레이션해서 정밀하게 실시간 분석할 수 있는 기술을 개발했다. 데이터 분석은 아마존 클라우드 서비스를 이용해 실행한다. 이렇게 인프라, 기상 빅데이터, 실시간 분석 알고리즘으로 잘 만든 덕분에 2012년 가뭄에서도 회사는 손해를 별로 입지 않았다.

몬산토는 당시 클라이밋 인수 건에 대해 "몬산토의 강점인 생명공학 기술과 클라이밋의 날씨 빅데이터를 결합하기 위한 전략의 일환"이라고 발표했다. 몬산토가 실적 부진에 시달리면서도 이 같은 투자를 한 것은 빅데이터 분석이 신품종 개발 및 농가의 생산량 확대에 혁신을 몰고 올 것이라고 기대했기 때문이었다. 그와 함께 데이터 분석과 보험 서비스로 영역을 확대하려

했기 때문이었다. 당시 「파이낸셜타임스」는 몬산토의 클라이밋 인수를 최초의 중대한 빅데이터 사업 인수라고는 평가를 했다.

이외에도 글로벌 제약회사인 글락소스미스클라인$^{GSK, GlaxoSmithKline}$, 노바티스^{Novartis} 등은 지난 수년간의 기상 관련 데이터를 분석해 이를 기반으로 기온 상승에 따른 말라리아 등의 다양한 전염병 피해 발생 규모를 사전에 예측하고 이를 예방하는 제품 생산에 꾸준히 투자를 늘려왔다.

기후를 이용한 빅데이터 사례에서 보듯이 빅데이터는 우리에게 새로운 기회를 제공한다. 빅데이터 시대에는 우리 모두가 조그마한 유목 부족에서 출발해 세계를 점령한 칭기즈 칸이 될 수 있다. 빅데이터는 오늘날 우리에게 몽골의 푸른 군대와 같은 존재다. 데이터에 대한 통찰력과 빠른 분석은 새로운 세계의 발견 가능성을 열어줄 수 있다. 넓고 깊은 데이터의 바다에서 새로운 가치를 지닌 신대륙은 지금 이 순간에도 우리를 기다리고 있다. 마치 테무진이 칸이 된 그날처럼.

"나를 극복하는 그 순간 나는 칭기즈 칸이 되었다."

참고자료

1. 칭기스칸 천년의 제국(2005), 배석규, 서울: 굿모닝미디어.
2. 날씨가 바꾼 어메이징 세계사(2010), 반기성, 수울: 플래닛미디어.
3. 몽골비사(2004), 유원수, 서울: 사계절.
4. 국역 고려사 세가(2012), 편집부, 서울:경인문화사.
5. 몬산토, 빅데이터 활용 기업전략 추진, 농촌진흥청, World Focus 35호, 22-23p.

사물인터넷 표준 전쟁의 서막

야누스의 얼굴, 진시황

중국의 영어식 표기인 'China'의 유래를 알고 있는가? 바로 중국 최초의 통일 왕조인 '진^{Chin}'에서 유래했다. 중국의 패권을 위해 수많은 나라가 다투던 춘추전국시대를 끝내고 중국을 하나로 통일한 나라가 '진'이고, 진의 첫 번째 황제가 바로 폭군으로 유명한 진시황秦始皇이다. 그러나 진시황을 폭군으로만 기억한다면 그의 한쪽 얼굴만 보는 것이다. 그가 통일 왕조의 기반을 마련하기 위해 시행한 정치, 사회, 문화 등 많은 제도를 유방의 한나라가 계승했고, 이후 다민족 거대 국가 중국의 DNA가 되고 있기 때문이다.

우리가 진시황에 대해 갖고 있는 이미지는 '폭군'이다. 특히 온갖 책을 불태우고 수백 명의 유생을 태워 죽인 '분서갱유焚書坑儒'로 대표되는 그의 잔인함은 그를 폭군으로 각인시키는 데 충분했다. 또 수십만 명을 죽음으로 몰고 간 만리장성, 병마용갱, 아방궁 등 그의 무리한 축조사업 또한 그의 폭군 이미지에 일조하고 있다.

그러나 아이러니하게도 오늘날 중국은 진시황이 남긴 만리장성 같은 유물로 인해 엄청난 부를 거두고 있다. 누군가 말했듯이 '죽은 진시황이 산 중국인을 먹여 살리고 있다'라는 말이 딱 맞는다. 진시황은 중국사에 가장 큰 영향을 미친 인물로 항상 포함되는 사람일 정도로 그에 대한 중국인들의 평가는 호의적이다.

이처럼 진시황은 야누스(로마 신화의 두 얼굴을 가진 신)의 얼굴을 가지고 있다. 폭군이라는 한쪽 얼굴의 반대편 얼굴은 어떤 모습일까?

중국을 통일하고 '진시황'이 되다

기원전 259년 조나라에 볼모로 가 있던 진나라 왕족 자초에게서 '정'이라는 아들이 태어났다. 그가 훗날의 진시황이다. 『사기』에 기록된 그의 탄생 과정이나 진나라 왕이 되기까지 과정은 세상을 속이는 음모까지 더해져 더욱 극적이다.

진나라의 대상인인 여불위呂不韋로부터 이 모든 것이 시작됐다. 여불위가 조나라에 물건을 사러 갔다가 자초의 처지를 알고는 "이 진기한 재화는 사서 둘 만하다."라며 그를 후히 대접하며 가까이했다. 자초는 태자의 첩의 자식으로 조나라에 볼모로 와 있으면서 왕의 후계자에서 멀리 밀려나 있던 처지였다. 여불위는 자초의 신뢰를 얻은 후 은밀히 말했다.

"당신은 가난하고 이곳에서 손님의 처지이니, 어버이께 헌신하고 빈객과 교제할 방

> 도가 없으십니다. 저 여불위는 당신을 위해 진나라로 가서 태자 안국군과 그의 화양 부인을 섬겨, 당신이 후사로 정해지게 하겠습니다."

이에 자초는 머리를 숙여 경의를 표하고 "반드시 그대의 계략대로 된다면, 진나라를 그대와 함께 나누어 누리도록 하겠소."라고 언약했다. 여불위는 진나라로 돌아가 황금 500금과 진기한 패물을 가지고 화양부인의 마음을 사로잡았다. 여불위는 다른 첩의 자식이 왕이 될 경우 후사가 없는 화양부인은 밀려날 것이라며 화양부인을 설득해 자초를 태자 안국군의 양자로 들이는 데 성공했다. 이로써 자초는 안국군의 후계자 자리를 차지했다.

한편, 여불위에게는 절세미인의 첩이 있었는데, 자초가 여불위 집에서 술을 마시다가 그녀를 보고 마음에 들어 했다. 여불위는 자신의 애첩이 이미 그의 자식을 임신한 상태였는데 이를 숨기고 그녀를 자초에게 바쳤고, 자초는 그녀를 아내로 맞이했다. 만삭이 돼 아들 '정'을 낳았으니 이는 자초의 아들이 아니라 여불위의 자식이었다.

여불위의 위험한 도박은 태자 안국군이 왕위에 올랐으나 1년 만에 죽고 그의 양아들 자초가 왕위를 물려받으며 마침내 성공했다. 그러나 자초도 즉위한 지 3년 만에 죽고 그의 아들 정이 왕위에 올랐다. 그때 정의 나이 13세였다. 진나라의 왕이 된 정은 아버지 자초를 도운 여불위를 존중해 그를 상국(총리)에 임명했다.

그러나 여불위의 권세는 거기까지였다. 어린 왕 몰래 원래 자신의 애첩이었던 태후와 정을 통했던 것이 화근이었다. 거기에 여불위가 내시로 위장시켜 태후에게 바친 '노애'라는 남종과 황후가 정을 통하면서 몰래 아들 둘을 낳았다. 이러한 사실을 진왕에게 들키자 노애는 반란을 일으켰다. 그러나 난은 곧 진압되고 여불위도 여기에 연루된 사실이 드러나 촉 땅으로 쫓겨나

독주를 마시고 스스로 생을 마감했다.

여불위를 제거한 후 진왕은 그의 그늘에서 벗어나 비로소 권력을 온전히 잡을 수 있었다. 이즈음 초나라 사람으로 순자(성악설을 주장한 유가 사상가)에게 학문을 배운 '이사李斯'라는 사람이 명성을 얻자 진왕은 그의 능력을 높이 사 대신으로 중용했다.

몇 년 후 운하 건설 책임자였던 '정국'이 한나라 첩자로 밝혀진 사건이 있었다. 그러자 진나라 대신들은 일제히 왕에게 "제후국에서 진나라를 섬기러 온 대다수 사람이 진나라를 이간질하려고 할 뿐이니, 모든 빈객을 축출하시기를 바랍니다."라고 아뢰었다. 이사도 초나라 사람이었기 때문에 축출 대상에 포함돼 있었다. 이때 이사는 그 유명한 '간축객서諫逐客書'라는 상소를 올려 진왕의 마음을 돌려놓는다. 이는 오늘날까지도 중국의 명문으로 꼽히는 문장이다.

> 태산은 본디 한 줌의 흙도 사양하지 않았으므로 그렇게 높을 수 있으며, 바다는 작은 물줄기라도 가리지 않았으므로 그 깊음에 이른 것입니다. (중략) 진나라에서 나지 않는 물건 중에 보배로운 것이 많고, 진나라에서 태어나지 않은 인재 중에 충성하려는 자들이 많습니다. 지금 빈객들을 내쫓아 적국을 이롭게 하고 백성을 적국에 가게 하면 이 나라는 텅텅 비고 나라 밖 제후들에게는 원한을 사게 되어 뒤늦게 나라를 구하려 해도 때는 늦습니다.

이 상소에 감동받은 진왕은 전보다 더 많은 타국의 인재를 발탁했으며 그들은 공을 세움으로써 진을 더욱 부강하게 했다. 이사 또한 진왕의 최측근이 돼 그를 보필했다.

어느 날 진왕은 우연히 법가 사상의 대표자인 '한비자韓非子'의 저서를 읽어본 후 "아! 과인이 그를 만나 사귈 수 있다면 죽어도 여한이 없을 것이다. 어떻게 하면 그를 만날 수 있겠는가?"라고 이사에게 물었다. 이에 이사가 "한나라를 공격하면 필시 한비자를 사신으로 보낼 것입니다."라고 아뢰자 진왕은 한나라를 공격했다. 한 명의 인재를 얻기 위해 전쟁까지 일으킬 만큼 진왕은 좋은 인재에 목말라 있었다.

예상대로 한나라는 한비자를 협상 사신으로 보냈다. 그런데 한비자는 선천적으로 말을 더듬었다. 진왕은 자신 앞에 서서 말을 잘하지 못하고 더듬는 한비자에게 별로 호감이 가지 않았다. 그래서 그를 자신의 밑에 두지 않고 다시 한나라로 돌려보내려 했으나 이사가 반대하고 나섰다. 사실 한비자와 이사는 순자 밑에서 동문수학하던 사이로 이사는 늘 자신보다 앞서던 한비자에게 열등감을 느끼곤 했었다. 그래서 그는 한비자가 돌아가면 자신보다 뛰어난 역할을 하게 될까 봐 아예 죽이기로 하고 왕에게 "한나라로 돌려보내면 진나라에 큰 위협이 될 것이니 죽여야 합니다."라고 간언했다. 결국 한비자에게 왕의 명이라며 독약을 주어 마시게 한다. 뒤늦게 진왕이 한비자를 사면하려 했으나 이미 그는 죽은 뒤였다.

한비자는 허무하게 생을 마감했으나 『한비자』라는 위대한 법가 저술을 남겼다. 『한비자』에 담긴 제왕학과 통치술에 감탄한 진왕은 한비자의 법가 사상을 받아들여 진나라의 사상적 토대로 삼고 강력한 왕권 중심의 국가로 바꿔 나갔다.

국력을 크게 키운 진나라는 드디어 정복전쟁에 나섰다. 당시 진나라를 포함해 전국시대 일곱 강대국을 '전국칠웅'이라 하는데 진나라와 나머지 여섯 나라 간의 외교 전술이 그 유명한 '합종연횡合從連橫' 고사다. 동쪽에 위치한 여섯 나라가 진나라에 대항하기 위해 남북으로 길게 연합한 전략이 '합종'이고, 진나라가 합종을 깨기 위해 각각의 나라에게 진과 동맹을 맺고 다른 나라를 치자며 분열 전략을 펼쳐 동서로 연합한 전략이 '연횡'이다.

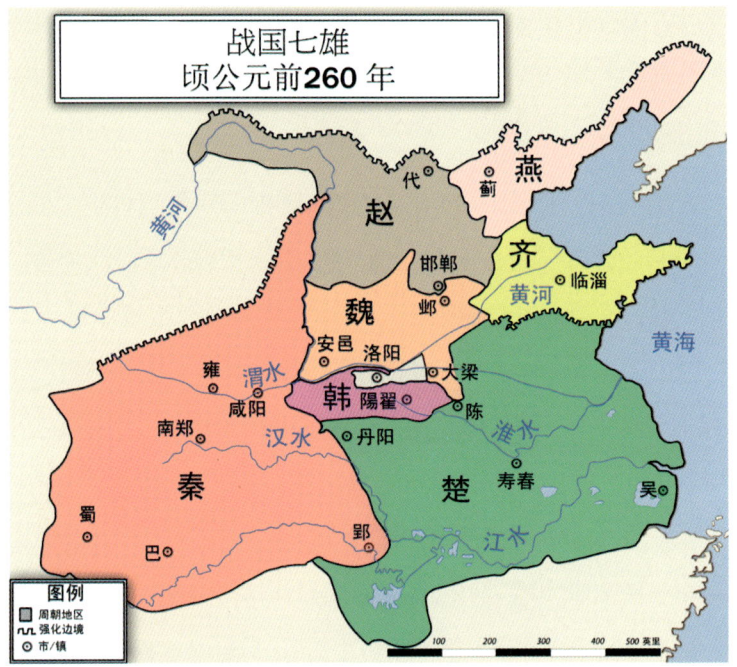

그림 1 기원전 260년의 전국칠웅. 가장 왼쪽이 진(秦)나라다. ▲

결국은 진의 연횡책이 성공해 기원전 230년부터 221년까지 10년간 전국칠웅의 여섯 나라인 한나라, 조나라, 위나라, 초나라, 연나라, 제나라를 차례로 멸망시키며 500년이 넘는 춘추전국시대의 분열을 끝내고 기원전 221년 드디어 중국을 통일했다. 이로써 진나라는 중국 최초의 통일 국가가 됐다.

진왕 정은 중국 고대의 전설적인 8명의 제왕인 삼황과 오제에서 각각 한 글자를 따서 스스로 '황제'라 칭하고 자신을 칭할 때는 '짐'이라 했다. 그리고 "짐은 최초로 황제가 되었기에 '시황제'라고 칭하라."라고 명했다.

▲ 출처: By Philg88, CC BY 3.0, https://goo.gl/BkhBLU

짧은 폭정 그러나 긴 여운

진시황은 황제가 된 후 더욱 잔인해졌다. 그를 보필하던 승상 이사도 지나친 권력욕으로 혹독한 법을 만들고 형벌을 가했다. 이로 인해 진나라 백성들의 삶은 피폐해졌고 도탄에 빠졌다.

진시황은 즉위하자마자 자신의 무덤을 만들기 시작했는데, 이 진시황릉을 만들기 위해 70만 명의 백성이 동원돼 10년 넘게 공사를 했다고 전해진다. 『사기』에 기록된 진시황릉에 대한 묘사는 이렇다.

> 천하를 통일한 후에는 전국에서 이송돼 온 죄인 70만여 명을 시켜 구덩이를 깊이 파게 하고 구리물을 부어 틈새를 메워 외관을 설치했다. 모형으로 만든 궁궐, 문무백관, 그릇, 진기한 물건을 운반해 그 안에 가득 보관했다. 장인에게 명령해 자동으로 발사되는 화살을 만들어 놓고 그곳을 파내어 접근하는 자가 있으면 그를 쏘게 했으며, 수은으로 하천, 강, 바다를 만들고, 기계로 수은을 주입해 흘러가도록 했다. 위에는 별자리를 장식하고 아래에는 땅의 모형을 설치했으며, 도룡뇽의 기름으로 양초를 만들어 오랫동안 꺼지지 않게 했다.

진시황이 죽자 이세황제 호해^{胡亥}는 자식이 없는 후궁들을 진시황과 같이 순장했으며 진시황릉을 만든 장인과 죄수들을 모두 나오지 못하도록 폐쇄하는 극악함을 보였다.

그림 2 병마용에서 출토된 진시황의 청동마차.

▲ 출처: By Jmhullot, CC BY 3.0, https://goo.gl/Qv592e

1974년 진시황릉에서 1km 정도 떨어진 지점에서 우물을 파던 농부들에 의해 병마용이 발견됨으로써 세상에 처음 진시황릉의 존재가 알려졌다. 현재까지 3개의 갱도에서 병사, 전차, 말이 발굴되었는데, 놀라운 것은 수천 명 병사의 얼굴 생김, 표정, 옷차림 등이 모두 다르다는 것이다.

진시황의 가장 유명한 악행은 『사기』에 기록된 바로 '분서갱유' 사건이다. 말 그대로 문서를 불태우고(분서) 유학자들을 생매장해 죽인(갱유) 사건으로, 진시황과 승상 이사의 합작품이다. 몇몇 유학자가 봉건제도를 지지하며 법가 사상과 중앙집권적 통치에 대해 반대하자 승상 이사는 궁에서 관리하는 문서를 제외한 『시경』과 『서경』 등의 모든 유가 문서를 불태우도록 주장해 관철했다. 이렇게 함으로써 유가 사상이 퍼지지 않도록 통제하고자 했다.

'분서' 사건 다음 해는 불로장생약을 구하러 간 노생과 후생 두 사람이 진시황의 부덕을 비난하며 도망가자 진시황은 크게 노해 유생 460여 명을 구덩이에 생매장하는 극악무도한 일을 했다. 유학자를 파묻은 이 '갱유' 사건은 사실 여부에 대해 이견이 많아 논란의 여지는 있다.

그 외에도 진시황은 아방궁과 만리장성 등 대규모 토목사업을 벌이면서 수십만 백성의 눈에서 피눈물을 쏟게 했다. 당시 공사현장까지 단 하루만 늦게 도착해도 사형에 처하는 악법이 있을 정도였다.▲

기원전 210년 진시황은 다섯 번째로 천하를 순행하는 길에 나섰다가 불사의 꿈을 이루지 못하고 병을 얻어 죽게 된다. 죽음을 직감한 진시황은 태자 부소에게 황위를 물려준다고 유언했으나 권력을 잃을 것을 두려워한 환관

▲ 이 악법은 훗날 '진승의 난'의 직접적인 계기가 된다. 900여 명의 농민을 이끌고 공사현장으로 가던 진승이라는 책임자가 큰 비로 인해 제 날짜에 당도하지 못할 것 같자 어차피 죽을 목숨이라며 난을 일으키게 된다. 이 난으로 인해 항우와 유방이 역사의 전면에 등장하게 된다.

조고趙高가 부소의 동생인 호해와 음모를 꾸미고 승상 이사까지 음모에 끌어들여 유서를 조작함으로써 태자 부소를 자결하게 하고 호해를 이세황제로 만든다. 이세황제 호해는 잔인무도하고 덕이 없어 백성의 삶을 더욱 힘들게 했다. 아방궁을 완성하기 위해 많은 백성을 무리하게 동원해 원성을 샀다.

간신의 대명사 환관 조고가 자신의 권력을 마음껏 휘두르며 이세황제에 한 거짓말이 그 유명한 '지록위마指鹿爲馬'다. 사슴을 가리켜 말이라 부른다는 뜻의 이 고사는 조고가 황제 앞에 사슴을 데려다 놓고 황제에게 말을 데려왔다고 말한 일화에서 유래했다. 왕이 "사슴이 아닌가?" 반문하자 겁에 질린 대부분 신하는 "말이 맞다."라고 말했다. 몇몇 충직한 신하들이 사슴이라 사실대로 말하자 조고는 그들을 모두 죽이며 황제를 농락했다.

조고가 모든 권력을 휘두르다 '진승의 난'이 일어나면서 진나라는 급격히 세력이 약화됐다. 환관 조고는 승상 이사마저 모함해 죽이고, 심지어 이세황제까지 죽여 버린다. 이어 자영子嬰을 허수아비 황제로 세웠으나 자영에게 희대의 간신 조고도 살해당하고 만다. 삼세황제 자영은 유방에게 옥새를 바치며 항복함으로써 진시황이 죽은 지 불과 4년 만에 진나라는 역사 속으로 사라진다.

야누스의 얼굴을 가진 진시황

이렇듯 폭압적인 정치를 했던 진시황이었지만 그뿐이었다면 어찌 중국인들이 중국 역사에 가장 큰 영향을 미친 인물로 꼽겠는가?

진시황은 황제로 즉위한 후 가장 먼저 국가 행정체계를 대대적으로 개편한다. 이사를 제외한 나머지 신하는 지난 수천 년간 채택했던, 각 지역에 제후를 세워 다스리게 하는 '제후국'을 건의했으나, 이사는 제후들이 서로 싸우고 천자가 위협받는 제후국의 폐해를 지적하며 전국을 군과 현으로 나누어 왕이 직접 통치하는 혁신적인 '군현제'를 제안했다. 이는 중국 아니 세계 역사상 최초의 황제 중심 중앙집권체제다. 냉혹한 이사였지만 탁월한 안목을 가지고 있었던 것만은 분명하다.

전국을 36개의 군으로 나누고 그 아래 현을 설치함으로써 진나라는 강력한 중앙집권 통치를 할 수 있었다. 이후 유방의 한나라도 이 군현제를 계승했으며 오늘날까지 중국이 'One China'를 이루는 기본 토대가 되었다. 유럽의 봉건제가 15세기까지 지속되며 중세 암흑기를 초래한 것과 비교할 때 대단히 앞선 체제다. 오늘날 중국의 행정구역 제도는 2200년 전 진시황이 만든 제도와 크게 다르지 않다.

진시황은 중앙 집권적 군현제도의 원활한 운영을 위해 도로망 정비에 나섰다. 전국적으로 치도(황제 전용도로로 고속도로와 유사)와 직도(오늘날의 국도)를 건설해 수도인 함양을 중심으로 주요 도시로 방사형으로 뻗어나가도록 했다. 주요 치도의 경우에는 규격도 통일했는데, 너비는 50보이고 7m마다 나무를 심었다. 직도의 총길이는 720km에 달한다. 치도와 직도는 황제가 순행하거나 군사 이동, 물자 수송의 목적으로 사용해 마치 고대 로마의 '로마가도'▲ 같은 비슷한 역할을 했다

도로망 정비에 이어 수레의 폭도 통일했다. 수레의 두 바퀴 사이를 6척으로 정하고, 도로도 그 폭에 맞추어 만듦으로써 바퀴가 닿는 부분에 자연스럽게 홈이 파지도록 해 수레가 그 홈을 따라 빠르게 이동할 수 있게 했다. 마치

▲ 총 길이가 8만 km에 달하는 로마가도는 로마부터 로마 제국 주요 거점까지 군대를 빠르게 이동시키기 위해 만든 도로다. '모든 길은 로마로 통한다'라는 속담은 여기에서 유래했다.

기차가 레일을 따라 이동하는 것과 같은 효과를 내게 함으로써 교역이 활성화됐으며, 제멋대로 만들어 낸 수레는 도로를 빨리 달릴 수 없어 다른 나라의 침공에 대비하는 효과도 있었다.

연암 박지원은 『열하일기』에서 표준화된 중국의 수레에 대해 칭찬하면서 조선의 백성이 이토록 가난함은 나라 안에 수레가 제대로 다니지 못하기 때문이라고 일침을 놓았다.

> 수레의 제도는 무엇보다도 궤도를 똑같이 해야만 한다. 궤도를 똑같이 해야 한다는 것은 무엇인가? 두 바퀴 사이의 일정한 폭을 어기지 않음이다. 그렇게 되면 수레가 천이고 만이고 간에 그 바퀴 자리는 하나로 통일되는 것이니, 이른바 『중용』에 나오는 '거동궤(수레바퀴 자국이 똑같음)'는 곧 이것을 말하는 것이다. 만일 두 바퀴 사이를 마음대로 넓히고 마음대로 좁힌다면 길 가운데 바퀴 자리가 한 틀에 들 수 있을 것인가? 이번 천 리 길에 날마다 숱한 수레를 보았는데, 앞 수레와 뒤 수레가 언제나 같은 자국을 따라서 갔다. 성 문턱에 수레바퀴 자국이 움푹 패어 홈통이 이루어진 것은 『맹자』에서 말하는 '성문지궤(성문 아래의 수레바퀴 자국)'라는 것이다.

진시황은 여기에 그치지 않고 문자, 화폐, 도량형 같은 인프라도 표준화하고 정비해 진정한 통일왕조를 만들기 위한 노력을 기울였다. 진시황은 나라마다 조금씩 달랐던 문자를 하나로 통일하고 국가의 공식 표준 문자로 삼아 백성들이 이를 따르도록 했다. 이렇게 해서 탄생한 문자가 둥글둥글한 형태가 특징인 '소전'이다. 이 문자는 이후 예서, 초서, 해서, 행서 등으로 발전해 오늘에 이르기까지 중국은 하나의 문자를 사용하게 된다.

또한, 새 화폐를 만들어 각국의 옛 화폐 사용을 금지하고 통일된 표준 화폐를 쓰도록 했다. 나라마다 다르게 쓰던 화폐를 하나로 통일함으로써 화폐의 교환가치가 일정하게 유지되었고 그에 따라 교역의 활성화에 크게 기여했다. 나라마다 크고 작음, 길고 짧음이 다르고 단위도 제각각이었는데, 이를 통일해 전국 어디서나 동일 단위를 사용하게 해 백성들의 생활에 혼선을 없앴다.

이러한 일련의 표준화 정책으로 말미암아 잘 구축된 도로망을 따라 각지의 다양한 물건을 빠르게 교환됐고, 통일된 화폐와 문자, 도량형으로 인해 통일 중국의 경제가 성장하고 교류가 활성화되는 효과를 거두었다. 진시황의 가혹한 법 적용과 폭정 때문에 일반 백성들은 그 효과를 느끼진 못했지만 말이다.

그림 3 서안 진시황병마용박물관 앞의 진시황 동상.▲

진시황은 죽고 진나라는 역사 속으로 사라졌지만 진시황이 중국에 남긴 여러 통일정책은 현대까지 이어졌다. 오늘날 중국의 행정구역 제도 그렇고, 한자도 그렇다. 중국의 다민족 단일국가 정책은 진시황 때부터 시작되었다. 진시황의 발자취는 그만큼 길고 깊었다.

진시황은 폭군이었지만 위대했고, 중국을 통일한 영웅이었지만 가엾은 백성들을 가혹하게 다스린 잔인한 황제였다. 그래서 진시황을 야누스적인 면모를 가진 '위대한 폭군'으로 부르는 사람들도 있는 것이다. 또한 중국인들은 중국 역사에 가장 큰 영향을 미친 인물로 마오쩌둥과 더불어 진시황을 꼽는 데 주저하지 않는다.

▲ 출처: By Nat Krause, https://goo.gl/fPaKda

사물인터넷 합종연횡과 표준 전쟁의 서막

최근 글로벌 ICT 무대에서 가장 큰 이슈는 단연 '사물인터넷'이다. 사물인터넷은 센서를 부착한 사물들이 실시간으로 데이터를 주고받는 기술이나 환경을 일컫는다. 여기서 사물이란 스마트폰, 가전제품, 자동차, 헬스케어, 설비, 패션 등 모든 것이 될 수 있다.

글로벌 시장조사업체인 가트너와 IDC는 2015년 50억 개에서 2020년에 260억 개의 기기가 연결되고, 세계시장 규모를 8,000조 원으로 추정할 만큼 사물인터넷은 폭발적으로 성장할 것으로 예측했다. 2014년 10월 우리나라에서 열린 세계지식포럼에서 세계적인 미래학자 제레미 리프킨[Jeremy Rifkin]은 사물인터넷과 공유경제로 인해 제3차 산업혁명이 일어날 것이라고 주장했다. 2015년 1월 열린 국제전자제품박람회(CES 2015)의 최대 화두 역시 사물인터넷이었다.

사물인터넷 세상이 오려면 표준이 중요하다. 개인마다 사용하는 언어가 다르면 의사소통에 문제가 있는 것처럼 인터넷에 연결된 수많은 장치가 서로 통신하고 정보를 공유하려면 장치간 통신할 수 있는 공통 프레임워크가 있어야 한다. 그것이 바로 사물인터넷 표준이 필요한 이유다.

사물인터넷 표준을 선점하는 자가 사물인터넷 세상을 지배할 수 있다. 표준은 시장에서 경쟁우위를 확보해 부가가치를 얻는 핵심 경쟁력이다. 표준 경쟁에서 밀려나 기억 너머로 사라진 기업은 수도 없이 많다. 그중 가장 대표적인 표준 경쟁이 1970년대 소니의 베타 방식과 신생업체인 일본 빅터사[JVC, Japan Victor Company]가 만든 VHS 방식이 치열하게 싸운 비디오 규격 표준 전쟁이다. 소니의 베타 방식은 여러 면에서 기술적 우위에 있었지만, VHS 방식의 긴 녹화시간과 값싼 생산체제, 호환성 확보 전략에 밀렸다. 10여 년에 걸친 표준 전쟁에서 소니가 패배했고, 결국 소니의 베타 방식은 시장에서 퇴출됐다.

그렇기 때문에 퀄컴, 인텔, 구글, 삼성 등의 글로벌 기업은 서로 동맹군을 형성하며 사물인터넷 표준 선점을 위해 치열하게 경쟁하고 있다. 마치 중국의 전국시대에 진나라를 포함한 전국칠웅이 패권을 차지하기 위해 합종연횡 전략을 펼친 것과 아주 유사하다. 2014년 10월 부산에서 열린 ITU^{International Telecommunication Union} 전권회의에서도 한국이 주도로 상정한 사물인터넷 표준 제정은 핵심 의제 중 하나일 정도로 본격화되고 있다.

바야흐로 사물인터넷 표준 전쟁이 시작된 것이다. 스마트 칩셋 기업인 퀄컴과 리눅스 재단은 올신얼라이언스^{AllSeen Alliance}를 주도하고 있고, 인텔과 삼성전자가 손을 잡고 OIC^{Open Interconnect Consortium}를 구성했으며, 구글은 네스트랩스를 중심으로 스레드 그룹^{Thread Group}을 결성했다. 유럽 업체들은 독일 도이치텔레콤 주도의 연합체인 키비콘^{Qivicon}을, 여기에 독자 표준을 추진하는 애플까지 뛰어들어 경쟁하고 있다. 그 외에도 미국, 유럽, 한국 등 각국의 표준협회가 주축이 돼 설립한 원엠투엠^{oneM2M}, 시스코, AT&T 등이 참여하는 산업용 IoT 표준화를 위한 IIC^{Industrial Internet Consortium} 등이 있다.

사물인터넷은 빅데이터와 밀접한 관계가 있다. 사물인터넷을 통해 모은 각종 센서 데이터는 빅데이터 분석을 통해 고객 활동분석이 가능해져 새로운 시장창출에 매우 효과적이다. 또한 마케팅이나 신기술 개발에도 훨씬 유리해진다. 그러다보니 사물인터넷 표준 전쟁은 두 세 개 그룹이 경쟁하는 보통 표준 경쟁과는 시작부터 다르다.

이 중 가장 먼저 치고나간 그룹이 올신얼라이언스다. 2013년 12월 출범한 이 연합은 퀄컴, 마이크로소프트, 소니 등 11개 기업이 프리미어 멤버로 참여하고 있고 시스코, 레노버 등 100개가 넘는 기업이 커뮤니티 멤버로 참여하고 있어 규모가 가장 크다. 우리나라 기업으로는 LG전자가 프리미어 멤버로 참여하고 있다.

올신얼라이언스는 퀄컴 자회사가 2011년 만든 소프트웨어 프레임워크인 올조인^{AllJoyn}을 핵심 IoT 플랫폼으로 채택하면서 다른 경쟁자보다 속도를 내고 있다. 올조인은 쉽게 말해 중계 서버 없이 기기와 기기가 직접 통신할 수 있게 도와주는 오픈소스 프레임워크다. 운영체제나 하드웨어 종류에 상관없이 장치 간 연결이 가능하다. 올조인 오픈소스 프레임워크로 만들어진 제품이나 서비스는 생산업체나 운영체제, 통신방식과 관계없이 기기 간 소통이 가능하다. CES 2015에서 올조인 기반 기기를 다수 선보이며 앞서 나가고 있다.

그다음이 2014년 7월 인텔이 삼성전자 등과 손잡고 만든 OIC다. 장치 발견과 커뮤니케이션, 데이터 교환 등의 기능을 지원하는 오픈소스 표준을 구현하고 있다. CES 2015에서 아이오티비티^{IoTivity}라는 오픈소스 프레임워크를 발표하며 본격적인 세 불리기에 나서고 있다.

표 1 2015년 5월 주요 사물인터넷 컨소시엄 현황 (출처: 각 연합 홈페이지 참고)

사물인터넷 연합체	주요 참여 업체
올신얼라이언스	퀄컴, 마이크로소프트, 소니, LG전자 등 110여 개
오픈인터커넥트컨소시엄 (OIC)	인텔, 삼성전자, 델, 시스코, 레노버, HP 등 70여 개
스레드 그룹	네스트랩스(구글), 삼성전자, ARM 등 50여 개
키비콘 (Qivicon)	도이치텔레콤, 삼성전자, 필립스 등 30여 개
애플	필립스 등 20여 협력업체와 독자 표준 추진

구글이 인수한 네스트랩스는 2014년 7월 상호호환이 가능한 사물인터넷 구현 표준 연합체인 스레드 그룹을 설립했다. 이 곳에는 삼성전자, ARM,

프리스케일 등 50개가 넘는 업체가 참여하고 있다. 다양한 가정용 전자기기의 통합에 강점을 가지고 있으며 저전력 기반의 뛰어난 보안성도 갖춘 것으로 평가되고 있어 스마트홈 분야에서 두각을 나타낼 것으로 예상한다. 안드로이드를 장악하고 있는 구글의 영향력을 생각할 때 스마트홈 표준 플랫폼으로서 성공할 가능성이 높은 연합이다.

유럽 업체들은 도이치텔레콤 주도로 키비콘을 설립하며 유럽 중심의 표준을 추진하고 있다. 스마트홈 분야 표준화에 중점을 두고 있는 이 연합에는 삼성전자, 필립스, 밀레 등 30여 개 기업이 참여하고 있다.

애플은 별도의 연합체를 만들지 않고, 인수합병과 필립스 등 20여 개의 협력사와 협업하는 형태를 통해 독자적인 활동을 전개하고 있다. 그러나 iOS나 아이폰 등 애플의 시장 영향력이 워낙 커서 표준 전쟁의 결과와 관계없이 독자적으로 생존할 가능성이 높다.

삼성전자는 OIC에 참여하고 있으면서 동시에 스레드 그룹과 키비콘에도 참여하며 스마트홈과 통신, 에너지 등 다양한 분야에서 멀티트랙 전략 기반으로 표준 전쟁에 참여하고 있는 모습이다.

여러 연합체가 난립하는 이러한 모습은 차츰 정리되면서 유력한 1~2개 정도의 컨소시엄만 남게 될 것이다. 누가 사라지고 누가 살아남을지는 섣불리 예측하기 힘들다. 반도체 칩 업체인 퀄컴과 인텔이 주도하고 있는 올신얼라이언스와 OIC가 앞서가는 듯하나 운영체제에 강력한 지배력을 행사하고 있는 구글과 애플의 파괴력이 크기 때문이다. 결국 연합체에 얼마나 많은 기업들이 참여해 힘을 발휘하느냐와 얼마나 많은 소비자가 선택하느냐에 따라 시장은 재편될 것이다.

사물인터넷 표준 전쟁 서막이 올랐다. 누가 사물인터넷의 춘추전국 시대를 평정하고 이 시대의 진시황이 될 것인가? 이 표준 전쟁의 승자는 초연결 사회에서 엄청난 승리의 기쁨을 맛보게 될 것이다.

참고자료

1. 사기: 진시황 본기, 사마천. 완역 사기 본기 2 (2012), 김영수 번역, 서울: 알마.
2. 사기: 여불위 열전, 사마천. 사기 열전 1 (2006), 김영수/최인욱 번역, 서울:신원문화사.
3. 사기: 이사 열전, 사마천. 사기 열전 2 (2006), 김영수/최인욱 번역, 서울:신원문화사.
4. 열하일기, 박지원 원저. 삶과 문명의 눈부신 비전 열하일기(2012), 고미숙, 서울: 작은길.

초한 전쟁을 통해 본 노키아의 몰락

항우, 이카루스 패러독스에 빠지다

기원전 202년 중국 해하. 초나라군이 유방劉邦이 이끄는 한군에 의해 겹겹이 포위되어 있다. 사방에서는 초나라의 노래가 들려온다. 그 유명한 '사면초가'다. 초왕 항우項羽는 크게 한탄하며 "한군이 이미 초나라 땅을 모두 빼앗았단 말인가?"라고 말하며 비통함을 노래한다.

> 힘은 산을 뽑을 수 있고, 기개는 온 세상을 덮을 만하건만
> 시운이 불리해 추(항우의 애마) 또한 나아가지 않는구나.
> 추가 나가지 않으니 어찌해야 하는가?
> 우(항우의 애첩 우희)여, 우여, 그대를 어찌해야 좋을까?

『사기』의 「항우본기」에는 이때의 비통한 분위기가 기록되어 있다.

> 항왕이 여러 차례 노래 부르니 우희도 따라서 불렀다. 항왕의 뺨에 몇 줄기 눈물이 흘러내리니 좌우가 모두 눈물을 흘리며 차마 쳐다보지 못했다.

참으로 극적인 장면이다. 힘만 믿고 무식했던 항우의 인간적인 면모를 보여주기 때문이다. 사면초가의 첫 구절인 '역발산기개세力拔山氣蓋世'는 이후 천하를 뒤덮을 만큼 뛰어난 힘을 지닌 천하장사를 상징하게 됐다. 또 우리가 잘 알고 있는 경극 '패왕별희'는 항우와 그의 여인 우희의 안타까운 사랑과 최후를 그리고 있는 작품이다.

그림 1 항우와 우희의 안타까운 이별을 그린 경극 패왕별희.

난세, 두 명의 영웅을 낳다

기원전 221년 진시황은 중국의 모든 영토를 자신의 수중에 넣어 중국 최초의 통일국가를 이뤘다. 그는 강력한 왕권을 기반으로 가혹한 통치를 했으

▲ 출처: By w:user:Leonard G, CC SA 1.0, https://goo.gl/aH1RQt

며, 수십만 백성을 동원해 만리장성, 진시황릉, 아방궁 같은 무리한 국가사업을 벌이면서 민심이 돌아섰다.

진시황이 황제에 오른지 11년 만에 죽고 그의 아들 호해가 이세황제에 올랐으나 더욱 포악한 정치를 했다. 그때 '진승의 난'이 일어나 진나라를 위협할 정도로 세력이 커졌다. 이때 항우도 그의 숙부 항량과 함께 봉기했다. 드디어 항우가 역사의 전면에 등장하였으니 기원전 209년, 그의 나이 24세 때의 일이다.

항우는 대대로 초나라의 명장을 배출한 명문 장군 집안에서 태어났다. 그는 부모를 일찍 여의고 숙부 항량項梁의 손에서 자랐다. 그는 키가 8척이 넘고 힘은 커다란 바위를 들어 올릴 만했으며 재기가 범상치 않았다. 어려서부터 "글을 배워봤자 자신의 이름을 쓸 때나 도움이 될 뿐이고, 검술을 익혀도 사람 한 명을 상대할 수 있을 뿐입니다. 만인을 대적할 수 있는 것을 배우겠습니다."라며 그의 원대한 포부를 보여 줬다. 항우는 항량과 함께 진시황을 멀리서 지켜볼 기회가 있었는데, 항우는 "내가 그를 죽이고 황제 자리를 대신하리라."라고 말했다.

초한 전쟁의 또 다른 주인공 유방은 많은 면에서 항우와 대조를 이루는 인물이다. 유방은 보잘것없는 집안 출신으로 시정잡배나 다름없는 젊은 시절을 보냈다. 술과 여색을 좋아해 외상으로 술을 먹고 술에 취해 길에 드러눕곤 했다고 전해진다.

유방도 진시황의 행차를 구경한 적이 있다. 유방은 말하기를 "아! 대장부란 마땅히 저래야 하는데."라 했다. 항우는 진시황을 정복의 대상으로 삼았지만, 유방은 진시황을 롤모델로 삼았다는 점에서 두 사람의 차이가 잘 드러난다.

유방은 젊은 시절에 고향에서 말단 관리를 하다 죄를 짓고 산속에 숨어산 적이 있었다. 후에 '진승의 난'이 일어나자 유방도 평생의 동지 소하와 함께 고향 패현에서 봉기했다. 이때 그의 나이 39세로 항우보다 15살이 더 많았다.

항량과 항우의 세력이 커지면서 유방의 군대도 항량이 이끄는 군대에 합류했다. 항우와 유방의 첫 대면이었다. 난을 일으킨 진승이 죽으면서 진승을 따르던 많은 병사가 항량의 군대에 합류하자 항량은 양치기를 하던 초나라 왕족을 왕으로 추대하고 초나라를 재건했다. 이로써 항량과 항우는 봉기세력에서 국가로 전환함과 동시에 봉기의 명분과 민심을 확보했다.

진나라와 싸움에서 항량의 군대가 대패하고 항량이 죽자 초회왕은 수도를 옮기고 전열을 정비한 후 "먼저 관중(진의 수도)을 평정하는 자를 그곳의 왕으로 삼을 것"이라고 약속했다. 초회왕은 항우에게는 북쪽 거록에 집결해 있는 진군을 토벌하라고 명령하고, 유방에게는 관중으로 진격하도록 명령했다. 사실상 초회왕은 유방을 관중의 왕으로 삼고자 하는 속내를 보인 것이다.

항량을 죽인 진군에 대한 분노가 극에 달해 있던 항우는 강을 건넜다. 그리고는 사흘 치 식량만 남겨놓은 후 솥을 깨고 배에 구멍을 내어 가라앉힘▲으로써 결사항전의 태세를 취했다. 목숨을 걸고 싸운 초군이 진의 군사를 크게 무찌르고 대승을 거두었다. 이 거록 전투는 항우가 대승을 거둔 첫 번째 전투였다.

▲ 이것이 바로 유명한 '파부침주(破釜沈舟)' 고사의 유래다. 솥을 깨뜨리고 배를 가라앉힌다는 뜻으로, 살아 돌아갈 기약을 하지 않고 죽을 각오로 싸우겠다는 결의를 비유하는 말이다.

항우가 거록에서 잡은 20만 명의 포로를 데리고 관중으로 나아갈 때 초군이 진나라 포로들을 학대하고 모욕하자 포로들의 원성이 높았다. 항우는 이에 "진나라 포로들의 수가 많은 데다 마음으로 복종한 것이 아니니, 관중에 이르러서 우리에게 복종하지 않는다면 틀림없이 위태롭게 될 것"이라며 포로 20만 명을 생매장하는 만행을 저질렀다. 이 잔학한 대학살 사건은 항우가 민심을 잃는 결정적인 계기가 됐다.

한편 유방은 책사 장량, 소하와 함께 관중으로 출정해 여러 서쪽 지방을 평정하고 관중에 입성하니 마침내 삼세황제 자영은 스스로 황제의 옥새를 바치며 항복했다. 유방이 진나라의 가혹한 법을 모두 없애자 진나라 백성들은 크게 환영했다. 이로써 진나라는 진시황이 죽은 지 불과 4년 만에 역사 속으로 사라졌다.

뒤늦게 40만 대군을 이끌고 관중 입구인 함곡관에 도착한 항우는 유방이 이미 관중을 차지했다는 이야기를 듣고 크게 분노했다. 목숨이 위태로움을 느낀 유방은 이튿날 아침 장량과 번쾌를 데리고 항우에게 사죄하기 위해 홍문관에 찾아왔다.

이것이 바로 그 유명한 '홍문연(홍문의 연회)'이다. 항우의 책사 범증은 유방이 황제의 기운을 가지고 있으니 반드시 죽이라고 간언했다. 범증이 여러 차례 죽이라는 신호를 보냈으나 항우는 모른 체했다. 보다 못한 범증이 부하 항장에게 유방을 죽이라고 명령했다. 항장이 검무를 추자 유방의 책사 장량이 낌새를 알아채고 번쾌를 시켜 자기 주군을 보호하도록 했다. 번쾌가 소란스럽게 하는 동안 유방은 가까스로 본영으로 돌아갔다. 항우는 천재일우의 기회를 놓쳐버렸고 범증은 "장차 유방의 포로 신세를 면치 못할 것이다."라고 탄식했다.

며칠 후 궁에 입성한 항우는 투항한 황제를 죽이고 궁궐을 불태웠는데 석 달 동안 불이 꺼지지 않았다. 항우는 초회왕을 명목상의 황제로 높이고 자신은 왕이 되어 '서초패왕西楚霸王'이라 칭하고 동쪽의 팽성에 도읍을 정했다. 그리고 천하를 나누어 18명의 제후를 세웠는데 유방에게는 척박한 서쪽의 한중 땅과 단지 3만 병사만 주어 한왕漢王으로 임명했다. 또 6국의 왕족에게는 변변찮은 땅을 주고, 자신의 측근들은 좋은 땅을 주었다. 이는 훗날 제후들의 반란의 씨앗이 된다.

힘은 산을 뽑을 수 있고, 기운은 세상을 덮을 만하지만…

이로써 항우의 세상이 된 듯했으나 이때부터 한왕 유방의 반격이 시작된다. 먼저 소하는 도망가던 한신을 데려와 유방을 설득해 대장군을 시켰다. 유방은 최고의 명장 한신을 얻음으로써 한군을 강한 군대로 탈바꿈시켰고 국력을 크게 강화하면서 기회를 엿봤다.

항우는 얼마 후 명목상의 황제마저 죽이고 천하의 주인이 됐다. 하지만 이는 여러 제후들의 반발을 샀다. 덕분에 유방은 거병의 명분을 얻었다. 항우의 장군이었던 팽월과 영포가 논공행상에 불만을 갖고 봉기하자 유방도 이 틈을 타 기원전 206년 항우 타도의 깃발을 높이 들고 동쪽으로 진격했다. 마침내 초한 전쟁의 서막이 올랐다.

항우가 팽월과 영포를 진압하러 북쪽에 가 있는 동안 유방은 제후들과 연합하여 56만 명의 병사들을 이끌고 초나라 수도 팽성을 점령해 버렸다. 이에 놀란 항우는 3만의 정예군을 이끌고 새벽에 승리에 취해 자고 있던 한군을 기습하자 56만 명의 군사들은 허둥지둥하다 뿔뿔이 흩어졌다. 20만 명이 죽어 강물이 막혀서 흐르지 못할 정도였고 유방의 부모와 처자는 포로로 잡혔다. 유방도 어린 아들, 딸을 데리고 간신히 탈출했다.

이 전투는 항우의 영웅적인 면모를 각인시켜 주었다. 가까스로 수레를 타고 탈출하던 유방은 기병이 쫓아오자 아들과 딸을 수레 밖으로 세 번씩이나 내던지는 비정함을 보였다. 수레를 몰던 수하 장수가 다시 수레로 들어 올리지 않았다면 자식들까지 포로가 되었을 것이다. 그뿐인가? 얼마 후 항우가 유방과 대치하다 인질이 된 유방의 부친을 삶아 죽이겠다고 하자, 유방은 "삶거든 그 국 한 사발을 달라."라고 맞대응했다. 유방은 영웅이기 전에 비정한 아버지이자 아들이었다.

항우의 세력이 정점에 있을 때 그를 기다리고 있던 것은 내리막길뿐이었다. 유방의 장수 진평이 항우와 그의 책사 범증 사이에 이간계를 썼기 때문이었다. 진평은 항우의 사신이 오면 "나는 범증의 사신인 줄 알았더니 알고 보니 항우의 사신이었구나!"라며 그를 홀대했다.

사신이 돌아와서 보고하자 항우는 범증을 의심했다. 그러자 범증이 크게 노하여 "이젠 군왕 스스로 하실 수 있게 되었습니다. 원컨대 저의 늙은 몸을 돌려주시어 평민으로 돌아가게 해 주십시오."라고 하니 항우가 이를 허락했다. 범증은 고향으로 돌아가다 울화병이 생겨 죽었다. 유방이 가장 두려워하던 범증이 죽자 이제 항우는 길 잃은 호랑이일 뿐이었다.

항우에 패해 전멸 직전까지 갔던 유방은 맹장 한신이 북쪽의 위나라, 조나라, 제나라를 평정하고, 항우를 배신한 팽월, 영포가 유방 편에 합류함으로써 전쟁은 지루한 소강상태에 접어들었다.

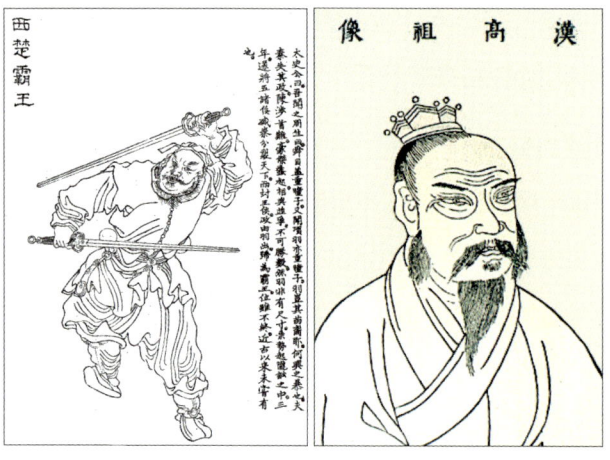

그림 2
서초패왕 항우(왼쪽)와
한 고조 유방(오른쪽) ▲

기원전 202년, 유방이 이끄는 한나라 본군, 북쪽의 한신군, 팽월군, 남쪽의 영포군을 상대해야 했던 초군은 시간이 흐를수록 점차 지치고 기세가 약해졌다. 유방이 항우에게 천하를 둘로 나누어 다스리기로 하는 휴전협정을 제안하자 항우도 동의하였다.

장량과 진평이 "초나라 군사들은 지치고 군량도 떨어졌으니 이는 하늘이 초나라를 망하게 하려는 때입니다. 그러니 차라리 이 기회를 틈타 탈취하는 것이 좋을 것입니다."라고 말하자 한왕 유방은 협약을 깨고 회군하던 항우의 초군을 격퇴했다.

드디어 둘은 초한 전쟁의 마지막 전투지인 해하에서 맞붙었다. 그러나 한왕 유방이 이끈 제후들의 군대에 포위된 초군은 '사면초가'에 빠졌다. 항우는 비통한 심정으로 '역발산기개세'의 시를 읊는다. 우희는 슬픔에 겨워 스스로 목숨을 끊었다.

▲ 출처: https://goo.gl/v0tVmp(왼쪽), https://goo.gl/wesCq6(오른쪽)

그날 밤 항우는 800여 명의 기병을 이끌고 탈출했고 오강에 이르렀을 때는 28기만이 남아 있었다. 항우는 이런 말을 남기고 자결했다. 그의 나이 겨우 31세였다.

> "하늘이 나를 망하게 하려는데, 내가 건너서 무얼 하겠나? 또한 내가 강동의 젊은이 8천 명과 함께 강을 건너 서쪽으로 갔었는데, 지금 한 사람도 돌아오지 못했거늘 설사 강동의 부형들이 불쌍히 여겨 나를 왕으로 삼아준다고 한들 내가 무슨 면목으로 그들을 대하겠는가? 설사 그들이 아무 말 하지 않는다 해도 내 양심에 부끄럽지 않을 수 있겠는가?"

이로써 초한 전쟁은 4년 만에 끝이 나고 유방은 황제에 즉위했다.

유방, 인재등용 vs 항우, 백성의 마음을 잃다

항우는 대장부의 풍모를 지녔고 사람들을 끌어 모으는 카리스마를 갖추고 있었지만, 대장군 한신의 지적처럼 타고난 성격이 의심이 많고 도량이 좁았다. 항우는 '홍문연'에서 책사인 범증이 유방을 반드시 죽여야 한다고 건의했지만, 결국 죽이지 않는 등 여러 번에 걸친 계략을 무시하다가 결국 아부로 모셨던 범증마저 믿지 못하고 쫓아버렸다. 또한, 맹장 한신과 팽월, 영포도 본래 항우의 장수였으나 유방에게로 갔고, 결국 이들 때문에 항우가 몰락의 길을 걷게 됐다. '사내는 자신을 알아주는 사람을 위해 목숨을 바친다'는 『사기』의 교훈을 항우는 알지 못했던 것이다.

반면 유방은 건달에다 특별한 재주도 없었지만, 인재를 알아보고 다루는 재주가 뛰어났다. 유방이 황제에 즉위한 후 주연을 베푸는 자리에서 천하통일의 비결에 대해 이렇게 말했다.

"계책을 짜내어 천 리 바깥에서 승리를 결정짓는 일에서는 내가 장량만 못하며, 나라를 안정시키고 백성들을 위로하며 양식을 공급하고 운송도로를 끊기지 않게 하는 일에서는 내가 소하만 못하고, 또 백만 대군을 통솔해 싸움에 반드시 승리하고 공격함에 반드시 점령하는 일에서는 내가 한신만 못하오. 이 세 사람은 모두 걸출한 인재로서 내가 그들을 쓸 수 있었던 것이 바로 내가 천하를 얻을 수 있었던 까닭이며, 항우는 단지 범증 한 사람만이 있었으나 그마저 끝까지 신용하지 못했으니 이것이 항우가 나에게 포로로 잡힌 까닭이오."

민심을 살피는 데도 차이가 났다. 유방의 군대가 관중에 입성할 때 진나라의 곳간을 봉인하고 악법을 폐지해 백성들의 마음을 얻었다. 그에 반해 항우는 20만 명을 생매장했으며, 황제를 살해하고 아방궁에 불을 지르는 등 유방과 대조되는 행동을 했다. 이렇듯 민심을 아랑곳하지 않는 독선적이고 잔인한 행동으로 인해 항우는 백성의 마음을 얻지 못하고 스스로 고립을 자초하고 만다. 그의 제후와 장수들로부터 그리고 백성들로부터.

항우는 유방과의 싸움에서 마지막 해하 전투를 제외하고는 항상 승리했다. 진나라의 수십만 주력부대를 거록 전투에서 궤멸시키고 진나라를 멸망시켰으며, 팽성 전투에서 유방이 이끄는 56만 대군을 단 3만의 군사로 대파한 그였다. 그런 그에게 적수는 없었다. 항우가 유방을 '홍문연'에서 살려준 것은 자신의 적수가 되지 않는다고 생각했기 때문이다. 그러나 바로 이 점이 오만을 불러일으키고 승리에 취해 유방을 제대로 방비하지 않음으로써 그는 패배했다.

이카루스의 역설

항우는 거병한 이래 항상 일인자였다. 이것은 그의 용맹함과 강력한 군사력 덕분이었다. 그러나 그는 그것만 믿고 인재와 민심을 얻으려는 노력을 하지 않아 몰락의 길을 걸었다. 이것이 바로 '이카루스 패러독스Icarus Paradox'다. '이카루스 패러독스'란 1990년 캐나다의 경영학 교수인 대니 밀러Danny Miller가 만든 용어로, '기존 성공의 틀에 매여 혁신을 하지 못하는 1등 기업의 역설'을 의미한다. 기업을 1등으로 만든 핵심 경쟁력이 오히려 혁신을 방해해 결국 실패하게 된다는 것이다.

그리스 신화에 건축과 공예의 달인인 다이달로스가 나오는데 그가 바로 이카루스의 아버지다. 다이달로스는 자신이 만든 미궁에 이카루스와 함께 갇히게 되는데, 밀납으로 날개를 만들어 아들과 함께 탈출에 성공했다. 그러나 이카루스는 태양에 너무 가까이 가지 말라는 아버지의 경고를 무시하고 날아가다

그림 3 페테르 파울 루벤스(Peter Paul Rubens), 이카루스의 추락(The Fall of Icarus).

결국 날개가 녹아 떨어져 죽게 된다. 이카루스의 날개는 승리의 날개였으나 이후 죽음의 날개가 되었다.

1998년 모토로라를 제치고 세계 1위 휴대폰 제조회사로 등극한 노키아는 세계 휴대폰 회사의 절대강자로 군림해왔다. 그런 노키아가 2007년을 정점으로 내리막을 걷기 시작하여 2013년 점유율이 5% 이하로 급감했다. 결국 2013년 9월 마이크로소프트는 노키아의 휴대전화 사업부분을 약 7조9

▲ 출처: https://goo.gl/gXyOk4

천억 원에 인수한다고 발표했다. 그리고 2014년 4월 마이크로소프트는 노키아 인수를 완료했다. 이로써 지난 15년 간 세계를 호령하던 노키아는 역사 속으로 사라졌다.

노키아도 '이카루스 패러독스'에 빠졌던 것이다. 노키아는 스마트폰을 인터넷이 되는 휴대폰 정도로 평가절하했다. 스마트폰이 새로운 영역의 문화라는 것을 알지 못했다. 사실 노키아는 아이폰 출시 2년 전인 2005년에 터치스크린 폰을 내놓았으나 시장에서 인기가 없자 소비자들이 원하지 않는 제품으로 결론을 내고 더 이상 연구개발을 진행하지 않았다. 그사이 애플의 아이폰이나 삼성의 갤럭시는 스마트폰 시장을 열어가며 폭발적으로 성장했다. 스마트폰이 소비자가 원하지 않는 제품이었던 것이 아니라 노키아가 소비자의 마음을 이해하지 못한 것이었다. 마치 항우가 백성의 마음을 이해하지 못한 것처럼.

노키아는 뒤늦게 자체 개발한 '심비안^{Symbian}' OS를 탑재한 스마트폰을 내놓았으나 이미 천하는 애플 OS와 안드로이드 OS가 양분하고 있었다. 더욱이 심비안은 이들 OS에 비해 기능도 편의성도 떨어진 OS로 평가받았다. 노키아 스마트폰은 소비자로부터 더욱 멀어져 갔다.

애플과 구글, 삼성을 중심으로 전개되고 있는 스마트폰 경쟁 구도를 만회하고자 2011년 노키아는 MS와 전략적 제휴를 발표했다. 노키아 심비안 운영체계를 버리고 MS 윈도우폰을 주력으로 삼겠다는 발표였다. 윈도우폰에 확신이 있었던 것일까? 그러나 이 부분도 전략의 실패다. 윈도우폰에 올인하기보다는 듀얼 OS 전략으로 갔어야 했다.

노키아 경영진 출신의 토미 에이호넌은 이 발표는 노키아의 전술적 실수라고 평가했다. 윈도우폰 출시가 예정돼 있지도 않은 상황에서 노키아가 설익은 발표를 했기 때문이었다. 게다가 이 때문에 노키아폰은 더욱 팔리지 않게 됐다. 결국 8개월 간의 매출 공백이 생겨 노키아의 추락은 가속화됐다.

또한 2000년 초반만 해도 혁신의 대명사로 통했던 노키아는 2006년 칼라스부어가 CEO가 된 뒤 '비용관리'를 제1원칙으로 내세웠다. 그러자 조직은 보수적으로 바뀌고 창의성 있는 엔지니어들이 재미를 느끼지 못하면서 경쟁업체로 옮겨갔다.

결국 노키아는 소비자의 마음과 인재를 잃고 기존 핸드폰 성공에 안주하다 혁신의 동력을 상실했다. 이제 노키아는 몰락의 대명사가 되었다.

기업들은 항우와 노키아의 몰락을 반면교사로 삼아 이카루스 패러독스에 빠지지 않아야 한다. 어찌 기업뿐이겠는가? IT 분야에 종사하는 우리도 마찬가지다.

참고자료

1. 사기: 진시황 본기, 사마천. 완역 사기 본기 1 (2010), 김영수 번역, 서울: 알마.
2. 사기: 항우 본기, 사마천. 완역 사기 본기 1 (2010), 김영수 번역, 서울: 알마.
3. 漢初三傑, 장따커, 쉬르훼이. 한초삼걸 (2011), 장성철 번역, 서울: 지식노마드.
4. 낯선 것과의 조우 (2013), 김창훈, 홍승동, 서울: 좋은책만들기.

버닝맨 축제와 IT인의 장자적 삶
자유로운 영혼의 소유자, 장자

지구에서 4광년 떨어진 행성 '판도라'. 그 행성에는 나비족$^{Na'vi}$이 자연과 교감하며 평화롭게 살고 있다. 바로 영화 '아바타^{Avatar}' 이야기다. 하반신이 마비된 주인공 제이크는 '링크'라 불리는 장치를 통해 그의 의식이 아바타로 옮겨진다. 제이크의 의식을 가진 나비족 청년이 되는 것이다. 의식은 하나이지만 어느 순간 제이크가 되고, 어느 순간에는 나비족이 된다. 점차 나비족에 동화된 제이크는 인간의 침공에 맞서 나비족과 하나가 된다.

영화 아바타를 보면 생각나는 사람이 있다. 바로 고대 중국의 사상가 '장자^{莊子}'다. 『장자』의 「제물론」편에 나오는 유명한 '호접몽'을 보자.

예전에 장주가 꿈에 나비가 되었다. 그는 나비가 되어 펄펄 날아다녔다. 자기 자신은 유쾌하게 느꼈지만 자신이 장주임을 알지 못했다. 갑자기 꿈을 깨어보니 자신은 장주였다. 장주가 꿈을 꾸어 나비가 된 것인가? 아니면 나비가 꿈에 장주가 된 것인가?

그림 1 장자의 호접몽 ▲

장자 사상에서는 '만물이 하나'로 장주가 나비이고, 나비가 장주이다. 장자는 영혼의 변화를 꿈꾸었으며 자유로운 초월의 세계를 꿈꾸었다. 영화 아바타에서는 하반신을 전혀 쓸 수 없는 제이크가 아바타이고, 들판을 거침없이 내달리는 나비족 청년이 곧 제이크다. 또한 나비족이 사는 행성이 바로 장자가 추구하는 자연에 순응하며 사는 세계다.

자유로운 삶을 사는 위로자, 장자

장자는 성은 장莊, 이름은 주周다. 장자는 전국시대 중기의 인물로 송나라에서 태어났다. 송나라는 보잘것없는 작은 나라로 주변 강대국들에게 자주 침략을 당했으며 부패했다. 형제간의 권력다툼에서 동생인 '언'이 이기고 왕에 즉위한 후 잔인무도한 폭정을 펼쳤다. 고대 중국의 최대 폭군으로 유명한 하나라(중국 최초의 국가)의 걸왕에 빗대어 '송나라의 걸왕'이라는 뜻의 '걸송'이라고 불릴 정도였다.

▲ 출처: https://goo.gl/DT1AFD

장자는 젊은 시절 옻나무를 관리하는 하급 관리를 지내기도 했으나 전쟁과 폭정으로 얼룩진 약소국에서 지식인으로서 뜻을 펼칠 수도 없었고 장수가 될 수도 없었다. 이후로 평생을 벼슬길에 오르지 않고 자연의 섭리에 순응하며 가난하지만 유유자적한 생활을 했다. 그렇다고 깊은 산속에서 산 것이 아니라 백성들과 함께 살면서 우화를 통하여 힘없는 백성들을 위로하고 통치자들을 풍자하고 비판했다. 장자는 진나라에 사신으로 갔다가 수레 백 대를 받아와 자랑하는 '조상'에게 독설을 날린다.

"듣자 하니 진나라 왕에게 온갖 병이 있다더군. 천하의 명의들이 가서 치료해 준다면서? 종기를 치료해 주는 사람에게는 수레 한 대를 상으로 내리고 치질을 핥아주는 사람에게는 다섯 대를 준다던데. 치료 부위가 아래로 내려 갈수록 마차는 더 많아진다는 이야기지. 자네도 진나라 왕의 치질을 빨아주고 오지 않았나? 그렇지 않고서야 어떻게 그렇게 많은 수레를 받아올 수 있었겠나?"

장자는 통치자들에 대한 비판뿐만 아니라 상수리나무 우화를 통해 '쓸모없음의 쓸모'에 대해 이야기하며 힘없고 고통받는 백성들을 위로했다. 석씨 성을 가진 목수가 그늘 아래 수천 마리 소가 더위를 식힐 수 있을 만큼 거대한 상수리나무 곁을 지나며 눈길 한 번 줄 뿐 그냥 지나치자 제자가 이유를 물었다.

"아무짝에도 쓸모없는 나무다. 배를 만들면 이내 가라앉고 관을 짜면 곧 썩어 문드러지며 어떤 물건을 만들든 금세 부러진다. 그러니 어찌 좋은 나무라 하겠느냐?"

그날 밤, 석 목수의 꿈에 상수리나무가 나와 말했다.

"너는 내가 아무 쓸모도 없는 나무라고 했지만, 만약 쓸모가 있었다면 이렇게 크게 자랄 수 있었겠느냐? 과일나무를 한번 봐라. 탐스러운 과일이 주렁주렁 열리면 입을 모아 칭찬해 마지않지. 그러나 열매는 익기가 무섭게 따버린다. 과일 나무는 쓸모가 있기에 자기 자신을 해치고 천수를 누리지 못한 채 일찍 죽음을 맞는 것이다. 나는 아무

쓸모가 없기에 오랜 세월 나 자신을 안전하게 보호할 수 있었다. 이것이야말로 나에게는 큰 쓸모가 아니냐?"

장자는 세상이 나에게 쓸모없는 존재라고 이야기할지라도, 나 자신은 쓸모 있는 존재라며 위로한다. 그는 힘없는 백성의 편에 선 위로자다. 오늘날 많은 사람들이 장자를 찾는 것은 무한 경쟁시대의 힘들고 지친 우리에게 위로와 용기를 주며, 어떻게 사는 것이 행복인지를 일깨워 주기 때문이다. 또한 장자는 생각과 행동의 틀을 깨라고 한다. 관점을 바꾸면 세상이 다르게 보이고, 그래야 자유롭게 노닐며 삶을 즐길 수 있다.

장자는 평생을 매우 가난하게 살았다. 장자는 짚신을 엮으며 살았으며, 비쩍 마른 목에 얼굴은 누렇게 떴다. 또 먹을 것이 떨어져 식량을 빌리러 갈 만큼 가난했다. 그럼에도 장자는 고달프다고 생각하지 않았다.

어느 날 장자는 위나라 혜왕을 만났다. 누더기를 걸치고 신발도 없어 새끼줄로 발을 동여맨 장자를 보고 위나라 왕이 물었다.

"선생께서는 왜 그리 고달프게 사십니까?"

그러자 장자가 대답했다.

"이것은 가난한 모습이지 고달픈 것은 아닙니다. 책 읽는 사람이 도덕과 이상을 가지고도 실행할 수 없을 때 진정 고달픈 것입니다."

자유롭게 이리저리 거닐며 노닐다

장자는 가난에 찌든 삶을 살았지만 재물이나 명성을 구하지 않았다. 오히려 명예와 부를 싫어했고, 자유로운 삶을 추구했다. 그의 삶의 자세를 볼 수 있는 글이 「추수」편에 나온다.

> 장자가 복수 강가에서 낚시하고 있는데 초나라 왕이 대부 두 사람을 보내 왕의 뜻을 전했다.
>
> "부디 나라 안의 일을 맡아 주십시오."
>
> 장자는 낚싯대를 쥔 채 돌아보지도 않고 말했다.
>
> "내가 듣기에 초나라에는 신령한 거북이 있는데 죽은 지 3천 년이나 되었다고 하더군요. 왕께서는 그것을 헝겊에 싸서 종묘에 소중히 간직하고 있다지만, 그 거북은 죽어서 뼈를 남긴 채 소중하게 받들어지기를 바랐을까요? 아니면 살아서 진흙 속에 꼬리를 끌며 다니기를 바랐을까요?"
>
> "그야 당연히 살아서 진흙탕에 꼬리를 끌고 다니길 바라지요."
>
> "그렇소. 어서 돌아가시오. 진흙탕에 꼬리를 끌고 다니면서 살게 나를 내버려 두시오."

장자는 재상이 되어 부와 명예를 얻는 것을 허울뿐인 껍데기로 보았다. 당시의 약육강식 상황에서는 장자는 군주를 평화롭게 살고자 하는 백성을 괴롭히는 악으로 보았고, 그런 군주 밑에서 재상이 되어 모은 부와 명예는 죽음과 같은 공허한 것으로 보았다. 몸은 진흙탕에 살지언정 마음은 자유롭게 소요하며 즐기길 원했던 것이다.

그렇다면 장자가 생각하는 자유는 무엇일까? 그의 정신은 하늘을 날면서 자유롭게 사유하였으며, 몸은 편안하고 한가롭게 노닐었다. 『장자』 첫 번째 편인 「소요유」편의 뜻이 바로 '자유롭게 이리저리 슬슬 거닐며 노닐다'라는 뜻이다. 장자는 자연의 크나큰 품에서 자유를 누릴 때 비로소 참다운 행복을 느낀다고 했다. 「소요유」에 나오는 상상의 동물 '곤'과 '붕'에 대한 이야기를 보자.

> 북녘 바다에 물고기가 있으니 그 이름은 '곤'이라고 한다. 곤의 크기는 몇천 리가 되는지 알 수 없다. 어느 날 이 물고기가 변신을 하여 새가 되니 그 이름을 '붕'이라고 한다.

자유로운 영혼의 소유자, 장자

이 붕새의 등 또한 몇천 리가 되는지 알 수 없다. 온몸의 힘을 다해 날면 그 활짝 편 날개는 하늘 한쪽에 가득히 드리운 구름과 같다. 이 새는 바다가 움직이면 남쪽 끝의 바다로 날아간다. 붕이 남쪽 바다로 날아갈 때에는 그 큰 날개로 바다의 수면을 3천 리나 치고서 회오리바람을 타고서 9만 리 꼭대기까지 올라간다. 그리하여 여기 북쪽 바다 상공을 떠나서 6개월을 계속 난 뒤에 비로소 한 번 크게 숨을 내쉬는 것이다.▲

장자는 이 우화를 통해 대자연을 향해 날아가기를 원했다. 세속적 성공에서 벗어나 기존의 틀에 얽매이지 않고 자연의 순리에 따라 자유롭게 사유하고자 했던 것이다. 붕새가 회오리바람을 만나야 9만 리 꼭대기까지 올라갈 수 있는 것처럼, 자연의 섭리에 순응하며 원대한 꿈을 꾸라는 충고인 것이다.

그림 2 백범 김구 선생이 민족통일을 염원하며 쓴 붕정만리.

장자는 자연에 순응하는 삶을 강조하며, 자연의 흐름에 역행하여 인위적으로 살지 말라고 한다. 이것이 소위 도가 사상의 핵심인 '무위사상'이다. '무위無爲'는 글자 그대로 보면 소극적인 것이다. 그러나 무위사상은 아무 것도 하지 말라는 뜻이 아니다. '유위'의 결과물이 자연의 섭리에 역행할 경우, 그런 '유위'를 하지 마라는 의미에서의 '무위'다. 장자는 통치자의 자연에 역행하는 잘못된 정치를 반대한 것이다.

그래서 장자는 "오리의 다리가 짧다고 하여 길게 늘여주려 하면 근심하고, 학의 다리가 길다고 하여 잘라주려 하면 슬퍼한다. 무릇 긴 것을 억지로 짧

▲ 이 우화에 나온 '붕정만리(鵬程萬里)'는 붕새가 만 리를 날아간다는 뜻으로 머나먼 노정이나 앞길을 의미한다.

게 해서는 안 되고, 짧다고 해서 억지로 길게 해서도 안 된다."라고 했다. 오리와 학의 다리를 인위적으로 자르거나 늘린다면 이는 그들의 본성에 맞지 않을 뿐만 아니라 생명까지 앗아 갈 수 있다.

기술을 넘어 도의 경지에 이르다

장자가 '무위'를 강조했지만 자연의 섭리를 따르는 '유위'는 적극적으로 강조했다. 그래서 『장자』에는 주변 생활 속에서 볼 수 있는 소위 '달인'에 대한 이야기가 많이 등장한다. 도의 경지에 이른 백정이나 활쏘기의 달인도 등장하고 심지어는 서 있는 모습만으로도 다른 닭들을 압도하는 싸움닭도 등장한다. 문혜군이 포정이 소 잡는 모습을 보고 감탄하여 "어찌하면 기술이 이런 경지에 이를 수 있단 말인가?"하며 묻자 포정이 이렇게 대답했다.

> 제가 귀하게 여기는 것은 기술이 아니라 도입니다. 제가 처음 소를 잡을 때만 해도 소의 모습만 보였습니다. 3년이 지나자 비로소 소의 온 모습이 눈에 보이지 않게 되었습니다. 지금은 오직 마음으로 소를 대할 뿐 눈으로는 보지 않습니다. 눈의 작용이 멎으니 마음이 가는 대로 움직입니다. 소의 본래 모습과 결에 따라 뼈와 뼈 사이의 큰 틈새에 칼을 찌르고 빈 곳에서 움직이니 힘줄이나 질긴 근육에 닿거나 큰 뼈에 부딪히는 일 없이 힘들이지 않고 자를 수 있습니다. 솜씨 좋은 백정은 일 년에 한 번씩 칼을 바꿉니다. 힘줄과 살을 자르기 때문입니다. 보통 백정은 한 달에 한 번씩 칼을 바꿉니다. 뼈를 자르기 때문입니다. 제 칼은 19년 동안 수많은 소를 잡았지만 칼날이 방금 숫돌에 간 것 같습니다.▲

포정이 달인이 된 비결은 소의 본래의 모습과 결을 따라 자르기 때문이다.

▲ '포정해우(庖丁解牛)'의 고사로 신기에 가까운 솜씨를 비유할 때 사용한다.

달인이 되고자 하는 자는 기술뿐만 아니라 상대방을 완전히 이해하고 자연의 섭리와 마음의 도에 맞게 기술을 사용해야 함을 장자는 알려주고 있다.

장자는 임종을 앞두고 제자들이 성대하게 장례를 치르자고 의논하자, 관에 묻지 말고 그냥 땅에 버려두라고 말했다. 장자와 나비가 하나였듯이 삶과 죽음은 하나이고 죽음은 자연스러운 변화이기 때문이다. 그는 죽음 앞에서도 일관된 삶의 자세를 보여 주었다.

> "나는 하늘과 땅을 속관과 겉관으로, 해와 달을 한 쌍의 옥으로, 별들을 구슬로, 만물을 장례 예물로 삼을 것이다. 내 장례를 위해 이처럼 모든 것이 갖추어져 모자라는 것이 없거늘 이에 무엇을 더 한다는 말인가?"

장자는 노자의 사상을 계승하여 '도가'를 완성함으로써 후세 사람들은 이를 '노장사상老莊思想'이라고도 한다. 그의 사상은 중국 불교 특히 '선종'에 많은 영향을 주었다. 그리고 장자의 문장은 힘차고 자유분방하며 그의 사상은 깊고 넓다. 장자가 즐겨 사용하는 우화의 상상력과 비유는 기발하고 재미있으면서도 의미심장하다. 철학이나 사상을 우화로 설명한 사람은 장자가 유일할 것이다.

장자의 비유가 잘 들어나는 일화가 있다. 장자가 식량이 떨어져 감하우에게 식량을 빌리러 갔다. 감하후는 세금을 걷어 300금을 주겠다고 했다. 그러자 장자는 그 자리에서 동해물을 관리하는 작은 붕어가 물 한 바가지를 간절히 구하는 상황을 예로 들며 감하후를 우회적으로 비난한다. 참으로 기발한 비유다.

21세기에 들어서면서 화려하게 부활한 장자지만, 그에 대한 평가는 다양했다. 장자는 동시대 사람인 맹자처럼 유명세를 떨친 인물이 아니었으며, 『장자』 책도 많이 알려지지 않았다. 위진 시대 이후 『장자』가 유명해졌으나, 유가를 정치이념으로 삼은 송, 명 이후 중국이나 조선에서 장자에 대한 평가는 좋지 않았다. 조선 시대에 '노장사상'을 인용하거나 글로 표현하는 것을 금기시할 정도였다. 그러나 유학자 중에도 장자를 좋아하는 사람도 많았다. 남송시대의 사상가인 '섭적葉適'은 자신의 문집에서 장자를 이렇게 평했다.

> 장주의 책이 나온 후부터 세상에서 기뻐하며 좋아하던 자들이 네 종류 있었다. 문장을 좋아하는 자들은 그 언사를 밑천으로 삼았고, 도를 추구하는 자들은 그 오묘함에 뜻을 두었으며, 세속에 몸을 담은 자들은 그 얽매임을 놓았고, 간사함을 좋아하던 자들은 그 욕심을 억제했다.

사마천은 「노자한비 열전」에서 장자를 간략히 언급하고 있다. 사마천 시대에는 장자가 그렇게 유명하지 않았기에 사실만 간략히 기록했다. 공자와 유가사상을 대놓고 공격한 장자에 대해서 사마천은 그렇게 호의적이지 않았다. 공자를 제후들의 기록인 「세가」에 기록할 만큼 그를 높이 평가했던 사마천이기에 당연했으리라. 「노자한비열전」 중 장자에 대한 평을 보자.

> 장자는 문장력이 뛰어나고 세상사에 합당하게 비유를 잘 들어 유가와 묵가를 공격했으니 비록 당대의 대학자라고 하더라도 그의 공격을 피할 길이 없었다. 그의 언사는 거센 물결과 같이 자유분방하고 자기 마음대로였으므로, 귀족들로부터는 훌륭한 인재로 평가받지 못했다.

창조, 자유, 무소유의 '버닝맨' 축제

미국 네바다주의 블랙 락Black Rock 사막에서는 매년 8월이면 '버닝맨Burning Man' 축제가 열린다. 1986년부터 시작한 이 축제는 예술가, 음악가, 엔지니어 등 수많은 분야의 개성 강한 사람들이나 괴짜들이 참여하는데, 특히 실리콘밸리의 IT 종사자들이 많이 참여한다. 8일간 열리는 축제에 사막 한가운데 새로운 도시가 생겨나는데 이를 '블랙 락 시티'라 부른다. 이 기간 동안 수많은 사람들 머릿속에 들어있던 창의성과 자유로운 생각을 맘껏 펼치며 엄청난 수의 건물과 설치물을 세운 후 행사가 끝날 쯤에는 모든 것을 부수고 태워 깨끗이 없애 버린다. 특히 마지막 날 밤에는 커다란 인간 모형의 구조물을 불태우며 대규모 캠프파이어를 가지며 대미를 장식한다. 창조적 파괴를 통해 더 나은 창조를 기대하는 것이다. 장자의 '비움'이다.

그림 3 버닝맨 축제 마지막 날 사람 형상의 구조물을 불태우는 장면.▲

버닝맨 축제에서는 새로운 세상을 만든 사람들과 경험을 공유하고 자유롭게 토론하며 즐기면서 자연스럽게 커뮤니티가 형성된다. 이러한 개방과 공유, 창조와 혁신은 실리콘밸리의 문화와도 그 맥이 닿아 있다.

구글도 이 버닝맨 축제와 밀접한 관계가 있다. 구글의 창업자인 래리 페이지와 세르게이 브린도 매년 이 축제에 참가했으며, 이 축제에서 많은 사업 영감을 얻었다. 또 구글의 로고인 '구글 두들Doodle'도 래리 페이지와 세르게이 브린이 이 축제에 참가하기 위해 홈페이지 고객에게 자신들의 축제 참가

▲ 출처: By Aaron Logan, CC BY 2.0, https://goo.gl/ZdiJwH

사실을 알리기 위해 맨 처음 만든 것이었다. 2001년 구글이 새로운 CEO를 뽑을 때, 에릭 슈미트도 이 축제에 매년 참가했다는 사실이 에릭 슈미트를 CEO로 결정하는 데 많은 영향을 끼쳤다고 한다.

그림 4 1998년의 버닝맨 축제 참가 사실을 알린 최초의 구글 두들.▲

버닝맨은 창조, 자유, 무소유를 모토로 하는 축제다. 이 축제는 장자의 사상과도 맥을 같이 하고 있다. 이러한 문화적 토대 위에서 구글과 같은 기업들이 성장할 수 있었으며, 자유로운 기업문화와 창조적 사업모델을 갖춘 수많은 스타트업 기업들이 탄생하였다.

IT인에게 '장자적 삶'이란?

필자는 IT인으로서의 '장자적 삶'을 '자연과 인간의 순리에 따라 자유롭게 사고하며, 자신의 분야에서 기술을 넘어 도의 경지에 이르는 삶'으로 해석한다. 장자적 삶은 삶에 지쳐서 도망가 자연을 벗 삼아 사는 삶이 아니다. "욕심을 버리고 빈 배로 인생의 강을 건너라"는 장자의 말처럼, 전쟁 같은 개발 업무에 지친 우리에게 장자적 삶이 안식을 주는 것은 사실이나, 거기에만 머물러서는 안 된다. 마음의 휴식을 취한 후 힘을 얻어 자신이 좋아하는 일을 찾아 즐기듯 실력을 쌓으며 자유롭게 소요하는 삶이 진정한 장자적 삶이다.

▲ 출처: http://goo.gl/6kP52l

IT 분야에서 일하는 사람들, 특히 IT 제품과 서비스 관련 사업자나 기획자에게는 기술이 중요한 것이 아니라 기술에 자연과 문화, 사람의 감성을 덧붙여 새로운 IT 세상을 열 수 있는 통찰력이 중요하다. 그러기 위해서는 장자가 추구한 자유롭게 상상하고 노닐며, 자연과 인간에 대한 이해와 창조적 활동이 필요하다. 틀에 박힌 사고에서 어떻게 창의성이 나오고 차별화된 제품이나 서비스가 나오겠는가?

포정이 소 잡는 일을 도의 경지까지 승화시킨 것처럼 개발자는 자신의 실력을 극대화시켜야 한다. 프로그램을 뚝딱 개발해내는 기술적 스킬에 대한 이야기를 하는 것이 아니다. 알고리즘에 자신의 혼을 담아야 하고 사용자의 마음에 감동을 불어넣을 수 있어야 한다는 의미다. 개발자라면 한두 번쯤은 스스로의 의지로 밤새워 알고리즘을 고민하고 먼동이 틀 때쯤 두 팔 벌려 환호성을 지른 경험을 했을 것이다. 그때의 마음을 회복해야 한다.

애플의 아이폰이 글로벌 열풍을 일으킨 데는 빠른 터치 반응과 부드러운 화면 전환이나 스크롤링 같은 UX에 사용자들이 열광했기 때문이다. 하드웨어가 차별화되지 않는 상태에서 스티브 잡스의 감성 철학을 반영시키기 위하여 아이폰에 최적화된 알고리즘을 개발함으로써 만족을 넘어 감동을 줄 수 있었다.

'개발자는 값싸다'라는 인식이 점차 깨지고 있다. 구글, 애플 등 창조적 IT 선도기업들이 포정과 같은 개발자들을 등에 업고 스마트 세상을 지배하자 IT 인력에 대한 관심과 대우가 달라지고 있다. 이제 창조적 아이디어와 혁신적 마인드를 갖춘 IT 기획자와 전문화된 개발자가 결합되어 새로운 비즈니스를 창출할 수 있는 기회가 있다. 작은 업체에나 대기업에 종사하는 IT인, 또 스타트업을 꿈꾸거나 이미 창업한 IT인 모두에게 장자는 말한다.

"아무리 작은 것도 만들지 않으면 얻을 수 없고, 아무리 총명해도 배우지 않으면 깨닫지 못한다. 노력과 배움 없이는 인생을 밝힐 수 없다."

IT인으로서 매일 야근하는 삶이 고달픈가? 비전이 없어 무기력하게 살고 있는가? 돈을 벌기위해 하기 싫은 일을 억지로 하며 남은 생을 살아갈 것인가? 이제 내 안의 잠자는 장자를 깨울 때다. 장자는 또한 말한다. 스스로가 선택한 자신만의 삶을 살라고.

"길은 걸어가면 만들어진다."

참고자료

1. 장자 평전(2002), 왕꾸어뚱 저, 신주리 번역, 서울: 미다스북스.
2. 동양의 고전을 읽는다 2 (2006), 김시천 외 17인, 서울: 휴머니스트.
3. 장자심득, 위단. 장자 멘토링(2008), 김갑수 번역, 서울: 삼성출판사.
4. 거의 모든 IT의 역사(2010), 정지훈, 서울: 메디치미디어.

스타트업 성공방정식, 린 스타트업
치욕을 딛고 역사에 우뚝 선 사마천

> 부끄러움 중에서 궁형을 받는 것보다 더 심한 것이 없습니다. (중략) 무슨 면목으로 다시 부모님 묘소를 참배할 수 있겠습니까? 하루에도 아홉 번 오장육부가 뒤틀리고 가만히 집에 앉아 있으면 멍하니 무엇인가를 잊은 듯 어처구니가 없고 자꾸만 부끄러워져 언제나 등골에 땀이 흘러 옷을 적십니다.

사마천司馬遷이 친구 임안에게 보낸 편지에 궁형을 받은 자신의 참담한 심경을 표현한 글이다.

사마천은 지금으로부터 2100년 전 『사기』를 저술한 위대한 역사가다. 관료로서 평탄한 삶을 살던 사마천은 49세 때 '궁형'이라는 끔찍한 형벌을 받았다. 궁형은 생식기를 거세하는 형벌로 중국의 10대 혹형에 속하며 명예를 소중히 여기는 선비들에게는 정신적 고통까지 수반하는 죽음보다 더 치욕적인 형벌이었다.

그림 1 사마천의 초상. 궁형을 당해 수염이 없다.

사마천이 궁형을 받은 사연은 이렇다. 한무제(한나라의 전성기를 이끌었던 황제)의 대외정벌 정책으로 인하여 흉노족 토벌에 나섰던 '이릉' 장군이 흉노에 투항했다. 그 소식을 들은 한무제는 진노하여 이릉 일족을 죽이고자 했다. 이때 사마천은 "5천의 군사로 3만의 흉노의 기병을 당한다는 것은 누가 보아도 무리입니다. 그가 항복한 것은 중과부적으로 거짓 항복한 것이며 불가피한 상황이었을 것입니다."라며 이릉을 변호했다. 그러면서 한나라군의 작전 실패라는 점을 지적했다. 이릉이 뛰어난 선비임을 알았기에 충언을 했지만 사마천은 황제를 비판했다 하여 감옥에 갇히고 말았다.

상황은 더 안 좋아져 이릉이 흉노에게 병법을 가르치고 있다는 소문이 돌았다. 나중에 헛소문인 것이 밝혀졌지만 이릉의 가족이 몰살당하고 사마천에게도 사형이 내려졌다. 당시 한나라 법에는 사형에 해당하는 죄를 범한 자라도 사형 대신 50만 전을 지불하거나 궁형을 선택할 수 있었다. 사마천은 꼭 살아야만 하는 간절한 이유가 있었고 50만 전을 구할 수도 없었기에 치욕적인 궁형을 선택했던 것이다.

▲ 출처: https://goo.gl/uqVvgZ

궁형의 치욕을 이기고 『사기』를 완성하다

사마천의 생애에 가장 큰 영향을 끼친 사람은 바로 그의 아버지 사마담^{司馬談}이다. 사마담은 문서나 기록을 정리 보존하는 태사령(오늘날 국립도서관장 정도의 벼슬)이었다. 사마천이 3000년간의 중국 역사를 사실적으로 생생하게 기록할 수 있었던 것은 그의 아버지 사마담이 있었기 때문에 가능했다.

사마담은 역사서를 쓰겠다는 원대한 꿈을 꾸었다. 사마담의 집안이 대대로 사관을 지낸 데다가 공자가 쓴 『춘추』 외에는 그렇다 할 역사서가 없었기 때문이었다. 사마담은 중국 각지에 흩어진 옛 기록을 수집하고 정리하는 한편 사마천을 훈련시키고 그에게 소명의식을 심어 주었다. 열 살이 된 사마천에게 역사가가 되는 데 필요한 문헌과 기록을 읽는 훈련을 시켰으며, 『춘추』를 비롯한 고전들을 외우도록 했다.

또 역사를 쓰기 위해서는 역사 현장을 직접 가서 보는 것이 중요하다고 판단하여 사마담은 아들 사마천이 20세 때 중국 전역을 여행하고 자료를 수집하도록 시켰다. 목숨이 위험했던 적도 있을 만큼 모진 여정이었지만 중국 전역을 발로 답사한 3년 남짓한 여행 덕분에 사마천은 역사가로서의 자질을 갖춘 인물로 성장했다. 아버지 사마담은 사마천의 멘토이자 정신적 지주였다. 맹자에게 맹자 어머니가 있었다면 사마천에겐 맹모 못지않은 사마담이 있었다.

사마담은 가장 큰 국가 행사인 봉선제에 참석하지 못한 것을 한탄하여 병이 나 결국 죽음에 이르는데, 사마담은 사마천에게 탄식하며 유언을 남긴다.

> "내가 죽거든 너는 반드시 태사가 돼라. 태사가 되거든 내가 논하여 저술하려 했던 바를 잊지 말아라. 공자가 『춘추』를 저술한 지 500년이나 되었으나 사관의 기록들은 내버려지고 끊어졌다. 수많은 현군, 충신과 정의로운 선비들이 있었으나 내가 태사가

돼서 이들의 기록을 남기지 못해 천하의 역사를 폐기해 버렸구나. 아! 나는 이것이 두렵구나."

이에 사마천은 아버지 손을 붙잡고 맹세했다.

"저는 비록 재주가 없는 몸이지만, 대대로 전해져 온 역사 기록을 모두 논술해 빠뜨리는 것이 없도록 노력하겠습니다."

이렇게 해서 역사 편찬의 집념은 사마담에게서 아들 사마천에게 넘어갔다. 대를 잇는 소명의식이었다. 이때 사마천의 나이 35세였다.

아버지가 세상을 떠난 지 3년 만에 사마천은 아버지 유언에 따라 태사령이 됐다. 사마천은 태사령이 된 이후 본격적으로 『태사공서太史公書』 집필을 시작했다. 『태사공서』가 오늘날 『사기』다. 그러던 중 사마천이 앞에서 기술한 '이릉의 화'를 입고 49세의 나이로 자신의 생식기를 잘리는 궁형을 당했다.

사마천은 궁형을 당한지 1년 뒤에 풀려나 환관이 됐으며, 황제의 신임을 회복해 환관의 최고직인 중서령이 되었다. 사마천은 황제의 곁에서 문서를 다루는 일을 했지만, 관료들의 갖은 멸시를 받았으며 저술하는 작업도 자유롭게 할 수 없었다. 이러한 어려움 속에서도 사마천은 마침내 총 130권의 『사기』를 완성했다. 그의 나이 56세 무렵이다. 치욕과 멸시 속에서도 아버지 유언을 받든 지 20여 년간의 대장정이었다.

태산보다 무거운 죽음

사마천이 사기를 완성할 무렵, 그의 친구 임안이라는 장수가 황제와 태자 간의 '무고의 난'에 연루되어 사형을 선고받자 그에게 편지를 썼는데 바로 『보임안서』다. 『보임안서』를 통해 『사기』에는 나와 있지 않은 사마천의 가슴속 깊은 내면을 들여다볼 수 있다. 그 편지에는 자신의 참담한 심정을 절절히 표현하고 있다. 바로 서두에 썼던 그 구절이다. 또 죽지 않고 궁형을 선택한 것과 『사기』를 기록하는 이유에 대해서도 기술하고 있다.

> 내가 형벌을 받아 죽임을 당한다 하더라도 그것은 한낱 아홉 마리 소에서 털 하나 없어지는 것▲과 마찬가지일 뿐이니, 나와 같은 존재는 땅강아지나 개미 같은 미물과 무엇이 다르겠습니까? 그리고 세상 사람들 또한 내가 죽는다 할지라도 절개를 위해 죽는다고 생각하기는커녕 오직 나쁜 말을 하다가 큰 죄를 지어 어리석게 죽었다고 여길 것입니다. (중략) 그렇지만 고통을 견디고 구차하게 목숨을 부지한 채 더러운 치욕을 마다하지 않은 까닭은 마음속에 맹세한 것을 완성하지 못함이 원통해서이고, 이대로 죽으면 내 문장이 후세에 전해지지 못하게 될 것을 애석하게 여기기 때문입니다. (중략) 사람은 누구나 한 번 죽지만 어떤 죽음은 태산보다 무겁고, 어떤 죽음은 깃털보다 가볍습니다. 이는 죽는 방법이 다르기 때문입니다.

'구우일모' 같은 죽음이란 얼마나 보잘것없는 죽음인가? 사마천은 같은 죽음이라 하더라도 태산보다 무거운 죽음을 선택하고자 했다. 이미 만신창이가 된 육신이지만 역사서를 쓰겠다는 소명의식과 후세에 전하고자 하는 결심으로 궁형의 치욕을 견뎌냈다.

> 주문왕은 유리에 갇혀서 『주역』을 지었고 공자는 재난을 당하고서 『춘추』를 지었습니다. 또 좌구명은 시력을 잃고서 『국어』를 편찬했고, 손자는 발을 잘리는 형을 받고서 『손자병법』을 논술했습니다. 여불위는 촉에 유배되어 『여씨춘추』를 지었습니다. 이들은 모두 가슴속에 맺힌 바가 있어 하고자 하는 바를 이룰 수 없었기에 지나간 일을 서술하여 후세 사람들이 자신의 뜻을 알아줄 것을 생각했던 것입니다.

사마천도 자신의 글이 알려진다면 치욕을 보상받고 만 번이나 죽임을 당해도 후회가 없을 것이라고 말했다. 이런 간절함으로 사마천은 생을 마감하

▲ 구우일모(九牛一毛). 매우 많은 것 가운데 극히 적은 수를 이르는 말이다.

는 순간까지 오로지 역사 편찬에만 몰두해 『사기』라는 위대한 인류 문화유산을 남기고 결국 태산보다 무거운 죽음을 맞이했다. 사마천의 죽음에 관한 기록은 없다. 단지 야사에 사마천이 결국 사형을 당했다고 전해질 뿐이다.

중국 CCTV에서 방영한 '한무대제'의 첫 장면에서 말년의 한무제가 사마천에게 한 말은 사마천이 다시 큰 고초를 겪었다는 야사를 기초로 하였다.

> "짐은 네가 쓴 책을 보았다. 너는 내가 너를 죽이길 원하겠지? 천추만대가 모두 너의 충성과 절개를 찬양하고, 짐을 폭군이라 욕하게끔 말이다. 어떤 이들은 짐에게 너의 책을 태워 버리라고 말했지만 짐은 그럴 필요 없다고 말했다. 짐이 너의 책을 국가의 정사로 삼을 수는 없지만 한 사관의 말로 남길 것이다."

역사가의 빼어난 노래, 『사기』

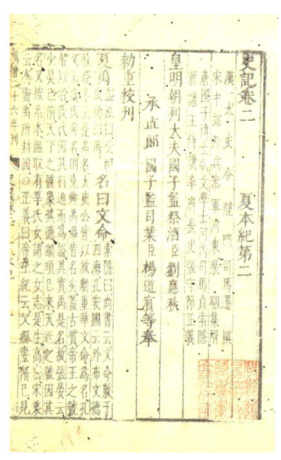

그림 2 총 130권으로 이루어진 방대한 역사서 『사기』▲

『사기』는 총 130권, 52만 6,500자로 이루어져 진 방대한 역사서다. 그 체제는 황제 또는 지배 왕조의 일을 연대순으로 기록한 「본기」 12권, 제후 왕들과 그에 준한 인물들의 역사와 전기를 다룬 「세가」 30권, 주목할 만한 개인이나 집단, 주변 나라를 다룬 「열전」 70권, 연표와 월표를 보여 주는 「표」 10권, 문화, 제도, 경제, 제사 등을 다룬 「서」 8권이다.

시대적으로는 전설상에 전해지는 요순시대부터 사마천이 살았던 한무제의 시대까지 무려

▲ 출처: https://goo.gl/BjSBGZ

3000여 년에 달하는 시대를 다룬 역사서다. 또한 주나라 멸망 후 수 많은 인물들 중심으로 흥망성쇠를 다룬 인물 중심의 통사이기도 하다. 이러한 이유로 『사기』는 개개인의 삶을 통해 인간의 본질에 대해 끊임없이 파헤친 인간학의 총서로 불리기도 한다.

우리가 잘 알고 있는 항우나 유방 같은 걸출한 영웅뿐만 아니라 이름 없는 자객이나 상인, 일반 서민, 오랑캐도 『사기』에서는 주인공으로 등장한다. 그러기에 더욱 풍성한 삶의 면면을 들여다볼 수 있다.

『사기』에 등장하는 600여 개의 사자성어는 우리가 어렸을 적부터 많이 듣고, 쓰고, 말할 만큼 우리의 삶 자체에 녹아 있다. 한마디로 『사기』는 살아있는 역사 그 자체라 할 수 있다.

단지 양만 많았다면 『사기』가 중국을 넘어 아시아까지 큰 영향을 끼치지는 못했을 것이다. 사마천의 문장은 현장감이 넘치고 구체적이다. 사마천은 가까이는 황하가 펼치는 중원지역, 멀리는 양쯔강의 상류 지방까지 중국 전역을 여행했다. 여행을 통해 중국 곳곳의 풍속과 이야기를 수집하여 고증하는 것은 물론 천하를 조감하고 자신의 안목을 넓혔다. 또한 경험한 만큼 그의 사유는 넓어졌고 인간에 대한 고찰은 깊어졌다.

이렇듯 현장 중심의 고증과 사유와 고찰을 자신의 글에 녹여낸 결과 그의 문장은 살아있고 인간에 대한 통찰이 넘쳐난다. 철저한 현장 고증을 통한 생생한 기록과 사마천의 피나는 노력의 결과가 『사기』를 오늘날 중국을 넘어 세계의 최고 역사서 중 하나로 만든 것이다.

"임금은 임금다워야 하고 신하는 신하다워야 하며 부모는 부모다워야 하고 자식은 자식다워야 한다." 공자가 나라를 다스리는 도리에 대해 한 말이다. 사마천은 공자의 가르침에 따라 간언했지만 궁형을 당했다. 그에게 궁형은 일생일대의 치욕이자 분노였다. 그러한 고난을 극복하고 3000년에 이르는 방대한 역사와 인물을 간결하면서도 생생하게 부활시킴으로써 사마천은 오늘날 '중국 역사학의 아버지'로 불린다. '역사의 아버지'라는 고대 그리스의 헤로도토스에 비견할 만하다. 그러나 헤로도토스의 『역사』는 단지 9권으로 이루어진 페르시아 전쟁사만 다루고 있는 역사서다. 분량과 기간에서 사마천의 『사기』가 헤로도토스의 『역사』를 압도하고도 남는다. 재미와 교훈 측면에서도 그렇다.

『아큐정전』을 쓴 중국의 문학가 겸 사상가인 루쉰은 사마천의 『사기』를 "역사가의 빼어난 노래요, 운율 없는 이소(전국시대 대시인 굴원의 시)"라고 찬사를 보냈다.

스타트업 전성시대

사마천은 중국 최초의 스타트업^{Startup}이자 성공한 1인 기업가다. 아무도 시도하지 않던 3000여 년의 역사를 130권에 담아냈다. 태사령이었고 황제의 측근인 환관이었지만 황제나 국가기관의 지원을 받지 않고 오직 혼자의 힘으로 저작을 남겼다. 그럼에도 기록의 정통성과 사실성을 인정받아 중국 정사 24사의 으뜸이자 인류의 소중한 자산이 됐다.

지금은 바야흐로 스타트업 전성시대다. 스타트업은 실리콘밸리에서 처음 생긴 용어로 설립한 지 오래되지 않은 신생 벤처기업을 의미한다. 네스트나 인스타그램 같은 스타트업 기업들이 조 단위의 M&A를 성사시키면서 소위 대박을 터뜨리자 세계의 우수한 인재들이 실리콘밸리로 몰려가 창업에 동참하고 있는 것이다.

미국에서 시작된 스타트업 열풍이 우리나라까지 밀려오고 있다. 스타트업 관련 강연이나 서적들이 넘쳐나고, 네이버 같은 대기업도 스타트업 지원에 나서고 있는 상황이다. 정부나 지자체, 공공기관들도 스타트업 지원 정책을 내놓거나 콘퍼런스를 열며 저변 확대에 나서고 있다. 실제로 기술보증기금이 운영하는 벤처공시 시스템인 '벤처인'에 따르면 2015년 1월 말 기준 스타트업 수는 3만 개를 넘어서며 2009년도 대비 60% 정도 증가했다.

이런 열풍에도 스타트업이 우리나라에서는 물론이고 스타트업의 산실인 미국에서도 성공을 거두기는 여전히 어렵다. 미국 테네시대학 연구소에 따르면 IT 분야 스타트업의 4년 생존율은 37%에 불과하다. 성공률이 아니라 생존율이다. 어느 정도 성공의 기준으로 판단할 수 있는 벤처캐피탈 투자 유치율은 전체 스타트업의 1%가 안 된다. 우리나라는 이보다 낮으면 낮았지 더 높지는 않을 것이다.

상황이 이렇다 보니 스타트업 성공 방법론을 다룬 책들이 미국을 중심으로 많이 출간됐다. 그중에서 『린 스타트업』이라는 책이 가장 인기가 있다. 이 책은 『하버드비즈니스리뷰HBR, Harvard Business Review』의 '2011년 리더가 읽어야 할 책 Top 1'에 뽑히면서 세계적으로 유명세를 탔다.

여기서 '린Lean'이란 기름기를 쏙 뺀 상태를 의미한다. 이 책의 저자 에릭 리스Eric Ries는 린 스타트업을 극심한 불확실성 속에서 새로운 제품이나 서비스를 만들기 위해 군살을 빼 빠르게 움직이는 초기 단계의 조직이나 기업으로 정의한다. 에릭 리스는 도요타 자동차의 '린 제조'에서 린 스타트업이란 이름을 따 왔다. 린

그림 3 2011년 출간된 도서 『린 스타트업』 표지

제조는 도요타의 자동차 제조에 관한 혁신적이고 새로운 사고방식으로 여기에 에릭 리스 자신이 겪은 창업의 실패와 성공 경험을 잘 조합하고 발전시켜 린 스타트업 방법론을 만들어낸 것이다.

생각은 크게, 시작은 작게

사마천은 젊은 시절 3년여 간의 중국 전역 여행을 통해 다양한 기록을 수집하며 검증했다. 새로운 사실들도 많이 밝혀냈다. 그 결과 그의 기록은 생생하며 살아있다. 예를 들어 유방(한 고조)의 핵심 장군인 '한신'이 어렸을 적에 동네 깡패 다리 사이를 기어간 장면은 사마천이 한신의 고향에서 발굴한 내용이다.

도요타의 린 제조 방식 중 '겐치겐부쓰'가 있다. 직접 가서 보라는 의미다. 도요타 시에나 미니밴 2004년 신 모델 개발 과정에서 미국, 캐나다, 멕시코 전역으로 장거리 자동차 여행을 통해 실제 고객을 관찰하고 이야기 나누었다. 현장 소통을 통해 알아낸 사실은 '미니밴은 어린이의 마음에 들어야 한다'는 것이었다. 그렇게 만들어진 시에나 신 모델은 빅히트를 쳤다. 도요타 방식에 대해 글을 쓴 제프리 라이커는 다음과 같이 설명한다.

> 도요타 취재에서 도요타 방식을 여타 관리 방식과 구별하는 것이 무엇이냐는 질문에 어느 부서나 대부분 공통적인 첫 번째 대답은 '겐치겐부쓰'다. 직접 가서 보지 않으면 사업 문제의 어느 부분도 제대로 이해할 수 없다는 말이었다.

린 스타트업에서도 '겐치겐부쓰'를 강조한다. 아기는 왜 우는지 부모에게 직접 말해 주지 않는다. 고객도 마치 아기와 같다. 책상 앞에서 벗어나 현장에 가서 직접 보고 확인하지 않으면 고객이 무엇을 원하는지 제대로 알 수 없다.

최소 요건의 시제품을 빠른 시간에 만들어 고객의 반응을 파악한 후 다시 보완하는 제조, 측정, 학습의 피드백 순환을 빠르게 반복하며 개선하는 것이 스타트업의 성공요인이다. 그리고 고객 반응이 없는 경우 과감하고 신속한 방향 전환을 해야 한다. '생각은 크게, 시작은 작게(Think Big, Start Small)'가 린 스타트업의 요체다.

100세 시대에 극심한 불확실성에 노출된 우리 개개인의 삶도 스타트업이라 할 수 있다. 새로운 기술이 빠르게 출현하고 사라지는 IT인에게는 더욱 그렇다. '생각은 크게, 시작은 작게'가 IT인의 삶에도 유용하다. 비전은 하늘을 향해 크게 꿈꾸되 두 다리는 땅에 고정시키고 비전을 향해 조금씩 실행하고 점검하고, 필요하면 방향을 전환해 보자. 작은 실수들을 통해 삶을 튜닝하는 것이 안정적이고 더 실현 가능성이 높다. 이제 우리의 삶도 린을 적용해 보는 것은 어떨까?

"죽는 것은 어렵지 않다. 어찌 죽어야 할지, 그것이 어려울 뿐이다."

태산 같은 죽음을 선택했던 사마천이 자기 자신에게 그리고 우리에게 남긴 말이다.

참고자료

1. 사기 본기, 사마천 저. 완역 사기 본기 1 (2010), 김영수 번역, 서울: 알마.
2. 난세에 답하다 (2008), 김영수 저, 서울: 알마.
3. The Lean Startup (2011), 에릭 리스. 린 스타트업 (2012), 이창수/송우일 공역, 서울: 인사이트

인간을 구하라, 재난구조 로봇
자신을 알아주는 사람을 위해 죽다, 자객 열전

열 걸음에 한 사람을 해치우면서 천리를 가도 멈추질 않네. 일을 끝내면 훌훌 털어버린 후 몸과 이름을 깊이 감춘다. (중략) 협객은 죽어도 기개는 향기로우니 세상 영웅들에게 부끄러움 없어라.

중국 최고 시인인 이백▲의 '협객의 노래'라는 시다. 전국시대 4공자 중 한 명인 신릉군이 비천한 신분의 백정 주해와 문지기 후영을 등용해 진나라의 공격에서 조나라를 구해냈는데, 이 두 협객의 기개와 무예를 칭송한 시다.

'자객'이란 말을 들으면 우리는 암살, 복면, 비수, 잔인함 등의 부정적인 이

▲ 李白. 자는 태백(太白). 시선(詩仙)으로 불린다.

미지를 먼저 생각한다. 국어사전에는 '사람을 몰래 죽이는 일을 전문으로 하는 사람'이라고 되어 있다. 의로움이나 은혜와 같은 좋은 이미지는 거의 없다.

사마천은 춘추전국시대에 활약한 자객들에 대한 이야기를 모아 별도의 「열전」을 만들었다. 바로 『사기』의 「자객 열전」이다. 자신을 알아주는 사람을 위해 누군가의 목숨을 노리는 사람은 비록 자객이라 할지라도 협객으로 인정하며 그들을 역사에 남긴 것이다. 「자객 열전」에는 인상적인 활약을 펼친 5명의 자객들이 나온다.

당시에도 사적인 복수가 아니다 하더라도 자객을 이용해 다른 사람을 해치는 것은 법의 테두리 밖에 있었다. 그럼에도 사마천이 이들에 대한 기록을 남긴 것은 이들이 그냥 자객이 아니라 '의'를 아는 자객들이고 대의명분이나 은혜를 갚기 위해서 자신의 목숨을 아끼지 않았기 때문일 것이다. 양지에서 활약한 위대한 인물뿐만 아니라 음지의 사람들도 역사의 흐름을 바꾸는 중요한 역할을 할 수 있다는 것을 사마천은 역사에 기록해 후대에 전하고 싶었을 것이다.

예양, 자신을 알아주는 사람을 위해 죽다

예양豫讓은 진나라 사람으로 범씨와 중항씨를 섬겼으나 그들은 그를 평범한 선비로 대했다. 예양은 자신을 알아보지 못한 그들을 떠났는데, 그런 예양을 기개 있고 충직한 선비로 알아본 이가 있었다. 바로 진나라 네 명의 실력자 중 한 명인 지백智伯이었다. 지백은 예양을 매우 존중하고 총애해 높은 관직에 올려 주었고, 예양도 자신을 알아주는 지백에게 충성을 다했다.

그런데 진나라의 또 다른 실력자인 조양자가 왕권을 위협하자 지백은 조양자를 치려 했으나 조양자가 먼저 나머지 실력자인 한씨, 위씨와 연합하여 지백과 그의 후손을 모두 죽여 버린다. 지백을 몹시 싫어했던 조양자는 지백의 두개골에 옻칠을 하여 커다란 술잔으로 사용했다. 지백에게 충성을 다했던 예양은 쫓기는 몸이 되어 산속으로 달아나 탄식하며 유명한 말을 남긴다.

> "사나이는 자신을 알아주는 사람을 위해서 죽고, 여자는 자신을 사랑해 주는 사람을 위해서 화장한다. 지백이 나를 알아주었으니, 내 기필코 원수를 갚고 죽음으로써 지백에게 보답한다면, 내 혼백이 부끄럽지 아니할 것이다"

예양은 이름을 바꾸고 죄수로 변장해 조양자의 궁에 들어가 뒷간의 벽을 바르는 일을 했다. 그는 몸에 비수를 품고서 기회를 틈타 조양자를 찔러 죽이려고 했다. 어느 날 조양자가 뒷간에 갔다가 이상한 느낌이 들어 뒷간의 벽을 바르는 죄수를 잡아다 심문하니, 그가 다름 아닌 예양으로 몸속에 흉기를 지니고 있었다. 예양이 말하기를 "지백을 위해서 원수를 갚으려 했소!"라고 하니 좌우에 있던 자들이 그를 죽이려고 했다. 그러자 조양자가 그를 풀어 주며 말했다.

> "저 사람은 의로운 자다. 단지 내가 조심해 피하면 그만이다. 게다가 지백이 망하고 그의 후손조차 없는데 예양이 그를 위해서 원수를 갚겠다고 했으니 이 자야말로 천하의 현인이로다."

그러나 예양은 복수를 포기하지 않았다. 이번에는 몸에다 옻칠을 해 문둥이로 가장하고 숯을 삼켜 목을 쉬게 한 뒤 자신의 모습을 아무도 몰라보게 하고서 거리에 나가 구걸을 했다. 그의 아내까지도 그를 알아보지 못할 정도였다. 얼마 후 조양자가 외출할 때 예양은 조양자를 죽이기 위해 그가 지나가는 다리 밑에 숨어 있었다. 조양자가 다리에 이르렀을 때 말이 갑자기 놀라니 조양자가 사람을 시켜 조사하니 또다시 예양이었다. 이에 조양자가 예양을 꾸짖어 말했다.

"그대는 일찍이 범씨와 중항씨를 섬기지 않았는가? 지백이 그들을 전부 멸했는데, 그대는 범씨와 중항씨를 위해서 복수는 행하지 않고 도리어 지백의 신하가 되었다. 이제는 지백도 죽었는데 그대는 어찌 그를 위해서만은 이토록 끈질기게 복수하려고 하는 것인가?"

그러자 예양이 말했다.

"신이 범씨와 중항씨를 섬겼으나 그분들은 저를 보통 사람으로 대우했기에, 저 또한 보통 사람으로서 그들에게 보답했을 뿐이었습니다. 그러나 지백은 저를 나라의 큰 선비로 대우했기에 저도 그에게 보답하려는 것입니다."

그 말을 들은 조양자는 탄식하여 말했다.

"그대가 지백을 위해 충성과 절개를 다했다는 것은 이미 이루어졌고 과인도 그대를 용서할 만큼 충분히 했네. 과인은 더 이상 그대를 놓아주지 않으리라."

"신이 듣건대 현명한 군주는 다른 사람의 아름다운 이름을 가리지 않고, 충성스러운 신하는 이름과 지조를 위하여 죽을 의무가 있다고 합니다. 오늘 신은 죽음을 당해야 마땅하오나 원컨대 신이 군왕의 옷을 얻어 그것이라도 칼로 쳐 원수를 갚으려는 뜻을 이루게 해 주신다면 죽어도 한이 없겠습니다."라고 예양이 말했다.

이 말을 들은 조양자는 그의 옛 주군을 위한 의로움에 크게 감탄하고, 사람을 보내어 자기 옷을 가져다 예양에게 주도록 했다. 예양은 칼을 뽑아 들고 세 번 그 옷을 베면서 "내 비로소 지하에 잠든 지백에게 보답할 수 있게 되었다!"라고 크게 말하고 칼에 엎어져 자결했다. 뜻 있는 많은 사람이 그 소식을 듣고 모두 그를 위해서 눈물을 흘리며 울었다.

진시황을 베려 한 형가와 영화 '영웅'

형가荊軻는 위나라 사람으로 독서와 검술을 좋아해 위나라 관직에 등용되기를 원했지만 등용되지 않았다. 그 뒤 여러 나라를 유랑하며 다니다 연나라에서 축(악기의 일종)을 잘 타는 백정 고점리를 만나 술을 즐기며 금세 의기투합했다. 형가가 비록 술꾼이나 백정 같은 사람들과 사귀었지만 그의 사람됨은 침착하고 신중했으며 글 읽기를 좋아했다. 또한 그가 여러 나라를 떠돌면서 사귄 인물들은 신분이 미천하였어도 모두 현인이나 호걸들이었다. 특히 연나라의 현자로 소문난 전광선생은 형가가 비범한 인물임을 알고 그를 잘 대우해 주었다.

한편 연나라 태자 단은 일찍이 조나라의 인질로 가 있었는데 인질로 와있던 같은 처지의 진나라 태자 정(훗날 진시황)과 친하게 지냈다. 그러나 정이 즉위해 진나라 왕이 되고 세력이 커지자 단은 진나라의 인질로 가게 되었다. 왕이 된 정이 옛 정을 잊고 자신을 인질로 대하자 태자 단은 진왕을 몹시 원망했다. 이후 진나라는 여러 나라를 조금씩 점령하면서 연나라까지 이르자 연나라의 왕과 신하들이 모두 두려워했다.

태자 단은 현자 전광선생에게 형가를 재상으로 추천받았다. 형가를 만난 태자 단은 머리를 숙이며 간청했다.

"만일 진나라 왕을 위협해 그로 하여금 제후들에게서 빼앗은 땅을 모두 돌려주게 한다면 이는 최상의 수확이 될 것이오. 그러나 그렇게 할 수 없다면 기회를 봐서 그를 죽이는 방법밖에 없소."

형가가 허락하자 태자 단은 그를 재상으로 삼고 날마다 문안하며 정성으로 대했다. 단의 배려에 감동받은 형가가 드디어 계책을 내놓았다.

"지금 진나라로 가봐야 믿을 만한 증거 없이는 진왕을 가까이할 수 없습니다. 마침 진왕이 번오기 장군을 잡아오는 자에게 황금 1천 근을 내걸고 있습니다. 만일 번 장군의 목과 연나라 옥토인 독항의 지도를 얻어 진왕에게 바친다면 진나라 왕이 기뻐하며 반드시 신을 만날 것입니다. 그때 신이 비로소 태자께 은혜를 갚을 수 있을 것입니다."

당시 진나라 번오기 장군이 진왕에게 죄를 짓고 연나라로 망명해 와 있었다. 이 계책을 들은 번오기는 밤낮으로 진왕을 죽이기를 기다렸다며 스스로 자결해 버린다. 형가는 독을 묻힌 비수와 번 장군의 목이 든 상자를 들고 진나라로 떠난다. 강가에 이르러 그와 동행한 친구 백정 고점리가 축을 연주하고, 형가가 화답해 노래를 불렀는데, 다시 돌아오지 못할 비장함과 슬픔이 묻어나는 노래에 사람들이 모두 눈물을 흘리며 울었다.

"바람소리 쓸쓸하고, 강물은 차갑구나. 장수 한번 가면, 다시는 돌아오지 못하리라."

드디어 형가가 진왕 정 앞에 섰다. 번오기의 목과 지도를 가져왔다는 소식에 진왕이 매우 기뻐해 예복을 갖추고 귀한 손님으로 맞이했다. 이때 지도를 들고 형가 옆에 섰던 진무양은 얼굴빛이 바뀌면서 벌벌 떨자 신하들이 이상히 여겼다. 이에 형가는 "아직까지 천자를 본 적이 없어서 두려워서 그러는 것이니 무례를 용서하여 주옵소서."라며 간신히 위기를 넘긴다.

형가는 지도를 받아서 진왕에게 바치는데 지도를 펼치자 안에 들어있던 비수가 나왔다. 그 칼을 잡은 형가가 왼손으로 진왕의 옷소매를 붙잡고 오른손으로는 비수를 쥐고 진왕을 찔렀다. 그러나 진왕이 놀라 뒤로 물러서면서 소매만 잘렸다. 진왕이 기둥을 돌며 달아나자 형가가 뒤를 쫓았다. 허둥지둥 도망가던 진왕이 겨우 칼을 뽑아 형가를 쳐서 그의 왼쪽 다리를 끊었다. 형가는 쓰러진 채 비수를 진왕에게 던졌으나 적중시키지 못하고 기둥에 맞고 떨어졌다. 위기에서 간신히 벗어난 진왕은 다시 형가를 여덟 군데나 벴다. 형가는 일이 실패했음을 알고 기둥에 기대어 껄껄 웃으며 꾸짖어 말했다.

> "일이 실패한 까닭은 진왕을 사로잡아 반드시 땅을 돌려준다는 약속을 받아내어 태자의 은혜에 보답하고자 했기 때문이다."

형가는 무참히 난도질당했고 크게 노한 진왕은 형가를 보낸 연나라를 공격하여 연나라를 멸하고 연나라 왕과 태자 단을 죽였다. 마침내 진왕은 천하를 통일하고 황제라는 칭호를 만들어 스스로 진시황에 올랐다.

그림 1 진왕(왼쪽)의 암살을 시도하는 형가(오른쪽).

형가의 마지막을 배웅하며 축을 켜던 친구 고점리는 형가의 죽음에 괴로움에 떨며 이름을 바꾸고 송자라는 곳으로 갔는데, 그의 축 켜는 솜씨가 뛰어나 송자 사람들이 그를 예우하며 대접했다. 그 소문이 진시황에게까지 들렸다. 진시황이 그를 불러 만나보자 어떤 사람이 그를 알아보고 말하기를 "이 사람은 형가의 친구 고점리입니다."라 고변했다. 진시황은 축을 잘 타는 그

▲ 출처: https://goo.gl/ms36GC

의 솜씨를 아깝게 여겨 그의 눈을 멀게 만들어 축을 타게 했는데, 연주할 때마다 칭찬하지 않는 적이 없을 정도였다.

진시황이 나날이 그를 가까이하자 고점리는 납덩어리를 축 속에 감추어두고 진시황 곁에 가까이 갔을 때 축을 들어 진시황을 내리쳤으나 맞지 않았다. 진시황은 결국 고점리를 죽였다. 그 이후로 진시황은 어느 누구도 믿지 않게 되었고 백 보 이내에는 누구도 들어올 수 없다는 '백 보 금지령'을 내려 자객의 위협에 대비했다.

은혜에 보답하기 위해 죽음을 각오하고 진왕을 죽이려 한 형가와 그의 죽음에 비분강개하여 6년을 기다려 복수를 하고자 한 고점리에게서 죽음도 불사하는 우정인 '문경지교'가 느껴진다. 도연명은 '형가를 노래하며'라는 시에서 그를 기리는 시를 읊기도 했다.

> 고점리는 비감에 젖어 축을 퉁기고 송의는 소리 높여 노래 부르네.
> 소소히 구슬픈 바람 지나가고 맑은 강에 출렁이는 파도 차기만 하구나.
> (중략) 애석하도다! 그의 검술이 서툴러 그 공을 끝내 이루지 못했으니
> 형가는 죽었지만 그 뜻은 천년 후에도 남아 있으리!

몇 년 전 중국인을 대상으로 사마천의 「자객 열전」을 영화로 만들었을 때 가장 멋지게 보일 자객이 누구인지에 대해 설문조사를 한 결과 형가가 1위였다. 이연걸 주연의 영화 「영웅 : 천하의 시작」(2002년 개봉)은 자객 형가의 활약을 모티브로 한 영화다. 형가를 떠올리게 하는 지방 무장 무명(이연걸)은 진왕에게 위협적인 전설적인 자객 파검(양조위)과 비설(장만옥), 장천(견자단)의 죽음의 징표를 들고 와 최정예 7인의 호위병이 지키는 진왕을 열 걸음 앞에서 독대한다. 바로 형가가 진왕을 독대하는 장면이 떠오른다. 빗속, 호수, 사막과 구채구 등에서 무명과 이들 3인의 절대 고수들이 펼치는 무예 대결

을 예술적인 아름다운 영상미로 표현하며 흥미진진하게 내용을 전개하는 수작이다.

이 영화에서 진왕은 천하통일이라는 대의를 가진 왕으로 표현했다. 무명은 진왕의 '천하'라는 대의에 동의하며 불과 열 걸음 앞에 있는 진왕을 죽일 수 있는 기회를 스스로 거둔다. 영화 마지막에 진왕을 죽이지 않고 돌아가는 무명에게 수천 발의 화살이 날아오고 무명은 그 화살을 온몸으로 맞는 장면이 인상적이다.

효자 섭정, 스스로 얼굴 가죽을 벗기고 죽다

섭정聶政은 사람을 죽이고 달아나 어머니와 누이와 함께 제나라에서 백정으로 살고 있었다. 섭정은 검을 매우 빠르게 쓰는 검술의 달인이었다. 어느 날 엄중자라는 사람이 그 소문을 듣고 섭정을 찾아왔다. 엄중자는 한나라 재상 협루와 사이가 나빠 목숨이 위태로운 처지였다. 그래서 협루를 제거할 인물을 찾아 다니다 섭정을 찾아온 것이었다.

엄중자는 백정 섭정에게 선비의 예를 다하여 사귀고 1백 금을 주면서 섭정 어머니의 장수를 기원했다. 섭정은 엄중자가 원수를 갚아줄 사람을 찾고 있다는 말을 듣고 황금 받기를 극구 사양하며 말했다.

> "신이 뜻을 굽히고 몸을 욕되게 하며 백정 노릇이나 하는 까닭은 단지 늙으신 어머니를 봉양하기 위해서입니다. 노모가 살아계신 동안에는 제 몸을 남에게 감히 허락할 수가 없습니다."

섭정의 거절에도 엄중자는 끝까지 예를 다하고 떠났다. 오랜 뒤에 섭정의 어머니가 세상을 떠났다. 장례를 마치고 섭정이 말했다.

"나는 시장 바닥에서 칼을 들고 짐승을 도살하는 백정일 뿐이다. 그런데 엄중자는 재상의 신분으로 천리 길을 멀다 않고 찾아와 나와 사귀었다. 그런데 그에 대한 나의 보답은 너무도 조촐하였다. 내가 비록 황금을 받지는 않았지만 나 같은 백정을 가까이 하고 알아주었으니 내가 어찌 가만히 있을 수가 있겠는가! 하물며 지난번 그가 나를 필요로 했으나 나는 오직 노모가 살아계시다는 핑계로 사양했다. 모친께서 이제 장수를 누리고 세상을 떠나셨으니 나는 지금부터 나를 알아주는 사람을 위해서 힘을 다하리라."

섭정은 엄중자를 찾아가 원수 갚는 일을 맡겨 달라고 말했다. 엄중자는 섭정을 반기며 대상이 한나라의 재상 협루라고 밝히고 경비가 삼엄하니 수레와 말, 장사들을 데리고 갈 것을 권한다. 하지만 섭정은 수가 많을 경우 비밀이 누설될 수 있다며 홀로 길을 떠난다. 그리고 마침내 수많은 호위무사들 사이에 앉아 있는 협루를 찔러 죽이니 좌우에 있던 부하들은 큰 혼란에 빠졌다.

섭정은 큰소리로 외치며 수십 명을 쳐 죽이고 스스로 자신의 얼굴 가죽을 벗기고 눈을 도려냈으며, 자신의 배를 갈라 창자를 긁어내고는 마침내 숨을 거두었다. 그가 그렇게까지 한 것은 자신의 정체가 탄로 날 경우 누이나 엄중자에게 화가 미칠 것을 염려했기 때문이었다. 자신을 알아주는 사람과 가족의 안위를 위해 끔찍한 죽음을 선택한 섭정은 대단한 인물이 아닐 수 없다.

한나라에서는 천금의 현상금까지 걸고 자객이 누구인지 알아내려 했으나 그를 아는 사람이 나타나지 않았다. 섭정의 누이가 자객에 대한 소문을 듣고 그 자객이 섭정임을 직감하고 한나라에 가보니 죽은 자가 과연 섭정이었다. 그녀는 시체 위에 엎드려 매우 슬피 울며 말했다.

"일찍이 엄중자는 내 동생의 인물됨을 살펴 곤궁하고 욕된 형편에 있는 그와 교제를 했습니다. 그 은혜가 두터우니 어찌하겠습니까? 선비는 본디 자기를 알아주는 사람을 위해서 죽는다는데, 지금에 와서 내가 아직 살아 있기 때문에, 자신의 몸을 해쳐 종적을 없애려고 한 것입니다. 내 어찌 내게 닥칠 죽음이 두려워 동생의 장한 이름을 감추려 하겠습니까?"

그녀는 큰 소리로 하늘을 향해 세 번 외치고는 몹시 슬퍼하다가 마침내 섭정의 곁에서 숨을 거두었다. 많은 뜻있는 사람들이 모두 섭정만 위대한 것이 아니라 그 누이도 장한 여인이라고 애도했다.

사마천은 「자객 열전」에서 다섯 명의 자객 조말, 전제, 예양, 섭정, 형가 이야기를 하면서 '누군가를 알아준다는 것'에도 초점을 맞추고 있다. 노나라 장공은 조말이 세 번이나 전투에 패하여 많은 땅을 잃었지만 그에게 다시 장군직을 맡겨 그의 가능성을 포기하지 않았고, 공자 광은 시장에서 하찮은 백정 일을 하는 전제를 자신의 빈객으로 삼고 그를 소중하게 대했다. 지백은 다른 사람들은 그저 평범하고 보잘것없는 자로 여기던 예양을 진정한 선비로 예우했고, 엄중자는 재상의 지위에 있으면서도 하잘것없는 백정 섭정을 위해 수천 리를 달려와 그에게 벗되기를 청했다. 연나라 태자 단 역시 형가에게 지혜를 구하기 위해 그를 상객으로 모셨다. 이들 다섯 명의 자객들은 자신을 알아주는 사람을 위해 기꺼이 자신의 목숨을 내놓았다. 그들은 비록 자객일지라도 높은 뜻을 가지고 있는 대장부들이다.

사마천은 「자객 열전」 마지막에 그들을 역사에 기록한 이유를 써놓았다.

> 조말로부터 형가에 이르기까지 다섯 사람은 그 의협심을 이루기도 하고 이루지 못하기도 했다. 그러나 그들의 목적이 분명했고 자신들의 뜻을 욕되게 하지 않았으니 그들의 이름이 후대에 전해지는 것이 어찌 헛된 일이겠는가!

재난구조 로봇, 인간을 대신해 인간을 살리다

예양, 섭정, 형가는 비록 자객이지만 자신을 알아주는 사람을 대신하여 자신의 목숨을 바친 협객이었다. 오늘날에는 자신을 창조한 인간을 위해 사람을 대신하여 위험한 일을 수행하는 기계가 있다. 바로 재난구조 로봇이다. 재난구조 로봇은 목숨을 해치는 자객과 달리 다른 사람의 생명을 살리는 훨씬 숭고한 역할을 수행한다.

2011년 3월 11일 일본 동북부 지방에 규모 9.0의 대지진과 엄청난 쓰나미가 발생했다. 이로 인해 2만여 명이 숨지거나 실종됐고 수십만 명이 삶의 터전을 잃었다. 후쿠시마 원전에서 누출된 방사능으로 사람이 현장에 접근하지 못하자 일본은 로봇을 긴급 투입했다. 그러나 모두 제대로 동작하지 않았다. 일본 로봇에 이어 미국의 아이로봇사의 '팩봇'을 투입하기도 했지만 방사능 측정이나 사진촬영 같은 기초적인 활동만 하고 멈춤으로써 별다른 활약을 하지 못했다. 결국 방사능 피폭 위험을 무릅쓰고 수백 명의 근로자들이 원전 현장에 투입되어 사고 수습 활동을 해야 했다.

미 국방성 고등연구계획국DARPA는 후쿠시마 원전 사고 직후 재난로봇 경진대회를 기획했다. 이 대회의 명칭은 다르파 로보틱스 챌린지DRC, DARPA Robotics Challenge다. 후쿠시마 원전 사고와 같은 재난 상황에서 인간을 대신할 수 있는 세계 최고의 재난구조 로봇을 만드는 것을 목표로 하고 있다.

2012년 10월부터 예선을 거쳐 2013년 12월 재난구조 로봇 최종예선 대회가 열렸다. 총 16개 팀이 출전했는데, 로봇과 프로그램을 모두 개발해 출전하는 A 트랙에 6개 팀, 프로그램만 개발해 시뮬레이션하는 B, C 트랙에 7개 팀, 모든 비용을 자비로 출전하는 D 트랙에 3개 팀이 출전하여 총 16개 팀이 실력을 겨뤘다. 이중 우리의 관심을 끈 로봇은 카이스트 팀의

'DRC휴보'와 한국계 로봇공학자인 데니스 홍과 한국인이 주축이 되어 만든 토르 팀의 '똘망'이었다. DRC휴보의 최종 성적은 11위였고, 똘망은 9위였다.

구글이 인수한 일본 샤프트 팀의 '에스원$^{S-ONE}$'이 압도적인 기량을 뽐내며 1위를 차지했다. 구글은 2013년에만 샤프트를 포함해 8개의 로봇 회사를 인수하며 로봇 사업에 집중 투자하고 있다. 한편 미 항공우주국^{NASA}도 발키리 로봇으로 출전했지만 단 1점도 얻지 못하는 굴욕을 맛보며 모양만 예쁜 로봇이라는 혹평을 들었다.

16개 팀 중 상위 8개 팀은 다르파가 100만 달러의 연구비를 지원하며 결선 진출권이 주어진다. 나머지 팀들도 연구비 지원은 받지 못하지만 자체적으로 연구 자금을 조달하여 최종 결선에 참여할 수 있다.

2015년 6월 5~6일간 미국 캘리포니아 주에서 대망의 DRC 결선이 치러졌다. 미국, 일본, 한국, 독일 등 6개 나라 24개 팀이 출전했다. 총상금 350만 달러로 우승 팀에게는 200만 달러(22억)가 지급된다. 압도적인 기량을 보여 주었던 예선 1위의 샤프트 팀은 구글이 사업에 집중하겠다며 결승 참가를 포기하며 팬들에게 아쉬움을 주었다.

한국 팀은 카이스트, 서울대, 로보티즈 3개 팀이 출전했다. 카이스트 팀은 첫날 5위에 머물렀지만, 둘째 날에 8개 과제를 모두 성공하며 만점을 받았다. 최종 결과는 3개 팀이 동점이었지만, 가장 빠른 44분 만에 과제를 완수한 카이스트 팀의 'DRC휴보Ⅱ'가 역전 우승을 차지했다. 2위인 미국 플로리다대의 IHMC 팀의 '러닝맨' 로봇과는 6분 차이였다. 로봇 강국인 일본과 미국을 제치고 연구비도 지원받지 못하는 열악한 상황에서 이뤄낸 멋진 쾌거였다. 2013년 최종 예선에서 11위에 머물렀던 휴보를 DRC휴보Ⅱ로

그림 2 밸브 잠그기 과제를 수행하는 DRC휴보II▲

업그레이드해 불과 1년 6개월 만에 온갖 시행착오를 거듭하여 1위를 차지했기에 더욱 값진 우승이었다. 3위를 한 카네기멜론대를 비롯하여 8개 팀이 한국의 휴보를 사용함으로써 한국 로봇기술에 대한 위상이 미국, 일본과 경쟁할 수 있는 수준에 올라섰음을 보여 주었다.

국내 서울대 팀과 로보티즈 팀은 각각 12위, 15위를 차지하며 상대적으로 저조한 성적을 냈다. 데니스 홍이 이끄는 토르 팀도 13위에 랭크되며 기대에 못 미쳤다. 휴머노이드 로봇의 종주국인 일본은 3위 안에 들지 못해 체면을 구겼다.

결선에서 재난구조 로봇은 총 8개의 과제를 수행해야 했다. 모두 재난 현장에서 실제 일어날 만한 상황을 가정하고 만들어낸 과제다. 사람은 아주 쉽게 할 수 있지만 로봇에게는 하나하나 모두 힘든 과제들이다. 실제로 결선 참가팀 24개 팀에서 8개 과제를 모두 완수한 팀은 3개에 불과했고, 1개의 과제도 완수하지 못한 팀도 4개나 되었다. 8개 과제는 다음과 같다.

1. 로봇이 자동차를 몰고 건물 앞까지 운전하기
2. 차량에서 내려 건물의 출입문까지 이동하기
3. 출입문 손잡이를 돌려 문을 열고 건물 안으로 들어가기
4. 밸브 잠그기

▲ 출처: DRC 홈페이지, http://goo.gl/WfLMGy

5. 전동공구로 건물 벽 그려진 원을 따라 구멍 내기
6. (돌발과제) 레버 당기기, 전기 플러그 연결하기
7. 바닥의 벽돌 장애물을 지나가거나 장애물 치우고 지나가기
8. 계단 올라가기

6번 과제를 제외한 나머지 과제들은 사전에 공개돼 있지만, 밸브의 위치라든가 형태는 사전에 공개되지 않았다. 따라서 사람이 '문을 열어라' 같은 대략적인 지시는 하지만 손잡이를 찾아 문을 여는 등의 행동은 로봇이 스스로 알아서 해야 한다.

DRC휴보II는 작업을 하거나 계단을 오를 때는 두 발로 걷고 평지를 이동할 때는 무릎을 꿇어앉은 자세로 무릎에 달린 바퀴를 이용해 달리는 방식이었다. 걷고 달리는 모습에서 마치 트랜스포머와 같은 변신 로봇 아이디어를 담아냄으로써 안정적으로 이동하면서도 다른 팀보다 시간을 절약할 수 있었다. 정말 자랑스러운 로봇이다.

카이스트 팀을 이끌던 휴보의 아버지 오준호 교수는 우승 후 인터뷰에서 "2013년 당시 쓰라린 경험이 없었다면 이번에 우승할 수 없었을 것이다. 수없이 밤을 새우며 휴보의 안정을 위해 노력한 게 결실을 맺었다"며 기쁜 와중에서도 많은 고민과 쉼 없는 노력이 있었음을 토로했다.

로봇, 축복인가 재앙인가?

바야흐로 로봇과 인공지능 시대가 열리고 있다. 앞으로 사람이 수행하기 어려운 환경에서 사람을 대신해 실제 현장에서 일을 하는 로봇이 늘어날 것이다. 2015년 우리나라는 메르스로 인해 많은 사람들이 병에 걸리거나 격리되었다. 메르스 환자를 치료해야 하는 의사나 간호사 같은 의료인들도 전염

병에 노출되었다. 로봇 기술이 발전하면 메르스와 같은 전염병의 치료에 의료인을 대신해 로봇을 투입할 수도 있을 것이다.

그림 3 소프트뱅크사의 휴머노이드 감성로봇 페퍼▲

2015년 6월 일본 소프트뱅크는 감성 로봇 '페퍼^{Pepper}'를 출시해 1000대 예약판매를 실시했는데, 200만 원 정도의 적지 않은 가격에도 1분 만에 매진되었다. 페퍼는 카메라 및 센서를 활용해 주변 환경을 입체로 받아들이고 사람의 표정과 목소리를 인식하여 감정을 이해할 수 있다. 그리고 가슴에 달린 모니터 스크린으로 자신의 감정을 나타낼 수 있다.

페퍼가 감정 분석을 위해 습득한 정보는 인터넷을 통해 클라우드에 저장되고 인공지능 기능도 탑재되어 있어 학습을 할수록 감정을 읽는 능력도 더욱 향상될 것이다. 사람과 자연어로 대화를 나눌 수 있어 혼자 사는 노인의 말벗이 될 수도 있고, 어린아이들의 공부를 도와줄 수도 있다.

미국 MIT 신시아 브리질 교수가 개발한 가정용 로봇 '지보'도 페퍼와 유사한 역할을 하는 로봇이다. 지보는 메시지 전달, 사진 촬영, 화상 전화, 일정 관리 등의 기능을 갖추었으며 50만 원대의 저렴한 가격으로 시판할 준비를 하고 있다. 고령화가 심해지고 1인 가구가 늘수록 이런 로봇들은 인간의 도우미나 개인 비서, 가정교사 등의 역할을 할 수 있을 것이다.

▲ 출처: By Tokumeigakarinoaoshima, CC0 1.0, https://goo.gl/2tXKmY

인간의 감정을 흉내내고 스스로 생각하고 판단하는 로봇이 늘어남에 따라 로봇과 인공지능이 가지고 있는 위험성도 증가할 것이다. 2014년 말 영국의 천체물리학자 스티븐 호킹은 "인간의 지능과 맞먹는 완전한 인공지능의 개발은 인류의 종말을 초래할 수 있다."라며 인공지능의 위험성을 경고하기도 했다. 또한 테슬라의 CEO 엘런 머스크도 "인공 지능은 인류 생존의 가장 큰 위협이다."라고 말한 바 있다.

실제로 최근 구글의 머신러닝 기능을 탑재한 사진 자동인식 툴에서 흑인을 고릴라로 잘못 인식하는 사례가 발생했다. 구글은 즉각 오류를 조치하겠다고 했으나 인공지능의 한계를 보여 준 사례라 할 수 있다. 사람의 생명을 다루는 부분에서 이런 오류가 발생한다면 생각만 해도 끔찍하다. 또한 악의적인 프로그래밍한 경우나 해킹, 바이러스 등으로 원래의 목적과 다른 행동을 할 경우에는 로봇이 오히려 인간을 해칠 수도 있다.

구글 이사이자 저명한 미래 학자인 레이 커즈와일은 「타임」 인터넷판 2014년 12월호에 기고한 글에서 "인공지능을 두려워할 필요 없다."라고 말했다. 유전공학의 위험성을 관리하기 위해 만들어진 '아실로마' 가이드라인처럼 인공지능에 대해서도 강력한 가이드라인을 만드는 등의 방법으로 인공지능도 충분히 관리가 가능하다는 것이다.

예를 들어, 이런 로봇 가이드라인도 있다. 미국의 유명 SF 작가인 아이작 아시모프 Isaac Asimov가 1942년 『런어라운드』란 소설에서 제시한 '로봇 3대 원칙'이다.

1. 로봇은 인간을 해쳐서는 안 된다.
2. 1번 원칙에 위배되지 않는 한 로봇은 인간이 내리는 명령은 반드시 따라야 한다.
3. 1번, 2번 원칙에 위배되지 않는 한 로봇은 자신을 지켜야 한다.

미래학자 토마스 프레이는 "향후 20년 동안 인류는 역사상 가장 큰 변화를 겪을 것이다."라고 예상했다. 20년 후의 로봇과 인공지능은 인류에게 축복일까 재앙일까? 그것을 선택하고 준비하는 것은 우리의 몫이다. 현재가 미래를 만드는 것이 아니라 미래에 대한 고민이 현재의 행동을 결정한다는 것을 기억하자.

> "사나이는 자신을 알아주는 사람을 위해서 죽고, 로봇은 자신을 만든 인류를 위해 죽는다."

참고자료

1. 사기: 자객 열전, 사마천. 사기 열전 2 (2006), 김영수/최인욱 번역, 서울:신원문화사.
2. 난세에 답하다(2008), 김영수 저, 서울: 알마.
3. 첨단기술로 본 3년 후에(2016), 이준정, 서울: 시간여행.
4. http://en.wikipedia.org/wiki/DARPA_Robotics_Challenge

3초 전쟁, 모바일 결제 전쟁의 승자는?
오나라와 월나라는 왜 원수가 됐나?

> 예부터 오나라 사람과 월나라 사람은 서로 원수처럼 미워하는 사이다. 그들이 한 배를 타고 강을 건너다 풍랑을 만나게 되면 그들은 평소의 적개심을 접고 서로 돕기를 좌우의 손이 함께 협력하듯이 한다.

'오월동주'. 손무가 쓴 유명한 병법서『손자병법』에 나오는 말로 적대 관계에 있는 사람이다 하더라도 공통의 이해 때문에 뭉치는 경우를 빗대어 쓴 말이다. 손무는 서로 적대관계에 있는 대표 주자로 춘추시대의 오나라와 월나라를 꼽은 것이다. 두 나라는 왜 서로 원수가 된 것일까?

춘추시대 초기 오나라와 월나라는 동쪽의 양쯔강 하류에 서로 이웃하고 있던 작은 나라였다. 그러나 춘추시대 말기 두 나라는 오나라의 합려와 월나라의 구천에 의해 세력을 키우면서 춘추시대의 다섯 강대국인 '춘추 5패'에 포함될 정도로 부강한 나라가 됐다. 이 두 나라는 대를 이어 원수지간이 되어 대결하면서 수많은 영웅호걸과 이야깃거리를 남겼다.

복수의 화신, 오자서

이 두 나라의 악연은 초나라 출신의 오자서로부터 시작한다. 오자서 집안은 대대로 초나라에서 명망 높은 집안이었다. 오자서의 아버지 오사는 당시 초나라 평왕의 신임을 받아 평왕의 태자의 스승을 했다.

한편 평왕에게는 비무기란 간신이 있었는데 평왕은 그에게 진나라에서 태자비를 맞이해 오도록 했다. 비무기가 태자비를 데려와서는 "이 여인은 절세의 미인이오니 왕께서 스스로 왕비로 맞이하시고 태자에게는 따로 여자를 얻어 주십시오."라며 왕을 부추겼다. 여인의 용모에 반한 평왕은 결국 그녀를 차지하고는 태자에게는 따로 비를 구해 주었다.

간신 비무기는 태자가 언젠가 왕위를 물려받으면 자신을 죽이지 않을까 두려워하여 태자 건을 모략하기 시작했다. "태자는 왕께서 진나라 공주를 취한 것에 불만을 가지고 있습니다. 왕께서는 태자를 조심하셔야 합니다."라고 이간질했다. 그는 밤낮으로 왕에게 태자의 허물을 일러바치며 태자가 반란을 일으키려 한다고 모함했다. 이 일로 태자 건은 송나라로 도망가게 되고 태자의 스승이었던 오사는 감옥에 갇힌다.

비무기는 거기서 멈추지 않고 왕에게 아뢰기를 "오사에게는 자식이 둘 있는데 둘 다 대단한 인물입니다. 아비를 인질로 삼아 그들을 불러들여 죽여야 합니다. 지금 죽이지 않으면 장차 큰 화근이 될 것입니다."라 하였다. 왕의 부름을 받은 오사의 큰아들 오상은 동생에게 "너는 피신해 원수를 갚아다오. 나는 아버지와 함께 죽음을 택하겠다."라며 궁으로 들어갔다. 둘째 아들 오자서는 초나라 평왕에게 복수를 다짐하여 태자 건이 있는 송나라로 도망갔다. 결국 오사와 큰아들 오상은 처형된다.

오자서는 태자 건을 만나 복수를 꿈꾸며 여러 나라를 떠돌았다. 그러다 부하의 배신으로 태자 건이 죽음을 당하자 오자서는 오나라로 도망쳤다. 거기서 오자서는 피리를 부는 미치광이처럼 행동했다. 그러던 중 공자 광은 오자서를 만나게 되는데 한눈에 그가 범상치 않은 인물임을 알아보았다. 그렇게 둘의 운명적인 삶이 시작된다.

공자 광의 아버지는 오나라 왕이었는데 그가 공자 광의 사촌인 요에게 왕을 물려주었다. 이에 앙심을 품은 광은 자신이 오왕의 적장자이므로 자신이 임금이 되어야 한다며 은밀하게 모략에 능한 신하를 찾고 있었다. 그러던 중 오자서를 만난 것이었다.

오자서는 미치광이처럼 행동할 때 만나 의기투합했던 전제를 공자 광에게 추천한다. 뛰어난 검술 실력을 가진 전제는 요왕이 생선을 좋아한다는 사실을 듣고 생선 요리법을 배워 최고의 요리사가 됐다. 공자 광은 요왕을 제거하기 위해 집으로 왕을 초대했다. 요왕은 평소에 광을 의심하고 있었기에 주변의 경비를 철통같이 강화했다. 전제는 요왕에게 생선 요리를 바치는 척하면서 생선 배에 숨겨놓은 칼을 꺼내 삼엄한 경호를 뚫고 요왕을 찌르는데 성공한다. 순식간에 벌어진 일이었다. 왕은 죽고 왕을 호위하던 군사들의 검에 의해 전제도 죽는다.

공자 광이 드디어 왕에 오르니 그가 바로 오나라를 강국으로 만든 오왕 합려다. 합려가 왕위에 올라 오자서를 불러 그와 함께 나라를 다스렸다. 합려는 암살당한 요의 아들 경기가 위나라로 망명하여 자신을 노리고 있다는 얘기를 듣고 잠을 못잘 만큼 근심했다. 수백 명을 상대할 정도로 힘이 세고 지략을 갖춘 경기가 제후들과 연합해 쳐들어오지 않을까 우려했던 것이다. 이에 오자서는 오랫동안 물색한 끝에 요리라는 자객을 찾아내 왕에게 추천한다.

오자서와 요리는 치밀한 계획을 세운다. 요리가 전왕의 원수를 갚기 위해 오왕 합려를 암살하려다 실패하여 팔이 잘리고, 그 가족은 반역자의 가족이라 처형시킨 후 요리를 경기에게 보낸다는 계획이었다. 요리는 팔이 잘린 채 위나라로 도망하여 경기를 만났는데 그 소식을 알고 있던 경기는 그를 환대했다. 그 뒤 요리는 경기의 신임을 얻는 데 성공해 그의 심복이 되었다.

얼마 뒤 복수할 때가 됐다는 판단을 한 경기는 요리와 한 배를 타고 오나라로 향하다 배 위에서 자객 요리에 의해 머리를 찔리고 만다. "감히 창날을 내 머리 위에 대다니! 이 사람은 천하의 용사다. 어찌 하루에 두 사람의 용사를 죽일 수 있겠느냐. 그를 놓아 주어라."라고 말을 남기고 경기는 죽었다. 경기의 수하들이 그를 살려 주었으나 요리는 괴로움에 이런 말을 남기고 스스로 목숨을 끊고 말았다.

> "나는 처자식을 죽이고서 왕으로부터 이 일을 맡았으니 이는 어질지 못한 행동이다. 또 새 왕을 위하여 전 왕의 아들을 죽였으니 이는 의롭지 못한 행동이다. 아울러 경기를 제거하여 군왕의 뜻은 이루었으나 나 자신은 패가망신했으니 이는 지혜롭지 못한 행동이다. 이 세 가지 잘못을 저지른 내가 무슨 면목으로 세상을 살아간단 말인가?"

오왕 합려는 경기를 제거한 후 오자서가 추천한 손무를 등용시켜 오자서와 함께 군사력을 키우고 왕권을 안정시킨다. 오자서는 이제 자신의 아버지와 형을 죽인 초나라에 복수하기 위해 초나라 공격을 간언한다. 합려는 그의 의견을 받아들여 본격적으로 초나라를 공격하기 시작한다. 수차례 초나라를 공략한 결과 기원전 506년에 오나라는 초나라 수도를 정복하는 데 성공했다. 오자서가 오나라로 망명한지 16년 만의 일이었다.

오자서는 초나라 평왕의 아들인 소왕을 잡아 복수하려 했으나 실패하자 이미 죽은 초나라 평왕의 묘를 파헤쳐 그의 시신을 꺼내어 삼백 번이나 채찍질한 후에야 그만두었다.▲ 그의 아버지와 형을 죽인 평왕에 대한 복수심이 얼마나 컸었는지를 짐작할 수 있다. 오자서의 행동을 보고 그의 친구 신포서가 그를 꾸짖었다.

> "아무리 복수라고는 해도 이건 너무 지나치오. 사람이 한때 하늘을 이길 수 있다 해도 머지않아 하늘의 응징을 받는다 했소. 당신은 한때 평왕의 신하였음에도 그의 시신을 그렇듯 욕보였으니 하늘의 뜻을 저버린 것이오."

오자서는 이렇게 해명했다.

> "날은 저무는데 갈 길이 멀어 도리에 어긋난 짓을 할 수밖에 없었다."

바로 '날은 저무는데 갈 길이 멀다'라는 '일모도원' 고사성어의 유래다. 늙고 쇠약한데 해야 할 일이 아직 많이 남아 있는 경우에 주로 인용한다.

와신상담의 주인공, 구천과 부차

기원전 496년에 오나라는 월나라 왕 윤상이 죽은 것을 알고 군사를 일으켜 월나라를 공격했다. 이때 왕위를 물려받은 월왕 구천과 오왕 합려가 처음으

▲ 여기에서 묘를 파헤쳐 시체에 매질한다는 '굴묘편시(掘墓鞭屍)' 고사성어가 나왔다. 이 사자성어는 지나친 복수나 행동을 이야기할 때 사용된다.

■ 정조대왕이 말년에 '일모도원'을 인용하며 "해야 할 일은 많고 시간은 없는데 앞으로 나가지 못함이 너무 안타깝다."라고 말해서 더욱 유명해졌다.

로 만났다. 오월 두 나라의 악연이 본격적으로 시작된 전투였다. 이 전투에서 구천은 결사대를 구성해 합려에게 맞섰다. 결사대의 활약으로 오나라 군사들이 혼란한 틈을 타서 월나라군은 일제히 기습 공격했다. 결국 월왕 구천은 오나라의 공격을 막아내고 오히려 합려에게 부상을 입혔다. 합려는 화살에 맞은 부상이 악화돼 아들 부차에게 "구천이 네 아비를 죽인 일을 너는 결코 잊지 말라."유언을 남기고 숨을 거두었다. 부차는 "절대 잊지 않을 것입니다."라고 맹세했다. 오나라 왕이 된 부차는 아버지의 죽음을 잊지 않기 위해 가시가 많은 섶나무에 누워 잠을 잤다.▲

2년 후 월왕 구천은 오왕 부차가 월나라에 복수하기 위해 밤낮으로 군대를 훈련시키고 있다는 소식을 들었다. 이에 구천은 책사 범려의 반대에도 군대를 일으켜 오나라와 부차를 공격했으나 오히려 오나라에 패했다. 월왕 구천은 잔병 5천 명을 거느리고 회계산에 머물면서 대부 문종으로 하여금 월나라를 오나라에 바치겠다며 화의를 청하게 했다. 그러나 오자서가 "이미 하늘이 월나라를 우리에게 주었는데 구천을 없애지 않으면 훗날 반드시 후회할 것입니다."라고 반대해 화의는 무산되었다. 이에 대부 문종은 오나라 재상 백비에게 미녀와 진기한 재물을 선물하고 그로 하여금 오왕 부차를 설득하게 해서 결국 화의를 성사시켰다. 화의의 조건으로 포로가 된 월왕 구천이 "내가 여기서 끝나는 것인가?"라며 크게 낙담하자 문종이 구천에게 용기를 불어넣어 준다.

> "은나라 탕왕, 주나라 문왕도 한때 갇힌 적이 있었고 진나라 문공, 제나라 환공도 고통스러운 시간을 보낸 일이 있었습니다. 그럼에도 끝내 왕위에 올라 패자가 되지 않았습니까? 지금 왕께서 겪으시는 고통은 훗날을 위한 시련이라 여기옵소서."

▲ '와신상담(臥薪嘗膽)' 고사성어 중 '와신'이란 말의 유래다.

포로가 된 월왕 구천과 책사 범려는 오왕 부차 밑에서 일하며 갖은 모욕과 고충을 겪었고 구천의 아내는 부차의 첩으로 전락했다. 오자서는 이들을 살려두면 후환이 된다며 구천과 범려를 죽여야 한다고 여러 번 간했지만 오왕 부차는 오자서의 의견을 번번이 묵살했다. 시간이 지나면서 부차는 자신을 왕으로 깍듯이 모시는 구천에 대한 복수심이 서서히 누그러져 갔다.

3년이 지나자 오왕 부차는 구천이 다시 월나라를 다스릴 수 있도록 했다. 이는 부차의 큰 패착이었다. 부차는 더 이상 구천이 자신의 상대가 되지 않는다고 안이하게 판단해 화를 자초했다. 그러나 구천은 그동안 당한 치욕을 잊지 않기 위해 자리에 곰쓸개를 매달아놓고서 식사할 때마다 쓸개를 맛보곤 했다.▲ 범려는 오나라 재상 백비에게 몰래 금은보화를 주며 오왕 부차와 오자서 사이를 이간질하도록 부추겼다.

또 중국의 4대 미인 중 한명으로 꼽히는 '서시'를 부차에게 바쳐 그로 하여금 주색에 빠져 총명함을 잃도록 미인계를 쓴다. 서시는 미모가 워낙 빼어나 강에 비친 서시의 모습에 물고기들이 반하여 헤엄치는 것조차 잊은 채 강바닥으로 가라앉을 정도였다고 전해진다.■

한편 월왕 구천이 부차에 대한 복수를 꿈꾸며 재기를 노리고 있을 때, 제나라가 당시 유가 창시자인 공자가 재상으로 있던 노나라를 공격하려 했다. 이에 공자가 노나라를 구하기 위해 그의 수제자 자공을 보내니, 자공은 여러 나라에 다니며 강국들의 형세에 큰 변화를 일으키는 외교적 수완을 발휘했다.

▲ '와신상담(臥薪嘗膽)' 중 '곰 쓸개를 맛본다'는 의미의 '상담'이 여기서 유래했다.
■ '침어낙안(沈魚落雁)'이라는 고사성어에서 '고기가 가라앉는다'는 의미의 '침어'가 바로 서시를 의미한다.

자공은 제나라에 가서 복잡한 내정 해결을 위해 오나라를 공격하라 하고, 오나라에 가서는 월나라는 소국이니 명분이 있는 제나라를 공격하도록 했다. 월나라에 가서는 오나라가 제나라와 싸우다 지치도록 조공과 병력을 지원하도록 했으며, 진나라에 가서는 오나라가 제나라를 이기고 진나라로 쳐들어오면 그때 격퇴시키도록 계략을 제시했다. 스승의 나라인 노나라를 구하기 위해 춘추 5패인 제나라, 오나라, 월나라, 진나라를 서로 싸우도록 한 것이다. 네 나라가 자공 한사람의 손아귀에서 놀았던 것이었다. 사마천은 『사기』에서 자공의 활약을 이렇게 표현했다.

> 자공이 한번 뛰어다님으로써 노나라를 존속시키고 제나라를 혼란에 빠뜨렸으며, 오나라가 망하고 진나라가 강국이 되었으며 월나라가 패자가 되었으니, 국제간의 형세에 균열이 생겨 10년 사이에 다섯 나라에 각각 큰 변동이 생겼던 것이다.

구천이 절치부심하고 있다는 소식을 들은 오자서가 월나라를 먼저 쳐야 한다고 간언하지만 부차는 오자서의 전략을 무시하고, 자공의 전략대로 제나라를 치기 위해 오자서를 제나라에 사신으로 보낸다. 오자서는 하늘을 우러러보며 "간신 백비가 나라를 어지럽히고 있는데 왕께서는 내 말을 듣지 않고 도리어 나를 죽이시려 하시는구나. 오나라는 곧 멸망할 것이다."라고 말하고 아들을 제나라에게 맡기고 돌아왔다. 평소 오자서와 사이가 좋지 않았던 재상 백비는 이 소식을 듣고 이를 왕에게 아뢰자 부차는 오자서에게 자결을 명하고 오자서는 결국 스스로 찔러 죽었다. 오자서는 합려를 도와 그를 오나라 왕이 되게 했으며 오나라를 강국으로 만들었으나 그의 아들 부차에게는 신임을 받지 못하고 결국 불운하게 생을 마감했다. 사마천은 「오자서열전」에서 오자서를 높이 평가하며 이렇게 썼다.

> 일찍이 오자서가 아버지 오사를 따라 같이 죽었다면 하찮은 땅강아지나 개미와 무엇이 달랐겠는가? 그는 작은 의를 버리고 큰 치욕을 갚아 명성이 후세에까지 전해졌다.

그는 모든 고초를 참고 견디며 공명을 이룰 수 있었으니, 강인한 대장부가 아니면 어느 누가 이런 일을 이룰 수 있었겠는가?

오자서가 죽은 지 4년 후 오나라가 제나라를 치고 이어 진나라와 싸우느라 정신없을 때, 드디어 기회라 판단한 구천은 오나라를 공격한다. 구천은 제나라와 진나라의 싸움에서 군사들이 많이 죽어 병력이 약해진 오나라를 몰아붙여 3년 동안 포위 공격하였다. 힘이 바닥난 부차가 구천이 회계산에서 했던 것처럼 화의를 제안한다. 이에 범려가 "회계산에서는 하늘이 내린 기회를 오나라가 받아들이지 않았을 뿐이고, 이번에는 하늘이 오나라를 우리에게 주려 하니 그것을 받아들이지 않으면 하늘의 뜻을 거역하는 것이다."라며 강력히 반대했다.

결국 오왕 부차는 모든 걸 포기하고 "오자서를 대할 면목이 없다."라고 말하며 수건으로 얼굴을 덮고 스스로 목숨을 끊었다. 대를 이어 싸운 오월 두 나라의 최종 승자는 월나라였다. 이렇게 기원전 473년 오나라는 멸망함으로써 오자서의 망명으로부터 시작한 50여 년의 '오월춘추'의 시기가 막을 내렸다.

군사전략가에서 거상으로, 변신의 귀재 범려

그리하여 월나라는 양쯔 강 및 화이허 강 동쪽까지 세력을 넓혔고 제후들은 모두 구천을 패왕이라 칭송했다. 구천은 20년간 자신을 보필하고 공을 세운 책사 범려를 상장군에 명하고 범려에게 나라의 절반을 주겠다고 했으나 범려는 이를 거절하고 간단히 짐을 챙겨 오나라를 떠난다. 범려는 월나라를 떠나면서 친구인 대부 문종에게 편지를 남겼다.

날던 새가 다 잡히면 좋은 활은 거두어지는 것이고, 토끼가 모두 잡히면 사냥개는 삶아지는 법이오.▲ 왕은 목이 길고 입이 새처럼 뾰쪽하니 어려움은 함께할 수 있어도 즐거움은 같이할 수 없는 분이오. 그대는 왜 월나라를 떠나지 않는 것이오?

그 후 대부 문종은 반역을 의심받고 결국 자결하고 만다. 문종은 범려를 발탁한 사람이었지만, 떠나야 할 때를 놓치는 바람에 토사구팽당했다.

그림 1 변신의 귀재 범려 ▲

범려는 『사기』의 「화식열전」에도 등장한다. 「화식열전」은 부자들에 대한 기록이다. 월나라를 떠난 범려는 제나라로 들어가 이름을 '치이자피鴟夷子皮'라 바꾸고 농사를 지었다. 얼마 지나지 않아 재산이 수만 금 불어나며 유명해지자 제나라는 그를 재상으로 모셨다. 그러자 그는 재산을 이웃들에게 모두 나눠 주고 그곳을 떠나 도 땅으로 옮겨가서는 이름을 주공으로 바꿨다. 주공은 도가 천하의 중심으로 사방의 제후국들과 통해 있어 물자의 교역이 이루어지는 곳이라고 생각하고, 물건을 사서 쟁여 두고 때에 맞추어 물건을 팔아넘겼다. 그러나 상대에게 손해를 끼치는 일은 하지 않았다.

그는 월나라를 떠난 이후 19년간 세 차례에 걸쳐 천금의 재산을 모았는데, 두 번은 가난한 친구들과 고향에 있는 형제들에게 나눠 주었다. 이른바 "부자가 되면 즐겨 덕을 행한다."라고 하는 것이다. 나중에 그가 노쇠해지자 자손들에게 일을 맡겼는데, 자손들이 생업을 관리하고 잘 다스리며 이자를 불려 재산이 수만 금에 이르게 되었다. 이 때문에 돈이 많은 부자를 일컬을 때

▲ 토사구팽(兔死狗烹)을 말하며, 필요할 때는 요긴하게 써 먹고 필요가 없어지면 가혹하게 버린다는 뜻이다.

▲ 출처: Public Domain, https://zh.wikipedia.org/wiki/%E8%8C%83%E8%A0%A1

에는 '도주공陶朱公'이라 불렸고 그 이름은 부자의 대명사가 되었다.

범려는 정치가, 군사전략가로서 나라를 이끌었고 그 후 농사꾼, 장사꾼으로 변신해 수많은 재산을 모아 부자가 된 입지전적인 인물이 되었다. 그래서 돈을 좋아하는 중국인들은 '도주공'을 '재물의 신'이라 해서 사당을 세우고 오늘날까지 그를 모신다고 한다. 한편 야사에 따르면 범려는 서시와 연인 관계였는데, 월나라를 떠날 때 오왕 부차에게 바친 서시를 데리고 떠났다고 전해진다.

원한을 용기로 승화해 복수에 성공하고 합려를 도와 오나라를 강국으로 만든 '오자서'. 아버지의 유언을 받들어 '와신'하며 구천을 손에 넣었지만 구천은 살려 주고 오자서를 죽게 한 오왕 부차. 3년의 굴욕을 견디고 '상담'하며 22년의 세월을 인고해 결국 오나라를 멸망시킨 월왕 구천. 월왕 구천과 함께 모든 것을 이뤘으나 스스로 자중하고 구천을 떠나 '도주공'이라는 부자가 된 변신의 귀재 범려. 자기를 알아주는 오자서와 합려를 위해 자신의 목숨을 내놓은 자객 전제와 요리. 공자의 수제자이면서 세 치 혀로 주변 강국 네 나라의 전략을 좌우지한 외교술의 대가 자공. 이처럼 오월춘추 시대에는 수많은 영웅이 역사의 한 페이지를 장식하며 우리에게 이야기하고 있다. 어떤 점은 배우고, 어떤 부분은 반면교사反面教師로 삼아야 하는지를 생각해 보라고.

와신상담 삼성, 페이 돌풍을 일으키다

신 IT 삼국을 이끌고 있는 애플, 삼성 이 두 회사는 마치 춘추시대 말기의 오나라와 월나라를 연상시킨다. 애플의 아이폰 출시 이후 본격화된 전쟁에서 애플은 스티브 잡스 사후 팀 쿡이 최고경영자로 등장했고, 삼성도 이건

희 회장의 건강문제로 이재용 부회장의 대행 체제로 바뀐 상황이다. 오월 두 나라처럼 대를 이어 명운을 건 치열한 경쟁을 펼치고 있는 것이다.

스마트폰 시장에서의 치열한 경쟁에 이어 전선은 모바일 결제 시장으로 번지고 있다. 온라인 간편 결제 시장에서 오프라인 모바일 결제 시장으로 옮겨가며 뜨겁게 달아오르고 있다. 오프라인 모바일 결제 서비스는 가장 큰 강점은 간편하게 사용할 수 있다는 점이다. 기존 신용카드 정보를 스마트폰에 저장한 뒤 스마트폰을 상점에 배치된 신용카드 리더기에 갖다 대면 결제를 마칠 수 있다. 이로써 사람들은 식당 같은 곳을 이용할 때 굳이 신용카드를 갖고 다닐 필요가 없어지게 되는 것이다.

오프라인 모바일 결제 시장은 애플, 삼성, 구글이 주도하고 있다. 이중 가장 먼저 치고 나간 업체는 애플이다. 애플은 2014년 10월 애플페이 서비스를 시작했다. 이 서비스를 사용할 수 있는 기종은 2014년에 출시한 아이폰 6, 아이폰 6 플러스와 2015년 9월 출시한 아이폰 6S, 아이폰 6S 플러스 총 4종이다. 스마트폰 외에도 애플워치도 애플페이를 지원함으로써 발 빠르게 움직이고 있다. 애플은 미국에 이어 영국 시장으로 무대를 넓혔으며 애플페이 확산을 위해 캐나다, 중국 등으로 서비스를 확대를 추진 중이다.

기술적으로는 애플페이는 NFC 방식만 지원하고 있다. 일반 상점에서 사용하기 위해서는 상점에 NFC 전용 리더기가 구비되어 있어야 한다. 하지만 미국에서 이 전용 리더기를 사용할 수 있는 곳이 100만 개 정도 밖에 되지 않아 애플페이 확산에 가장 걸림돌이 되고 있다. 이에 따라 애플페이 서비스 출시 후 1년이 지난 지금까지도 지지부진한 상태다. 금융조사기관 아이트그룹Aite Group은 애플페이를 출시한 뒤 1년 동안 미국 전체 거래의 약 1%만을 차지하는 데 그쳤다고 발표했다.

삼성이 갤럭시 S6와 함께 와신상담, 절치부심하며 준비한 서비스가 있다. 바로 '삼성페이'다. 삼성은 그동안 독자적인 생태계 구축에 심혈을 기울여 왔지만 생각만큼 잘 진행되지 않았다. 아이폰6 시리즈가 혁신성이 떨어진다는 평가에도 여전히 시장의 중심이 되고 있는 것은 애플의 견고한 스마트폰 플랫폼 덕분이다. 소비자를 묶어두는 락인$^{lock-in}$ 효과의 위력을 잘 알기에 삼성은 '삼성페이'라는 킬러 서비스에 공을 들였다.

이를 위해 삼성은 2015년 2월 미국의 벤처회사인 루프페이^{LoopPay}를 2억 5000만 달러(약 2,900억 원)에 인수했다. 이 회사는 삼성페이의 핵심기술인 마그네틱 보안 전송$^{MST, Magnetic Secure Transmission}$를 보유하고 있는 회사다. MST 방식은 기존 오프라인 상점 대부분이 보유하고 있는 마그네틱 단말기에서 사용 가능한 기술이다. 즉, NFC 단말기를 보유하고 있는 일부 영업점에서만 사용할 수 있는 애플페이와 달리 거의 모든 영업점에서 기존 신용카드 단말기를 활용해 삼성페이로 결제할 수 있다는 것이다. 영업점에서는 단말기 교체비용 없이 기존 단말기를 사용할 수 있어서 좋고, 사용자는 영업점 대부분에서 바로 사용할 수 있기에 좋다. MST 방식과 NFC 방식을 모두 지원할 수 있는 것. 이것이 삼성페이의 가장 큰 장점이자 경쟁력이다.

실제 2015년 8월 20일 국내 서비스를 개시한 삼성페이의 등록카드 수는 하루 평균 약 2만5천 장씩 증가하면서 한 달 만에 누적 등록카드 수가 50만 장을 넘어섰으며, 누적 결제액이 350억 원을 넘어설 만큼 빠르게 확산되고 있는 추세다.

국내에서 성공적으로 안착한 삼성페이는 같은 해 9월 28일 미국에도 진출했다. 분위기는 좋다. 비자카드, 마스터카드, 뱅크오브아메리카 등 미국 금융회사 10곳과 제휴를 맺어 해당 카드사나 금융사의 고객이 사용할 수 있다. 또한 미국의 1위 이동통신업체인 버라이즌을 비롯한 AT&T, T모바일 등 미국 5대 이동통신사 모두와 손잡고 현지에서 서비스를 제공할 수 있게 됐다. 중국에서는 현지 최대 신용카드업체인 유니온페이와 제휴를 통해 진출할 계획이다. 유니온페이의 중국 내 카드발급 수가 50억 장에 달하고 가맹점 수가 2,200만 개에 이르는 점을 감안하면 파급력은 엄청날 것으로 예상한다.

삼성페이가 한국에 이어 2016년 3월 중국에까지 런칭되면서 삼성의 숙원사업인 생태계 정착에 한발 다가설 것으로 보인다. 또한, 삼성페이의 성공은 갤럭시 스마트폰 판매 확대 및 수익성 확보에도 큰 영향을 미칠 전망이다. 이를 위해 삼성페이로 결제 시 결제 수수료를 전혀 받지 않고 있다. 현재 삼성페이 서비스는 갤럭시 S7 등 갤럭시 시리즈 8종의 스마트폰만 지원하고 있다. 2015년 10월부터 판매하기 시작한 기어 S2에도 삼성페이가 탑재되어 있으나 기어 S2는 현재 NFC 방식만 지원한다.

그림 2 페이 삼국지의 애플페이, 삼성페이, 안드로이드페이 (출처 : 각사 홈페이지 참고)

구글은 애플, 삼성에 이어 가장 뒤늦게 오프라인 모바일 결제 시장에 뛰어들었다. 구글은 2015년 9월 29일 안드로이드 6.0(마시멜로)을 발표했는데 여기에 '안드로이드페이'가 포함돼 있다. 이는 OS 차원에서 페이 기능을 내장해 버린 것이다. 구글은 지난 2011년 모바일 전자 지갑 서비스 '구글월렛'을 출시하며 온라인 모바일 결제 시장에 뛰어들었지만, 서비스 확산에는 실패해 이번에는 철저히 준비한 것으로 보인다.

안드로이드페이의 강점은 높은 확장성이다. 안드로이드페이는 제조사와 상관없이 안드로이드 4.4(킷캣) 이상의 폰에서 사용할 수 있다. 즉, 전 세계 스마트폰의 80%를 차지하는 안드로이드폰 대부분은 안드로이드페이 서비스를 이용할 수 있다. 이는 애플과 삼성이 자사의 일부 폰에서만 지원하는 것에 비해 압도적으로 많다. 그러나 안드로이드페이 역시 애플페이와 마찬가지로 NFC 방식만 지원함으로써 사용 가능한 오프라인 상점은 제한적이라는 단점을 가지고 있어 당분간 확산이 제한적일 거라는 예상이다.

구글은 안드로이드 6.0을 발표하면서 이를 탑재한 넥서스 5X(LG전자)와 넥서스 6P(화웨이) 레퍼런스 폰 2종도 동시에 발표했다. 구글은 미국을 필두로 글로벌 국가에 차례로 안드로이드페이 서비스를 상용화한다는 계획이다.

3초 모바일 결제 전쟁의 승자는?

애플, 삼성, 구글이 차례로 오프라인 모바일 결제 시장에 출사표를 던지면서 3초 모바일 결제 전쟁의 서막이 올랐다. 초반 기선은 삼성이 잡았다. 전세계의 대다수 유통점에서 보유하고 있는 마그네틱 단말기를 지원한 것이 결정적 이유다. 미국의 현지 언론의 호평도 이어졌다. 「월스트리트저널」은 "삼성페이가 애플페이를 뛰어넘었다"며 삼성이 마그네틱 단말기를 지원한 것을 두고 "왜 진작 그런 해결책을 생각하지 못했을까?"라고 반문하며 삼성페이의 범용성을 높이 평가했다.

이들 세 업체는 본격적으로 세력 확장에 나서고 있다. 애플페이는 강력한 애플 충성도를 무기로, 구글은 엄청나게 많은 안드로이드 폰을 무기로, 삼성은 마그네틱 단말기 지원을 무기로 사용자 끌어안을 것이다. 이중 삼성페이와 안드로이드페이는 고객층이 겹친다. 예를 들어, 갤럭시 S6 이용자는 삼성페이와 안드로이드페이를 모두 사용할 수 있다. 이에 따라 안드로이드페이와 삼성페이의 치열한 경쟁을 예고하고 있다.

최근 삼성은 보안 이슈라는 복병을 만났다. 마그네틱 방식 결제의 원천 기술을 보유한 루프페이가 해킹된 것이다. 해커들이 노린 것은 모바일 간편결제에 필요한 마그네틱 결제 기술인 것으로 보인다. 문제는 루프페이에 대한 해킹이 2015년 3월에 일어났는데, 그 사실을 5개월이나 지난 8월에야 알았다는 것이다. 그동안 해커들이 어떤 일을 했는지 정확히 알 수 없다. 삼성은 "삼성페이 운영 시스템은 루프페이의 내부 네트워크와 물리적으로 분리돼 있어 삼성페이 시스템과 고객 정보는 안전하다."라고 사태수습에 나서고 있다. 또한, 개별 거래는 카드 번호를 대체하는 디지털 토큰을 사용하고, 인증 정보와 결합한 암호화된 토큰은 단지 결제에만 사용할 수 있어서 보안 문제는 없다는 입장이다. 그럼에도 일부 전문가들은 해킹에 따른 우려를 하고 있다.

삼성이 지속해서 보안을 강화하고 중저가 폰으로까지 지원 기종을 확대해 간다면 미국뿐만 아니라 중국 등 신흥 국가까지 아우르는 글로벌 모바일 결제 시장의 승자가 될 가능성이 높다.

수많은 'OO페이'가 마치 춘추전국시대를 방불케 한다. '오월동주'. 원수였던 오월 두 나라 사람들이 한 배에서 서로 돕는다는 고사성어처럼, 애플과 구글, 삼성이 서로 치열하게 경쟁하고 있지만, 때로는 손을 잡고 협력해 모바일 결제를 넘어 새롭게 떠오르고 있는 핀테크 시장의 파이를 키우고 핀테크 천하를 삼분하기를 기대해 본다.

참고자료

1. 사기 세가, 사마천. 완역 사기 세가 1 (2014), 김영수 번역, 서울: 알마.

2. 사기: 화식 열전, 사마천. 사기 열전31 (2006), 김영수/최인욱 공역, 서울: 신원문화사.

3. 난세에 답하다 (2008), 김영수, 서울: 알마.

애플, MS, 구글의 꿈이 시작된 날
정도전의 신의 한 수

1398년(태조 7년) 8월 26일. 그날 정도전은 남은의 첩 집인 송현방에서 남은과 술잔을 기울이고 있었다. 그러나 갑작스레 들이닥친 이방원에게 붙잡혀 목이 잘리는 비참한 죽음을 맞는다. 그의 문집 『삼봉집』에는 죽기 직전 읊었다는 시가 남아 있다.

> 조심하고 조심하여 공력을 다해 살면서
> 책 속에 담긴 성현의 말씀 저버리지 않았네
> 삼십 년 긴 세월 고난 속에 쌓아온 일
> 송현방 정자 한잔 술에 다 허사가 되었구나

그림 1 단양 도담삼봉에 있는 정도전 동상. 정도전의 호 삼봉(三峯)은 이곳에서 유래했다.▲

그 후 500년 긴긴 세월 정도전은 역적이나 간신으로 살았으니 그 회한 어찌 다 표현할 수 있겠는가?

삼봉 정도전. 그는 1342년 경상도 영주에서 태어났다. 아버지 정운경과 어머니 우씨 부인 사이에서 태어난 3남 1녀 중 장남이다. 그의 아버지 정운경은 형부상서(오늘날 법무부장관)까지 지낼 만큼 뛰어났으나 경제적으로는 넉넉지 못한 형편이었다. 정운경은 고려의 청백리■ 다섯 사람 가운데 한 사람으로 선정될 정도로 청렴결백했다.

정도전의 외할머니는 승려 김진과 여자 노비 사이에서 태어나 출신이 미천했다. 그로 인해 위기 때마다 정도전은 천한 출신에 대한 탄핵 상소를 많이 받았고, 정몽주마저 그를 탄핵할 때 "미천한 근본을 감추려고 본래의 주인을 제거하려는 음모를 꾸몄습니다. 바라옵건대 유배된 곳에서 처형하여 뒷사람의 경계가 되게 하소서."라고 주장하기도 했다.

정도전은 15세 무렵 당대 최고의 성리학 학자인 이색의 제자가 됐다. 이색은 고려의 성균관 시험에 합격했을 뿐 아니라 원에서 치르는 과거에서도 장

▲ 출처: By Steve46814, CC BY-SA 3.0, https://goo.gl/XSnHD2
■ 청백리(淸白吏): 마음이 청렴하고 결백한 관리를 가리키는 말로, 청렴하고 결백한 관리를 표창하기 위한 청백리 제도는 중국 한문제 때 처음 시작됐고, 우리나라에는 고려 인종 때 시작된 것으로 알려져 있다.

원을 한 천재였다. 신세대 인재들은 성리학을 공부하고 귀국한 젊은 천재 이색에게 구름처럼 몰려들었다. 그 결과 고려 말 개혁파 선비 대부분이 이색 학당 출신일 정도로 최고 명문 학당이 되었다. 정도전을 비롯해 정몽주, 이숭인, 권근 등 최고의 인재를 배출했다.

스승 이색은 정도전에 대해 "벼슬에 나가면 해야 할 일은 반드시 하고, 어떤 일을 당해도 회피할 줄 몰랐으니 옛날의 군자도 우리 정도전과 같은 사람은 많지 않다. 하물며 지금 사람이야 말할 것이 있겠는가."라는 평가를 남겼다.

정도전은 1362년(공민왕 11년) 21세의 나이로 대과에 급제하며 관직에 올랐다. 조선시대에는 서출의 과거 응시가 금지되었지만 고려시대에는 과거응시 자격을 제한하지 않아 서출인 정도전도 과거에 급제할 수 있었다.

10년 인고의 세월에서 꿈이 피다

정도전은 25세 때 아버지와 어머니가 연달아 돌아가시면서 묘소 옆에 초가를 짓고 삼 년 동안 묘를 지켰다. 당시는 1년만 하는 것이 관례였으나 정도전은 3년 동안 묘를 지키며 부모에 대한 효를 다하였다.

이 무렵 그의 이색 학당 선배이자 막역한 사이였던 정몽주가 『맹자』를 보내 주었다. 이때만 하더라도 정도전과 정몽주는 누구보다도 가깝고 서로를 아끼는 사이였다. 정도전이 유배지에서 5살 연상인 정몽주에게 "마음을 같이한 벗이여, 굳고 곧은 지조를 지키며 평생 동안 서로 잊지 말자."며 그를 그리워하며 동지의 맹세를 편지에 담아 보내기도 했다.

정도전은 정몽주가 보내준 『맹자』를 하루 한 장을 넘기지 않을 정도로 정독했다. 정도전이 백성이 주인인 나라를 꿈꾸고 역성혁명을 결심하도록 사상적 기반을 제공한 책이 바로 『맹자』다.

> 제나라 선왕이 맹자에게 "탕왕이 폭군 걸왕을 내쫓고 은나라를 세운 것이나 무왕이 주왕을 내쫓고 주나라를 세운 것이 옳은 일이냐?"고 물었을 때 맹자는 이렇게 대답했다. "인을 해치는 자는 흉포하다고 하고 의를 해치는 자를 잔학하다고 한다. 흉포하고 잔학한 인간을 일개 범부라고 하니 일개 범부를 죽였다는 말은 들었어도 임금을 죽였다는 말은 듣지 못했다."

훗날 역성혁명의 철저한 반대자였던 정몽주가 정도전에게 역성혁명의 정당성을 깨우치도록 도와주었으니 역사의 아이러니가 아닐 수 없다.

3년 상을 마치고 관직에 복귀한 정도전에게 시련이 닥친다. 원나라에 반대했던 공민왕이 시해되고 우왕이 즉위하자 친원파인 이인임이 권력을 장악했다. 우왕 즉위 다음해인 1375년 이인임이 반원파인 정도전에게 원의 사신을 영접하라고 명하자 정도전이 반발하다 나주로 유배당하고 만다. 정도전은 귀양을 떠나면서 자신의 심경을 시로 남겼다.

> 조국의 멸망을 차마 못 본체 할 수 없어 / 충의의 심간이 찢어지기에
> 대궐 문 손수 밀고 들어가 / 임금 앞에서 언성 높여 간했더라오
> 예부터 한 번 죽음 뉘나 있으니 / 구차한 삶은 처할 바 아니지 않는가?

유배 가 있는 동안 정도전의 아내는 가난에 힘들어 가문을 망하게 한 무능한 남편에게 책망의 편지를 보냈다. 정도전은 미안해하면서도 아내를 달래는 편지를 보낸다.

> 그대가 나를 책망하는 것은 사랑해서이지 미워서가 아닐 것이오. 또 아내가 남편을 섬기는 것은 신하가 임금을 섬기는 것과 같으니, 이 이치는 허망하지 않으며 다 같이 하늘에서 얻은 것이요. 그대는 집을 근심하고 나는 나라를 근심하는 것 외에 어찌 다름이 있겠소. 각각 그 직분만 다할 뿐이며 그 성패와 득실은 하늘이 정한 것이지 사람에게 있는 것은 아닌데 무엇을 근심하겠소.

2년 후 유배 생활이 완화되어 고향 영주로 돌아왔다. 그는 고향 영주와 안동, 제천 등을 오가며 4년을 더 칩거해야 했다. 유배가 더 완화되자 지금의 북한산 근처에 '삼봉재'라는 초막을 짓고 제자들을 가르치며 스스로 밭농사를 하는 생활을 이어갔다. 그런데 이곳 출신의 재상이 정도전을 못마땅하게 여겨 삼봉재를 헐어버렸다. 할 수 없이 다른 곳으로 옮겼으나 그곳에서도 헐어버려 경기도 김포로 거처를 옮겼다. 그렇게 그는 5년 동안 네 번이나 본의 아닌 이사를 해야 했을 만큼 고생이 심했다. 이 시절의 정도전은 밭 가는 선비였다.

10년의 유배와 유랑 생활을 거치면서 가난과 기근으로 죽어가는 백성의 참담한 현실을 보았고 썩을 대로 썩은 권문세족의 횡포를 온몸으로 겪으면서 정도전은 개혁의 꿈을 꾸었을 것이다.

정도전의 신의 한 수, 이성계를 찾아가다

1383년 가을, 정도전이 마침내 자리를 털고 일어났다. 멀리 함흥 막사로 동북면도지휘사였던 이성계를 찾아갔던 것이다. 떠돌이 생활 동안 백성들의 삶을 돌아보고 자신의 사상과 철학을 가다듬던 정도전이 김포에서 함흥까지 머나먼 길을 떠난 것은 이성계에게서 자신과 함께할 만한 가능성을 발견했기 때문일 것이다.

이날의 만남은 정도전의 신의 한 수였다. 붓을 든 정도전과 칼을 든 이성계가 서로 첫 대면하던 그날, 조선 건국의 첫 걸음이 시작된 것이다. 이때 정도전은 42세, 이성계는 49세였다. 『태조실록』에는 이성계와 정도전의 첫 만남이 이렇게 묘사되어 있다.

> 태조의 호령이 엄숙하고 대오가 질서 정연한 것을 보고 정도전이 나아와서 비밀히 말했다. "참 훌륭합니다. 이런 군대라면 무슨 일인들 성공하지 못하겠습니까?" 태조가 무슨 뜻이냐고 묻자 정도전은 "남방의 근심인 왜적을 칠 수 있다는 뜻입니다."라고 말했다.

'역성혁명'이라는 속마음을 감추고 둘러댄 것이었지만, 정도전과 이성계는 세상사를 논하던 그 자리에서 서로 함께할 만한 사람이라는 것을 느꼈을 것이다.

이성계는 당시 원나라가 지배하고 있던 변방 출신이었다. 이성계 가문은 원래 전라도 전주의 호족이었으나 가문을 따르는 170호를 이끌고 강원도 삼척을 거쳐 동북 변방의 함흥에 정착했다.

1361년 10만의 홍건적이 물밀 듯이 내려와 개경을 함락해 공민왕이 안동까지 피난 가는 상황이 벌어졌는데, 이때 27세의 이성계가 개경 탈환에 성공함으로써 처음으로 중앙정계에 이름을 알리게 됐다. 그 후 원나라, 여진족의 침략을 격퇴했고, 지리산 지역까지 쳐들어온 왜구들을 대파함으로써 최영과 더불어 난세를 구할 고려의 영웅으로 떠올랐다. 온 고려가 그를 칭송할 때 정도전은 한 번도 만난 적이 없던 이성계를 찾아왔다. 이성계가 막강한 군사력을 가지고 있는 데다 변방 출신으로 조정 권세가들에게 얽매여 있지 않기 때문에 정도전은 그를 주군으로 선택했을 것이다.

그 뒤 함흥 막사를 몇 번 더 찾은 정도전에게 드디어 재기의 기회가 왔다. 명과의 외교 분쟁이 벌어졌는데 이를 해결할 사신으로 정몽주가 뽑히면서 그가 친구 정도전을 같이 데려간 것이다. 정몽주와 정도전이 이 분쟁을 성공적으로 해결하면서 정도전은 종 3품 벼슬로 복귀했다. 그 뒤 정도전은 지방 관직인 남양부사(오늘날 화성시장)을 자청하고 떠났다.

1388년 5월 최영이 주도한 요동정벌에 이성계가 총사령관이 돼되어 요동으로 출정했다. 요동정벌을 반대하던 이성계는 위화도 회군으로 최영과 우왕을 제거하고 권력을 잡았다. 정도전이 위화도 회군에서 어떤 역할을 했는지에 대해서는 기록이 남아 있지 않다. 당시 정도전은 남양부사로 외직에 나가 있었기 때문에 회군에 직접 관여하지는 못했을 것이나 이성계가 권력을 잡은 후 정도전이 핵심참모로 등장한 것을 볼 때 회군 이전이나 회군 과정에서 조언을 했을 가능성이 크다.

권력의 전면에 등장한 정도전이 제일 먼저 한 작업은 토지개혁이다. 모든 토지를 나라의 소유로 하고 농민에게 토지를 분배하고 세금으로 10분의 1만 국가에 바치게 하는 혁신적인 생각을 했다. 그가 꿈꿔왔던 백성 중심의 정치를 실천하고 왕실의 부를 튼튼하게 함과 동시에 권문세족을 약화시키려는 시도였다. 당시는 백성에 대한 수탈이 최고조에 달했던 시기였다. 정도전은 『조선경국전』에 당시의 문제점을 이렇게 기술하고 있다.

> 부자는 땅이 더욱 불어나고 가난한 자는 송곳 꽂을 땅도 없다. 가난한 자는 부자의 토지를 빌려 경작하고 일 년 내내 고생해도 먹을 것도 부족할 지경인데 부자는 편안히 앉아 소작인을 부려 그 수입의 태반을 먹는다.

이러한 토지 개혁을 둘러싸고 권문세족뿐 만 아니라 신진 사대부 간에도 다툼이 많아 3년 후인 1391년에야 '과전법'이라는 이름으로 시행되었다. 정도전의 처음 의도보다는 많이 완화된 법이었다. 그동안 함께 개혁을 추진하던 정몽주도 이때를 전후로 정도전의 급진적인 이상정치에 의견을 달리하게 된다. 정몽주는 개혁적인 사대부였으나 고려의 체제를 유지하는 한계 내에서 개혁을 추진한다는 입장이었기에 왕조 교체를 추구했던 정도전과 같은 길을 갈 수 없는 운명이었다.

조선 개국을 1년 앞둔 1391년에는 정몽주를 중심으로 하는 온건개혁파와 새로운 왕조를 세우려는 이성계, 정도전을 중심으로 하는 혁명파가 팽팽하게 대치했다. 공양왕과 온건개혁파는 대외비가 정도전에 흘러들어간 것을 빌미로 삼아 공격하여 정도전을 다시 귀양 보냈다.

1392년 3월 온건개혁파에게 최고의 기회가 왔다. 이성계가 사냥을 하다가 말에서 떨어지는 바람에 자리에 누워 움직이질 못하게 된 것이다. 이 소식을 들은 정몽주는 기뻐하며 "이성계가 지금 말에서 떨어져 위독하니 먼저 그 측근인 정도전과 조준 등을 제거한 뒤에 그를 도모할 것이다."라며 정도전을 탄핵하라고 지시했다. 그 후 정몽주는 측근에게 정도전, 조준, 남은의 귀양지로 가서 그들을 국문하다가 죽이라는 밀명을 내렸다. 정도전과 정몽주의 30년 우정은 이렇게 돌아올 수 없는 강을 건넜다.

혁명파 핵심들의 목숨이 위태로울 때 그들을 구한 것은 이방원(태종)이었다. 이방원은 어머니의 상을 당해 초막을 짓고 묘소를 지키던 중 급하게 개경으로 돌아와 이성계의 반대에도 정몽주를 선죽교에서 죽였다. 정몽주가 죽자 고려도 죽었다.

새로운 해가 뜨다, 조선

1392년 7월 17일 태조 이성계의 즉위식이 열렸다. 그리고 정도전은 조선의 2인자가 됐다. 정도전이 이성계를 만난 그날부터 9년 만에 정도전이 꿈꾸던 조선이 열린 것이다. 조선의 개국은 정도전에게는 그의 이상을 실현하기 위한 시작으로, 그가 저술한 『조선경국전』에 그의 이상이 잘 나타나 있다.

> 임금의 지위는 존귀하다. 그러나 천하는 지극히 넓고 백성은 지극히 많다. 천하의 민심을 얻지 못하면 크게 우려할 만 한 일이 생긴다. 백성은 지극히 약한 존재이지만 폭

력으로 협박해서는 안 되며 꾀로써 속여서도 안 된다. 민심을 얻으면 백성은 군주에게 복종하지만 민심을 얻지 못하면 백성은 군주를 버린다. (중략) 나라는 백성을 근본으로 삼으며, 백성은 먹을 것을 하늘로 삼는다.

한양 천도 및 한양 설계를 지휘한 사람도 정도전이다. 그는 1394년 궁성 지을 터를 정하고, 종묘, 사직, 궁궐, 관청, 시장, 도로 등의 설계도를 만들었다. 오늘날의 서울의 중심도로인 태평로와 종로의 골격이 이때 결정되었다.

대궐이 완성되자 태조는 문무백관과 함께 종묘에 나가 제사를 올리고 연회를 베풀었다. 이날 술자리에서 태조는 정도전에게 새 대궐이 완성되었으니 그 이름을 지어 바치라고 명하자 정도전은 즉석에서 '경복궁'이라는 이름을 지어 바쳤다. "이미 술에 취하고 덕에 배불렀어라, 임금이여 만년토록 큰 복을 누리소서."라는 『시경』의 구절에서 두 글자를 따 경복(큰 복)이라 한 것이다. 근정전▲, 강녕전■, 교태전◆ 등의 이름도 정도전이 직접 지었다.

그뿐 아니라 도성의 사대문과 사소문, 서울 중심가의 동네 이름도 정도전이 지었다. 유교 이념인 '인의예지신'을 한양의 동서남북과 중앙의 이름에 넣어 흥인지문, 돈의문, 숭례문, 소지문(후에 숙청문, 숙정문)이라 했고 그 중앙에 위치한 종각을 보신각으로 명명하며 유교의 이상을 한양에 담았다.

정도전은 조선 개국 후 재상으로서 처리해야 할 업무가 산더미처럼 쌓여 있었는데도 수많은 저술을 남겼다. 다산 정약용이나 다른 경우를 비쳐 볼 때,

---

▲ 근정전(勤政殿): '천하의 일은 부지런하면 잘 다스려진다'는 뜻이다.

■ 강녕전(康寧殿): 강녕은 『서경』의 오복(장수, 부, 강녕, 유호덕, 고종명) 중 하나로, '임금의 마음이 바르고 덕을 닦아 지극히 올바른 도리를 세우면 다섯 가지 복을 모두 누릴 수 있다'는 뜻이다. 오복의 중간에 자리하고 있는 '강녕'을 들어 '강녕전(康寧殿)'이라는 이름을 붙였다.

◆ 교태전(交泰殿): '왕과 왕비가 음양의 조화를 이루고 잘 통하여 왕실을 무궁토록 이어가라'는 뜻을 담았으며, 왕비의 침전으로 사용했다.

그림 2 경복궁 근정전 ▲

보통은 유배 가 있는 동안이나 쉬고 있을 때 저술 활동을 하지만 정도전은 달랐다. 그는 재상의 직분을 다하면서도 병서를 만들었고, 악사를 지어 궁중 음악의 기틀을 잡았다. 또 『조선경국전』, 『경제문감』 등을 통해 500년 조선왕조의 제도적인 기틀을 세우고 『고려사』를 편찬했으며 불교 비판서를 저술했다. 그 외에도 많은 저술들이 있다. 특히 이 가운데 『조선경국전』, 『경제문감』은 이후 조선의 헌법인 『경국대전』의 기초가 되었으니 정도전의 저술활동은 나라의 틀을 잡고 조선왕조 500년을 관통하는 작업이었던 것이다.

▲ 출처: 문화재청, http://goo.gl/E1ftzO

임금과 신하 이상의 오랜 동지, 이성계와 정도전

이성계는 『고려사』를 바친 정도전을 치하하며 글을 내렸다.

> 나를 도와 새 왕조를 세우는 데 공로가 있을 뿐 아니라, 좋은 계책은 정사에 도움이 될 만하고 웅장한 문장은 문물제도를 제정할 임무를 맡길 만하다. 게다가 온순한 선비의 기상과 늠름한 재상의 풍채를 지니고 있다. 내가 왕위에 오른 첫날부터 재상으로 임명하고 또한 국사를 편찬하는 관직까지 겸임하게 했더니 재상의 직책을 다하면서도 책을 만드는 데까지 업적을 나타냈다.

나라의 주인을 백성으로 생각하는 정도전의 이상이 하나둘씩 실현돼 가는 것이 태조 이성계에게는 불편하게 느껴졌을 법하다. 그러나 이성계는 장군이었을 때나 임금이 된 후에도 정도전식 개혁 정치의 변함없는 지지자이자 후원자였다. 이성계와 정도전은 조선시대 어떤 군신관계보다도 더 각별했다. 정적들의 극렬한 비방을 못 견뎌 고향으로 돌아가려는 이성계를 "공의 한 몸에 종묘사직과 백성의 운명이 달려 있습니다."라며 붙잡은 사람이 정도전이었다. 또한 정도전은 이성계의 천도 계획을 반대했으나 이성계의 뜻을 받들어 총 책임자가 되어 한양을 수도로 정하고 한양을 직접 설계하는 충직함도 보였다.

이성계도 정도전에 대해 무한 신뢰와 애정을 보여 주었다. 명의 주원장이 정도전을 괘씸하게 여겨 명나라로 여러 차례 소환했을 때도 그를 보내지 않고 보호했다. 또 왕위에 오른 뒤 거나하게 취할 때마다 "삼봉이 아니면 내가 어찌 오늘 이 자리에 있을 수 있겠는가."라며 정도전의 공을 치하했다.

나이가 들자 태조는 정도전과 자주 술을 즐겼다. 태조 4년, 환갑이 된 태조가 무덤자리를 보고 돌아오는 길에 술을 마셨는데 정도전은 술잔을 올리며 눈물을 흘렸다.

"하늘이 임금의 덕을 도와 새 왕조를 세워 놓았으니 신은 전하께서 천만년 장수할 것을 항상 축원합니다. 그런데 오늘날 무덤자리를 잡으러 다니는 것을 보니 슬픔을 금하지 못하겠나이다."

또 태조는 공신들을 불러 밤새도록 술자리를 가졌다. 술이 얼큰해지자 태조가 "내가 왕위에 오르게 된 것은 경들의 힘이다. 서로 공경하고 근신하여 자손만대에까지 이르기를 바라노라."고 말하자 정도전이 "바라옵건대, 전하께서는 말에서 떨어졌을 때를 잊지 마시옵고, 신 또한 목에 칼을 썼던 때를 잊지 않는다면 자손만대를 기약할 수 있을 것입니다."라고 했다. 이날 정도전은 태조를 위해 곱사춤까지 추었다.

1398년 2월, 정도전은 요동정벌을 앞두고 동북방의 군사 대비 태세를 둘러보러 동북면으로 떠났다. 태조는 정도전에게 옷과 술을 보내며 신하로서가 아닌 오랜 친구와 같은 마음을 담아 편지에 보냈다.

작별한 지가 여러 날이 돼 생각이 더욱 간절하다. 마침 최궁이 와서 안부를 알게 되어 적이 위로된다. 찬바람이나 막게 솜옷 한 가지를 보내니 받아주기 바란다. 봄추위에 몸조심하고 변경의 일을 잘 마무리 짓기 바란다. 더 적지 않는다. 송헌 거사 쓰다.

송헌은 태조의 호다. 임금이 신하에게 편지를 보내면서 '거사(선비)'라는 표현을 쓰는 것은 대단한 파격이다. 임금과 신하의 관계가 아니라 오랜 동지이자 친구로 정도전을 대하고 싶은 태조의 마음을 읽을 수 있다. 정도전으로부터 답장이 왔다.

한 장의 편지에서 전하의 극진한 가르침을 받았고 대궐에서 보내온 옷은 신의 몸에 꼭 들어맞았습니다. 또 술을 담은 항아리를 둘씩이나 받고 감격한 마음과 부끄러운 생각이 번갈아 들어 말을 하자니 눈물이 따라 흐릅니다.

덕과 겸양을 갖춘 영웅이나 때로는 우유부단했던 이성계, 그리고 강직한 원칙주의자로 개혁에 앞장섰던 정도전, 이 둘은 서로의 약점을 보완하며 대업을 이룬 환상의 파트너였다. 조선을 통틀어 가장 이상적인 군신관계의 롤모델이라 할 수 있다. 그리고 임금과 신하이기 이전에 오랜 친구이자 믿음직한 동지였다.

미완의 개혁 그리고 500년의 회한

그러나 정도전의 민본사상과 재상 중심의 통치 방식은 이방원을 자극했다. 임금의 권한을 재상을 잘 뽑는 것과 그 재상과 정사를 논하는 것, 두 가지로 한정한 정도전을 용납할 수 없었다. 이방원은 재상의 나라가 아닌 왕의 나라를 원했다. 아니 자신의 나라를 원했다. "한 고조 유방이 장량(유방의 핵심 참모)을 이용한 것이 아니라 장량이 한 고조를 이용한 것이다."라는 위험한 발언을 하는 정도전과 스스로 왕이 되고자 하는 이방원은 서로 정반대의 길을 갈 수밖에 없었다.

세자 책봉과 사병 혁파를 둘러싸고 정도전과 이방원의 갈등의 골이 더욱 깊어졌다. 즉위식 한 달 후 태조가 가장 공이 많은 이방원을 제쳐 두고 그의 이복동생인 어린 방석을 세자로 정했다. 여기에 방석의 친어머니인 신덕왕후 강씨가 많은 영향력을 끼쳤음에도 이방원은 "정도전과 남은 등이 권세를 독차지하고 싶어서 어린 서자를 세자로 세우려고 하였다."라며 정도전을 배후로 지목했다.

또 정도전은 왕자들을 견제하고 요동정벌에 필요한 군사를 양성하고자 사병혁파를 추진했다. 이는 이방원으로서는 자신의 권력기반인 사병을 잃는다는 것을 의미했다. 위기의식이 커지자 기회를 엿보던 이방원은 1398년 사병을 거느리고 남은의 집을 급습하여 술 마시고 있던 정도전의 목을 벴다. 정도전의 나이 57세였다. 『태조실록』에는 정도전의 최후를 비겁한 죽음으로 묘사하고 있다.

> 짤막한 칼을 손에 쥔 채 걷지도 못하고 벌벌 기어 나왔다. 칼을 놓으라고 소리치니 도전이 칼을 내동댕이치고 문밖으로 나오면서 "죽이지 마오. 한마디만 하고 죽게 해 주시오."라고 했다. 끌려 나와 정안군(이방원)의 말 앞에 이른 도전은 "옛날에도 공이 나를 살려주었으니 오늘도 살려 주기 바라네."라고 했다.

그 후 정도전은 이방원에 의해 철저하게 왜곡되고 배척당했다. 정도전의 모습은 비겁하고 시기가 많은 사람으로 표현됐다. 『태조실록』에 기록된 정도전에 대한 평이다.

> 정도전은 도량이 좁기 때문에 남을 시기하고 겁이 많았다. 자기보다 나은 사람이 있으면 꼭 해치려 하고 옛날에 품었던 감정은 기어코 보복하려 했으며, 언제나 임금에게 권하기를 사람을 죽여서 위엄을 세우자고 했다. 하지만 임금이 다 듣지 않았다.

태종 이후의 임금들도 '정도전 죽이기'를 따라했다. 조선시대 내내 정도전은 역적이고 간신 취급을 받았다. 조선을 대표하는 유교의 대가인 송시열조차 정도전을 언급할 때마다 항상 간신이라는 말을 앞에 붙였으며, 『홍길동전』의 저자인 허균이 역모죄로 체포되었을 때 허균이 정도전의 시를 좋아했다는 것을 역모의 증거로 제시할 정도였다.

정조 때에 와서야 정도전의 문집 『삼봉집(三峯集)』을 다시 간행하고 탐독하며 정도전을 재평가했다. 그리고 대원군이 경복궁을 복

그림 3 정도전의 저술을 모아 정조 15년(1791년)에 다시 간행된 『삼봉집』.

▲ 출처: 문화재청, http://www.cha.go.kr/unisearch/images/tangible_cult_prop/1637607.jpg

원하면서 경복궁 설계의 공을 인정해 정도전의 명예와 업적도 복원시켜 주었다. 이로써 이상을 현실에 펼치기 위해 한평생을 바친 정도전의 500년 회한이 비로소 풀리게 되었다.

애플, 몽상가와 천재 엔지니어의 만남

정도전이 이성계를 만나 비로소 그의 꿈이 현실이 되었듯이 IT 세계에도 정도전과 이성계 같은 환상의 파트너가 많다. 특히 IT 삼국이라 불리는 애플, 마이크로소프트, 구글이 그렇다.

먼저 두 명의 히피적 기질을 가진 괴짜에 의해 탄생한 애플을 보자. 정도전과 이성계의 첫 만남이 정몽주의 소개로 이루어진 것처럼 애플의 두 공동창업자인 스티브 잡스와 스티브 워즈니악의 만남 역시 워즈니악이랑 친했던 페르난데스에 의해 이루어졌다. 페르난데스가 워즈(워즈니악의 애칭)에게 "그 친구 이름도 스티브인데 선배처럼 전자공학에 푹 빠져 있는데다가 장난치는 것도 무척 좋아하거든."이라며 한번 만나보길 추천했다. 이 제안이 실리콘밸리 역사에서 가장 의미심장한 두 스티브의 차고 모임을 만들어 냈다.

만나자마자 서로를 알아본 두 스티브는 밤을 새워가며 회로기판을 가지고 놀았다. 그러던 중 워즈가 설계한 회로도를 가지고 회로기판을 만들어 팔면 돈이 될 거라 판단한 잡스는 차를 몰고 가면서 워즈에게 말했다. "설령 손해를 보더라도 회사 하나는 생기지 않겠어? 우리 인생에서 처음으로 회사를 갖는 거야." 이런 잡스의 말은 부자가 될 수 있다는 말보다 훨씬 더 강하게 워즈의 마음을 흔들었다. 훗날 워즈는 "마음이 설레더군요. 절친한 우리 둘이서 회사를 차린다니 얼마나 멋집니까! 이미 그때 마음이 기울었지요."라고 회고했다.

이렇게 두 스티브가 의기투합해 1976년 애플이 탄생했다. 그때 나이 잡스는 21살, 워즈는 26살이었다. 창업에 필요한 초기 자금을 마련하기 위해 잡스는 자신의 애마 폭스바겐을 팔아야 했고 워즈 역시 아끼던 고가의 최고급 전자계산기를 처분해야 했다. 두 스티브가 만나지 못했다면 아마도 애플은 역사에 없었을지도 모른다. 두 사람이 다른 성격을 가지고 있었다. 잡스는 외향적이고 사람만나는 걸 좋아했지만, 워즈는 내향적이고 주목받는 것을 싫어했다. 그럼에도 어릴 적 소위 왕따였고 전자공학에 미쳐있던 두 스티브는 마음이 잘 맞았으며 또 서로의 장점이 겹치지 않고 조화를 이루며 엄청난 시너지를 발휘할 수 있었다.

두 사람은 그야말로 환상의 파트너였다. 워즈는 사업이나 돈보다는 기술에 미쳐 있던 최고의 엔지니어였고, 잡스는 몽상가적 기질을 갖춘 최고의 사업가였다. "제가 뭔가 근사한 것을 고안하면 잡스는 그걸로 수익을 올릴 수 있는 방안을 찾아내곤 했지요. 제 머리에서는 절대 그런 아이디어가 떠오르지 않았을 거예요." 워즈의 말이다.

엔지니어 관점에서 보면 잡스가 워즈를 이용한 것 같지만 워즈는 잡스를 만났기에 그의 재능은 꽃피울 수 있었다. 잡스 역시 워즈가 거의 혼자서 만든 애플I 컴퓨터 덕분에 창업하자마자 성공을 거둘 수 있었다. 애플 초기의 두 사람은 서로에게 없어서는 안 될 존재였다.

특히 '애플 II'는 두 스티브의 역량이 잘 조화를 이루며 큰 성공을 거두었다. 뼛속까지 엔지니어인 워즈 덕에 최고의 기술적 완성도를 가진 컴퓨터를 만들 수 있었고, 아름다움을 추구하고 철저하게 사용자 중심인 잡스 덕에 사용하기 편리하고 유려한 디자인을 가진 컴퓨터가 되었다. 최초로 고해상도 그래픽과 컬러 모니터를 지원하며 부드러운 외관과 색상을 가진 애플 II의 눈부신 성공으로 인해 세상은 드디어 개인용 컴퓨터 시대로 접어들 수 있었다.

애플 II의 성공을 발판으로 1980년 애플이 상장하면서 두 스티브는 백만장자 반열에 올랐다. 차고에서 창업한지 4년 만에 이룬 쾌거였다. 워즈는 그 다음해 경비행기 사고로 머리를 크게 다치게 되고 또 애플 III와 매킨토시 같은 신제품을 둘러싸고 잡스와 갈등이 생기면서 애플을 떠났다. 잡스 역시 애플의 경영이 어려워지며 애플에서 쫓겨나기도 하는 등 부침이 많았다. 현재의 애플이 있기까지 두 스티브의 꿈과 열정은 여전히 애플의 DNA 안에 살아 숨 쉬고 있다.

한 장의 사진을 본 그날, 마이크로소프트 탄생하다

1975년 1월 어느 날 폴 앨런은 가판대에 진열되어 있던 『파퓰러 일렉트로닉스』 1975년 1월호 잡지의 표지사진을 보고 멈춰 섰다. 그의 시선을 붙잡은 것은 세계 최초의 개인용 컴퓨터인 '알테어 8800'의 사진이었다. 폴은 잡지를 사서 후배이자 절친한 친구에게 달려갔다. 그가 바로 빌 게이츠다.

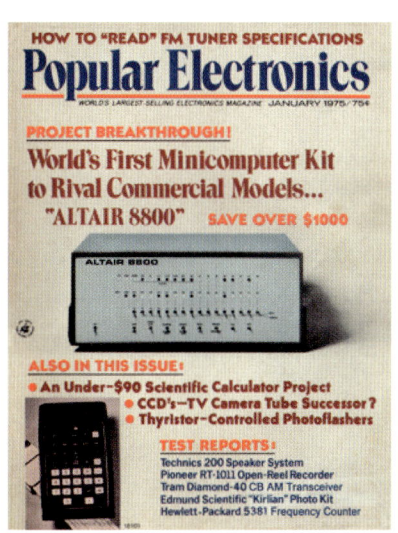

그림 4 알테어 8800을 소개한 『파퓰러 일렉트로닉스』 1975년 1월호 표지.

▲ 출처: https://goo.gl/RkLfOT

중학교 때부터 컴퓨터에 심취해 있던 두 사람은 개인용 컴퓨터의 시대가 다가오고 있다는 것을 깨닫고 대학 캠퍼스를 뛰쳐나와 사업에 뛰어들기로 결심한다. 그해 4월 빌과 폴은 알테어 8800을 만든 회사 MITS에 자신들이 만든 베이식을 제공하기로 계약하면서 마이크로소프트를 창업했다. 빌 게이츠는 자신의 저서 『미래로 가는 길』에서 이렇게 회고했다.

> 모험이 시작된 것은 대학교 2학년 때다. 어느 날 나는 친구 폴 앨런과 함께 『파퓰러 일렉트로닉스』에 실린 조립 컴퓨터 사진에 눈길을 주고 있었다. 이 최초의 본격 개인용 컴퓨터에 관한 기사는 우리를 흥분으로 몰아 넣었다. 폴과 나는 그것이 정확히 어떤 용도로 쓰이게 될지는 몰랐지만 아무튼 그것이 우리 자신과 컴퓨터 업계를 변화시킬 것이라고 믿었다. 우리의 판단은 옳았다. PC 혁명이 일어났고, 그 혁명의 파도는 수많은 인간의 생활을 바꾸어 놓았다.

결국 이날 폴이 우연히 보았던 『파퓰러 일렉트로닉스』란 잡지로 인해 마이크로소프트를 창업할 수 있었고, PC 혁명의 거대한 시발점이 된 셈이었다. 물론 빌과 폴은 중학교 시절부터 준비되어 있었기에 가능한 일이었다. 기회는 준비된 자에게만 온다고 했던가? 우연은 운명처럼 필연으로 다가왔다.

빌 게이츠는 13살 때 상류층 사립학교인 레이크사이드 스쿨에 입학했다. 이 학교에는 시애틀 최초로 컴퓨터를 쓸 수 있는 환경이 구축되어 있었는데, 빌은 이 컴퓨터에 매료되어 단말기 앞에서 살다시피 했다. 이 컴퓨터에 푹 빠져 있던 또 한 명의 사람이 있었으니 그가 바로 빌보다 두 살 위인 폴 앨런이다. 컴퓨터는 그 둘을 하나로 엮어 주었다.

마이크로소프트를 창업한 이후 둘은 서로 역할 분담을 하면서 회사를 운영해 나갔다. 폴이 신기술과 제품 개발을 담당했고, 빌은 사업과 협상 같은 비즈니스 쪽 일을 맡았다. 둘 역시 두 명의 스티브처럼 절친한 친구이자 서로의 강점을 부각하고 약점을 보완해 주는 환상의 사업 파트너였다.

사업 초기에는 폴 앨런의 활약이 컸다. 그가 1981년 시애틀 컴퓨터 프로덕트SCP, Seattle Computer Products로부터 '86-DOS'라는 운영체제의 권리를 단돈 5만 달러에 사들이는 계약을 성사시키며 MS-DOS를 탄생시킨 결정적인 역할을 했기 때문이다. 그 계약이 없었다면 마이크로소프트는 응용소프트웨어를 만드는 회사에 머물렀을 지도 모른다.

마이크로소프트가 세계 최고의 소프트웨어 회사로 나아가던 1983년 폴 앨런은 혈액암의 일종인 호지킨병 진단을 받고 마이크로소프트를 떠난다.▲ 때로는 얼굴을 붉히며 목소리를 높이기도 했고 스티브 발머를 영입하는 과정에서 마음이 상해 결국 둘은 갈라섰지만, 폴은 파트너로서 빌을 높이 평가했다. 폴 앨런은 그의 회고록 『아이디어맨』에 이런 말을 남겼다.

> 우리는 혼자였을 때보다 함께 했을 때가 더 성공적이었다. 나는 시장경쟁에 대한 빌의 놀라운 집중력, 내가 실현 가능한 것에서 너무 떨어지지 않도록 견제하며 내 아이디어를 실행에 옮기던 그의 능력이 그리웠다.

동갑내기 두 천재, 구글을 창업하다

인터넷 보급은 스탠퍼드 대학에서 박사과정에 있던 두 명의 천재에게 새로운 세계에 대한 영감을 불어넣어 주었다. 바로 1973년생 동갑내기 친구인 래리 페이지와 세르게이 브린이다. 스탠퍼드 컴퓨터공학 대학원에 진학해 공부하고 있던 세르게이 브린 앞에 미시건 대학 출신의 또 다른 천재가 같은 과 대학원에 나타났다. 그가 바로 래리 페이지다.

▲ 현재는 다양한 자선활동과 기부로 인생 2막을 살고 있다.

두 명의 스티브나 빌과 폴처럼 세르게이와 래리도 서로 다른 성향을 가지고 있었다. 언제나 남들 앞에 나서서 이끄는 외향적인 세르게이에 비해 래리는 내성적이고 조용했지만 토론할 때는 그 누구에게도 지지 않는 사람이었다. 이들은 전공뿐 아니라 사회와 정치, 철학과 문화 등 다방면에 대한 토론으로 날을 새우기 일쑤였다. 둘이서 격론을 시작하면 주위의 동료들은 이들을 피해 다닐 정도로 강렬한 열기를 뿜었다. 그런 래리에게 세르게이는 처음에는 라이벌 의식을 느꼈으나 시간이 지나면서 두 사람은 어느새 가장 가까운 친구가 되었다.

스탠퍼드에서는 프로젝트를 진행하는 방식으로 연구를 진행했는데 래리와 세르게이는 처음에는 서로 다른 프로젝트를 수행하고 있었다. 래리는 지구상에 있는 모든 웹 사이트를 서버에 긁어 모으는 프로젝트를 하고 있었다. 특정 사이트가 다른 사이트로 연결되는 링크를 조사해 각각의 웹 페이지가 얼마나 많은 사이트에 링크되었는지를 알아내고 이것을 기본으로 랭킹을 매기는 아이디어를 구현하기 시작했다. 래리가 구현과정에서 어려움을 겪을 때마다 세르게이가 도움을 주었고 어느덧 둘이 공동으로 진행하는 프로젝트로 발전했다.

초창기에 '백럽^{BackRub}'이라는 이름을 사용했는데 동료 중 하나가 10의 100제곱을 뜻하는 '구골^{Googol}'이라는 이름으로 방대한 데이터 검색을 한다는 이미지를 주자는 제안을 했다. 그러나 구골로 등록하려다가 실수로 사명을 '구글'로 잘못 표기하면서 오늘날 구글이 되었다.

이렇게 탄생한 구글 서비스는 점점 인기를 끌기 시작했다. 대학 네트워크를 썼는데 학교 전체 네트워크를 마비시키는 일까지 발생하자 래리와 세르게이는 검색 서비스를 팔기로 하고 판매자를 찾아 나선다. 이들은 100만 달러만 지불하면 구글 서비스를 팔려고 했었다. 이를 위해 최고의 명성을 날리던 알타비스타 등 여러 기업과 접촉했지만, 어느 누구도 인수하려하지 않았다. 심지어는 당장 꺼지라는 심한 말도 들었다.

이때 썬 마이크로시스템의 창업자이기도 한 앤디 벡톨샤임은 이들의 서비스가 세상을 바꿀 것이라는 것을 알아보고 아직 설립 신고도 하지 않은 구글에게 10만 달러짜리 수표를 즉석에서 끊어주었다. 수표를 받아든 래리와 세르게이는 대학 인근의 한 차고를 빌려 사업을 시작했다. 1998년 세계 최고 인터넷 기업 구글은 이렇게 세상에 첫 발을 내디뎠다.

역사상의 탁월한 인물 가운데에는 혼자가 아니라 다른 누군가와 함께 기억되는 경우가 많다. 애플, 마이크로소프트, 구글 모두 한 명의 천재가 아닌 서로 다른 성향의 두 천재가 만나 오늘날의 IT 삼국을 이루었다. 실리콘밸리 1호 벤처인 HP의 휴렛과 패커드도 그렇고, 네이버의 이해진과 김범수도 그렇다.

스타트업의 성공요인 중 좋은 팀을 꾸리는 것만큼 중요한 것도 없을 것이다. 비전을 공유하고 약점을 보완해 줄 수 있는 열정적인 파트너를 가진 스타트업이 투자자들의 신뢰도를 좌우한다는 것은 널리 알려진 사실이다. 창업에 성공하고 싶은가? 자신의 부족한 부분을 채워줄 반쪽이 어디에 있는지, 나는 다른 사람의 환상의 파트너가 될 만한 자질과 열정을 가지고 있는지 점검해 보고 간절히 갈망해야 할 것이다.

정도전이 10년의 유랑생활을 거치며 자신의 이상과 철학을 담금질한 후 새로운 조선을 꿈꾸며 이성계를 찾아 갔듯이 말이다.

참고자료

1. 정도전을 위한 변명(2014), 조유식, 서울: 휴머니스트.
2. 조선최고의 사상범(2012), 박봉규, 서울: 인카운터.
3. 정도전. 조선경국전(2014), 한영우 국역, 서울: 올래클래식스.
4. 거의 모든 IT의 역사(2010), 정지훈, 서울: 메디치미디어.

백탑에서의 아름다운 인연과 오픈소스 커뮤니티
연암, 우정과 지성의 유쾌한 향연을 즐기다

심포지엄^{Symposium}은 고대 그리스 sym(함께)과 posis(마시다)의 합성어로 함께 술을 마시며 자유롭게 토론하는 것을 의미한다. 플라톤의 저작 「향연^{Symposium}」에서 소크라테스를 비롯한 참석자들이 사랑(에로스)에 대해 이야기하며 향연을 즐긴다. 그로부터 2000여 년이 지난 조선에서 향연을 즐긴 이들이 있었으니 바로 연암 박지원과 그의 친구들이다.

연암 박지원은 1737년(영조 13년)에 한양의 사대문 안에서 태어났다. 연암 집안은 당시 조정의 권세를 잡고 있던 노론 출신의 명문 가문이었다. 그러나 대대로 청빈한 집안이었던 데다가 연암의 아버지가 벼슬을 받지 못했고 관직에 있던 할아버지마저 물러나자 생활은 더욱 궁핍해져 끼니조차 때우

그림 1 연암 박지원 초상화

기 어려웠다. 가문을 살려야 하는 막중한 책임에도 연암은 35세를 마지막으로 과거를 포기했다. 초시에 장원으로 급제해 영조까지 알현했지만, 회시에 응하지 않았다. 그렇게 그는 스스로 가난을 선택하고 자신의 삶을 살았다.

연암을 대신해 가난한 대가족의 생계를 이끈 것은 형수 이씨였다. 훗날 20여 년간 생계를 책임지던 형수가 죽자 연암은 크게 애통해하며 형수의 묘지명에 이렇게 썼다.

> 아! 가난한 선비의 아내로서 보잘것없는 제물이나마 결코 제사를 거르지 않았으며, 넉넉지 못한 부엌살림이나마 잔치를 너끈히 치러냈으니, 어찌 몸이 닳도록 힘을 다한 분이 아니겠는가. 죽어서야 그 일이 끝나니 너무나 애통하다.

청년기의 우울증을 해학과 글로 이겨내다

연암은 16세에 이보천의 딸과 혼인했다. 연암은 장인에게 학문을 배웠는데 사마천이 쓴 『사기』의 「항우본기」를 모방해 「이충무공전」을 지었다. 이 글을 본 장인은 "네가 반고(후한시대 역사가)와 사마천 같은 글솜씨가 있구나."라고 크게 칭찬했다.

▲ 출처: https://goo.gl/HOYhlg

그러나 이 무렵 연암에게 우울증이 찾아왔다. 기골이 장대하고 목소리는 대문 밖까지 들릴 정도로 쩌렁쩌렁했던 연암이었기에 우울증은 다소 의외였다. 연암의 상태는 잠을 자지 못하고 밥을 먹지 못할 정도로 상당히 심했는데 연암은 「민옹전」에서 자신의 상황을 이렇게 기록했다.

> 내 나이 17, 18세 즈음 오랜 병으로 몸이 지쳐 있을 때 집에 있으면서 노래나 서화, 옛 칼, 거문고와 여러 잡물들에 취미를 붙이고, 더욱더 손님을 불러들여 우스갯소리나 옛이야기로 마음을 가라앉히려고 백방으로 노력했으나 그 울적한 마음을 풀지 못하였다.

그는 우울증을 치료하기 위해 백방으로 노력하다가 해학을 잘한다고 소문난 민유신(민옹)이라는 노인을 불렀다. 연암이 말했다. "내 병은 밥을 잘 먹지 못하고 밤에 잠이 오지 않는 병입니다." 그러자 민유신은 일어나 축하하며 말했다. "그대는 집이 가난한데 다행히 밥을 잘 먹지 못하고 있으니 재산이 남아돌 것이고, 잠을 못 잔다면 밤까지 겸해 사는 것이니 남보다 갑절 사는 셈이 아닌가. 재산이 남아돌고 남보다 갑절을 살면 오복 중에 장수와 부 두 가지는 이미 갖춘 셈이 아닌가?" 민유신의 말에 연암은 무릎을 치면서 감탄했다. 연암은 민유신과 더불어 나이를 초월해 즐겁게 교류했다.

연암은 아예 저잣거리로 나섰다. 분뇨장수, 건달, 일꾼, 거지 등 수많은 저잣거리 사람들을 사귀었다. 그들과 더불어 재밌는 이야기나 양반사회에 대한 해학 등을 들으며 연암은 점차 활기를 되찾았다. 이들로부터 아이디어를 얻어 쓴 이야기가 바로 「민옹전」, 「양반전」, 「광문자전」, 「예덕선생전」 등 9편의 단편소설로 이루어진 그의 처녀작 『방경각외전』이다. 그의 나이 20세 무렵의 작품이다.

우정과 지성의 네트워크, 백탑파

연암의 30대는 유쾌하고 활기찼다. 가난했고 벼슬이나 명예도 없었지만 그의 인생에서 가장 즐거운 시간을 보냈다. 연암은 이 시기에 북학파의 핵심 멤버 박제가, 시인 이덕무, 천문학자 홍대용, 괴짜 과학자 정철조, 훗날 영의정까지 지낸 이서구, 『발해고』를 쓴 유득공, 창검술의 달인 무사 백동수 등 다양한 벗을 사귀었다. 그는 신분이나 나이를 가리지 않고 다양한 사람들을 벗삼았다. 박제가, 이덕무, 유득공, 백동수 등은 당시 천대받고 있던 서얼(서자)이었다. 당시 사대부 입장에서는 파격적이고 있을 수 없는 만남이었지만 연암은 개의치 않았다.

이들은 백탑(오늘날 탑골공원의 원각사지 10층 석탑) 근처에 모여 살면서 밤마다 맑고 드높은 지성의 향연을 누렸다. 그래서 이들 모임을 '백탑파'라 하였고 훗날 북학파가 됐다. 사대부 명문가문 출신인 연암이 백탑파의 리더 역할을 했다. 『북학의』로 유명한 박제가는 젊은 시절 연암의 소문을 듣고 찾아와 연암의 제자가 되어 백탑파에 합류했다. 박제가는 『백탑청연집』 서문에서 연암과의 첫 만남을 이렇게 기록하고 있다.

> 연암 박지원 선생이 문장에 조예가 깊어 당대에 으뜸이라는 소리를 듣고 백탑의 북쪽에 가서 뵀다. 선생께서 내가 왔다는 소리를 들으시고는 옷을 걸치고 나와 맞으시는데, 마치 오랜 친구처럼 내 손을 잡아 주셨다. 그러고는 선생께서 지은 글을 꺼내 나에게 읽어 보도록 해 주셨다. 선생은 몸소 쌀을 솥에 안치시고 밥이 다 되자 소반에 올려 내오시고 술을 주시며 축수하셨다. 나는 선생의 지나친 환대에 놀라며, 이는 천고에 없는 성대한 일이라 여기고 글을 지어 보답했다. 마음을 기울여 사모한 모습과 서로 알아주던 마음이 대개 이와 같았다.

연암은 그들과 사귀며 시서예화는 기본이고, 천문, 지리, 기술, 역사 등 모든 영역에서 이야기꽃을 피우며 평생의 우정을 쌓아갔다. 백탑파의 높은 학문수준에 대한 소문이 정조의 귀에까지 들어갔고 정조는 백탑파의 서얼들을 등용하고자 규장각에 '검서관'이라는 직책까지 만들었다. 백탑파 멤버였던 박제가, 이덕무, 유득공, 서이수 이 네 사람이 최초의 규장각 검서관이 되어 정조를 보필했다. 홍대용은 지구 자전설을 주장할만큼 천문학에 조예가 깊었으며, 정철조는 정조의 초상화를 그릴 만큼 그림에 능했고 기중기나 도르래 같은 기계에도 정통했다.

이처럼 백탑파는 18세기 지성과 우정의 네트워크였고, 밤새 어울려 술을 마셨으니 그들의 모임은 학문과 풍류가 함께하는 향연이었다. 연암은 친구들과 금강산 등 전국 명승지를 유람하며 여행을 다녔다. 연암이라는 호도 백동수와 더불어 개경근처의 연암골에 놀러갔다 그곳이 맘에 들어 만든 것이었다. 42세 때는 2년 간 서울생활을 청산하고 연암골에서 살기도 했다.

연암은 친구들이 죽었을 때 손수 염을 하며 묘지문을 쓰는 등 벗으로서 할 수 있는 마지막 도움을 베풀었다. 연암은 묘지명의 달인이었다. 친구들이나 가족들이 죽었을 때 도맡아 묘지명이나 제문을 썼다. 홍대용이나 정철조가 죽었을 때 연암은 그들의 묘비명을 썼다. 연암은 거문고 타는 것을 좋아했던 홍대용의 죽음에 슬퍼하며 음악을 끊기도 했다.

『열하일기』로 조선 후기의 별이 되다

연암의 나이 44세(1780년), 연암은 일생일대 최고의 행운을 얻는다. 삼종형(8촌 형) 박명원이 청나라 건륭제의 70세 생일의 축하사절로 임명된 것이었다. 평소 연암을 아꼈던 박명원은 자신의 개인 수행원 자격으로 연암을 사행단 일행에 합류시켰다. 원래 목적지는 연경(북경)이었는데, 건륭제가 더위를 피해 열하에서 머물고 있어 조선인 최초로 열하까지 여행하는 행운

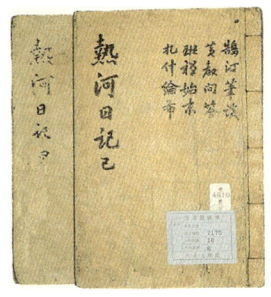

그림 2 유쾌한 조선 최고의 여행기 『열하일기』▲

을 얻었다. 압록강에서 열하까지는 3,000리 (1,200Km)나 떨어져 있으며 5월 25일 한양을 출발하여 10월 27일 다시 한양에 당도하는 약 5개월 간의 여정이었다. 이 여정 덕에 조선 최고의 여행기로 평가받는 『열하일기』가 탄생했다. 연암이 3년 동안 쓴 분량이 총 26권이나 되는 대작이다.

『열하일기』에도 연암의 친구 사귀기와 유쾌한 코드는 여기저기서 나타난다. 연경에 거의 다다를 무렵, 연암이 한 상점에서 한편의 재밌는 글을 발견하고는 주인의 동의를 얻어 베끼기 시작했다. 주인이 궁금해하며 묻자 이렇게 대답했다.

> "돌아가서 우리나라 사람들에게 한번 읽혀서 모두들 허리를 잡고 한바탕 크게 웃게 하려는 거요. 아마 이걸 읽는다면 입 안에 든 밥알이 벌처럼 튀어나오고, 튼튼한 갓끈이라도 썩은 새끼줄처럼 끊어질 것이외다."

사람들을 포복절도 시키기 위해 연암은 꽤나 긴 글을 베끼는 수고도 아끼지 않았다.▲

연암의 장난기가 묻어나는 일화도 있다. 사행단이 우여곡절 끝에 연경에 도착하여 여장을 풀고 있을 때의 일이다. 한밤중에 발자국 소리가 요란하게 들려와 연암이 자다가 놀라 깨어났다. 열하로 바로 떠나야 한다는 말에 사행단원들은 난리가 아니었다. 자고 있던 내원과 변계함(어의)이 그제야 화들

▲ 출처: https://goo.gl/6Hsk28
▲ 이렇게 해서 『열하일기』에 담긴 글이 바로 '호질'이다. 호랑이가 양반의 이중적이고 위선적인 모습에 냄새가 구려 먹지 못하겠다고 꾸짖는 내용이다.

짝 놀라 깨어서 "관에 불이 났소?"라고 묻자 연암은 순간 장난기가 발동하여 "황제가 열하에 거동해 연경이 비는 바람에 몽고 기병 십만 명이 쳐들어 왔다는군!"이라고 말했다. 그러자 둘은 기겁을 하며 서로 부둥켜안고는 "아이고! 이제 우린 다 죽었다." 하고 통곡했다. 내원과 변계함의 놀란 모습이 한눈에 들어오는 듯하다.

연암은 여정 내내 신분을 가리지 않고 사람들과 사귀었다. 특히 열하에 머무는 6일 동안 그곳 유학자들과 사귀며 하루도 빠짐없이 세상의 돌아가는 이치를 이야기하고 천하정세를 논하고 청과 조선의 문화 차이를 논했다. 그것도 말이 통하지 않아 글을 쓰며 필담으로 밤을 세워가며 말이다. 달빛 아래서 술과 함께 지성과 우정을 쌓은 모습은 한 폭의 그림 같다. 특히 연암이 이들에게 지동설과 지구 자전론을 설파할 때 중국 유학자들은 연암의 높은 학식에 감탄하며 강론을 계속 청했다.

『열하일기』에는 웃음을 주는 글도 많지만, 단지 웃음에만 머물렀다면 조선 최고의 기행기라 할 수 없을 것이다. 『열하일기』에는 수레를 보면서 청이 왜 발전할 수밖에 없는지를 논하고, 청나라 의복의 실용성 등 청나라의 이용후생하는 문화나 제도에 대해서도 자세하게 기록하고 있다. 심지어 똥을 유용하게 사용하는 것을 보고 감탄하는 대목도 있다.

> "나는 비록 삼류선비지만 감히 말하리라. 저 기와 조각이나 똥덩어리야말로 진정 장관이다. 어찌 성지, 궁실, 누대, 점포, 사찰, 목축, 광막한 벌판, 아스라한 안개 숲만 장관이라고 할 것인가?"

『열하일기』의 웃음과 풍류 뒤에는 세계의 제국이 된 청나라를 제대로 보지 못하고 되놈(여진족)의 나라라고 비하하는 조선에 대한 안타까움이 묻어난다. 연암 스스로 자신을 삼류선비라 했지만, 그의 세계정세를 파악하는 눈은 정확했다. 그는 웃음과 해학과 조선에 대한 사랑을 동시에 가진 선지자였다. 이용후생을 통해 백성들의 삶의 질을 높이고 덕을 이루는 것 그리고 조선이 부강하게 되는 것, 이것이 연암이 꿈꾸는 세계였다.

연암의 문체는 자유분방하며 해학적이다. 그래서 많은 선비들이 연암의 글을 읽었고 문체를 따라 썼다. 소위 베스트셀러였다. 그러나 정조는 이들 문체를 "내용이 빈약하고 기교만 부려 옛사람의 체취는 없고 조급하고 경박하다"고 평했다. 연암이 56세 되던 해 정조는 저속하고 해학적인 문풍을 바로잡기 위해 문체반정을 일으켰다. 그리고는 문풍을 어지럽힌 원흉으로 『열하일기』를 지목하고는 명을 내렸다.

> "근자에 문풍이 이렇게 된 것은 모두 박지원의 죄다. 『열하일기』를 내 이미 익히 보았거늘 어찌 속이거나 감출 수 있겠느냐? 『열하일기』가 유행한 뒤로 문체가 이같이 되었거늘 본시 결자해지인 법이니 속히 순수하고 바른 글을 한 부 지어 올려 『열하일기』로 인한 죄를 씻는다면 대제학(종2품)을 준들 무엇이 아깝겠느냐? 그러나 그렇게 하지 않는다면 무거운 벌을 내릴 것이다."

연암은 끝내 반성문을 써서 바치지 않았다. 그럼에도 정조는 그의 문장력과 청렴결백함을 높이 평가하여 그를 아꼈다. 연암이 64세 때 정조가 승하하자 연암은 대궐을 향해 크게 통곡하며 말했다.

> "나는 하잘것없는 문예로 인해 임금님의 은혜를 여러 번 받었다. 그러나 그 은혜를 조금도 갚지 못했으니 이것이 나의 지극한 한이다."

연암의 글은 후대에도 높은 평가를 받았다. 한 세대 후의 문장가인 김택영은 "연암의 문장은 퇴계와 율곡의 도학, 이순신의 용병술과 더불어 조선의 세 가지 최고다."라고 할 정도로 연암의 문장력을 극찬했다.

공유와 참여의 대표적 협업 모임, 오픈소스 커뮤니티

백탑파 멤버들의 저작을 통해 그들의 일상을 엿볼 수 있다. 해가 지면 자연스레 하나둘씩 모이기 시작하여 술과 함께 자신들의 담론이나 학문적 관심사에 대해서 토론을 하다가 어느 순간에는 농담과 유머를 즐긴다. 술이 거나해지면 밖으로 나와 달빛 아래 시를 읊고 거문고를 타며 즐겁게 노닐었다.

그렇게 함께 즐기고 지성의 향연을 펼치며 자신들이 가진 사상과 지식을 공유하고 나눴다. 이를 통해 다양한 분야에서 전문지식을 쌓아 갔다. 박제가, 이덕무, 유득공, 이서구는 『한객건연집』이라는 공동 시문집을 발간하며 청나라까지 명성을 떨쳤다. 창검술의 일인자 백동수는 장용영(친위군영) 초관으로 근무할 때 정조의 명에 따라 박제가, 이덕무와 함께 『무예도보통지』라는 무예 훈련서를 편찬했다. 연암도 박제가 등과 함께 북학사상을 발전시켰다. 그는 홍대용에게 전수받은 지구자전론을 열하에서 청나라 선비들에게 설파하기도 했다. 이렇듯 백탑파는 학문을 논하며 지식의 공유와 나눔을 실천하는 지성의 모임이었고 협업 네트워크였다.

오늘날 IT 분야의 지식의 공유와 참여 기반의 대표적 협업 모임이 바로 오픈소스 커뮤니티다. 오픈소스는 1985년 리처드 스톨먼이 자유 소프트웨어 재단(FSF, Free Software Foundation)를 설립했고 1998년 오픈소스 이니셔티브(OSI, Open Source Initiative)가 등장하면서 본격적으로 발전하기 시작했다. 이후 오픈소스가 폭발적으로 성장하게 된 배경에는 오픈소스 커뮤니티가 있었다. 수많은 오픈소스 커뮤니티들이 오픈소스에 생명을 불어넣으며 지속적인 업그레이드를 통해 상용 소프트웨어에 버금가는 기능과 성능, 보안을 갖춘 경쟁력 있는 오픈소스 소프트웨어를 만들었기 때문이다.

오픈소스 커뮤니티에서 활동하는 개발자들은 활동 단계에 따라 '컨트리뷰터Contributor'와 '커미터Committer'로 나뉜다. 커뮤니티에서 지속적으로 기여하는 사람은 컨트리뷰터가 될 수 있다. 그 단계를 지나 열성적으로 활동하는 사람은 소스코드를 수정할 권한을 가진 커미터로 나아갈 수 있다. 오픈소스 컨트리뷰터나 커미터가 된다는 것은 개발자에게 자부심과 함께 상당한 명성을 준다. 그래서 이들 커뮤니티에서 활동하는 개발자들은 직접적인 보상이 없음에도 활발히 활동하고 있는 것이다. 그런 활동의 결과로 실력을 향상시키는 것이 그들의 성과다.

따라서 오픈소스 커뮤니티 활동에 적극적인 사람들은 글로벌 IT기업이나 실리콘밸리에서 적극적으로 채용하려 한다. 실리콘밸리로 이직에 성공한 개발자들은 한결같이 오픈소스 커뮤니티 활동의 중요성을 강조한다. 어느 토종 개발자의 말을 들어보자.

> "실리콘밸리 취업을 위해서는 실력과 인맥이 모두 필요한데, 깃허브(Github)을 통한 오픈소스 프로젝트 참여는 이 모든 걸 한방에 해결할 수 있는 방법이다."

그렇다면 컨트리뷰터에 도전해 보는 것은 어떨까? 누구나 쉽게 컨트리뷰터가 되는 것은 아니지만 실력 있는 개발자만 컨트리뷰터가 되는 것도 아니다. 오류를 찾아내거나 문서화 작업이나 테스트에 참여하는 것으로도 얼마든지 컨트리뷰터가 될 수 있다. 중요한 것은 지속적인 활동과 성실성이다. 컨트리뷰터가 되는 데 적게는 6개월에서 2~3년이나 걸린다. 따라서 자신이 좋아하거나 관심 많은 프로젝트를 선택해 꾸준히 활동하는 것이 중요하다. 실력이 있더라도 지속적으로 기여하지 않는 사람은 컨트리뷰터가 될 수 없음을 명심하자.

오픈소스 커뮤니티는 협업기반의 지적 네트워크다. 커뮤니티는 기본적으로 사람들의 모임이기 때문에 자신이 부족한 분야를 도움받거나 남들과 함께

하는 협업 활동도 중요하다. 그러기 위해서는 커뮤니티 내 사람들과 친하게 지내며 교류하는 것이 필요하다. 커뮤니티에서 확보한 자신의 지적 네트워크는 그가 컨트리뷰터나 커미터가 되는 데 도움을 줄 뿐 아니라 여러 분야에서 전문가가 될 수 있는 통섭적 역량에도 도움을 줄 수 있다.

안타깝게도 아직 국내에는 오픈소스 컨트리뷰터나 커미터가 많지 않다. 언어에 장벽이 있는 데다가 기업들의 관심도가 낮아 오픈소스에 열정적인 소수만 활동하고 있기 때문이다. 최근 삼성과 LG가 오픈소스에 적극적인 관심을 보여 오픈소스 개발자나 기여자들에게 희소식을 주고 있다. 삼성이 주관하는 국내 오픈소스 컨퍼런스(삼성 오픈소스 컨퍼런스)가 2015년 10월에 열렸으며, LG전자는 소프트웨어플랫폼연구소를 중심으로 오픈소스 개발이나 인력 채용에 적극적이다. 또한 협업 개발을 도와주는 깃허브^{Github}를 통해 전보다 쉽게 오픈소스에 기여할 수 있는 환경도 갖춰졌다.

그림 3 가장 인기 있는 오픈소스 코드 저장소 중 하나인 Github

약 250여 년 전 조선의 아웃사이더였던 연암 박지원과 백탑파 멤버들이 지식 네트워크를 통해 조선 후기 지성사의 별이 된 것처럼, 음지에서 치열하게 일하고 있는 개발자들도 오픈소스 커뮤니티 활동을 통해 자신의 별을 높이 띄워보는 것은 어떨까?

연암이 끝없이 펼쳐진 요동벌판에 서서 "훌륭한 울음터로다! 크게 한번 통곡할 만한 곳이로구나!"라고 외쳤던 것처럼, 우리도 오픈소스 프로젝트를 향해 한번 외쳐 보자. "훌륭한 놀이터로다! 크게 한번 놀아볼 만한 곳이로구나!"

참고자료

1. 열하일기, 박지원. 세계 최고의 여행기 열하일기(세트) (2013), 고미숙/길진숙/김풍기 공역, 서울: 북드라망.
2. 열하일기, 웃음과 역설의 유쾌한 시공간(개정판) (2013), 고미숙, 서울: 북드라망.
3. 박종채. 나의 아버지 박지원(1998), 박희병 국역, 서울: 돌베개.
4. 초보 개발자가 오픈소스에 기여하는 5단계(2014), 블로터닷넷, www.bloter.net/archives/197960
5. 한 토종 개발자의 실리콘밸리 구직 체험기 "방법은 오픈소스다!" (2013), 빈꿈, http://ppss.kr/archives/7676

미래 교육 플랫폼, 무크
서신교육의 일인자 다산 정약용

이제 너희들은 몰락한 집안의 자손이다. 그러므로 더욱 잘 처신해 본래보다 훌륭하게 된다면 이것이야말로 기특하고 좋은 일이 되지 않겠느냐. 폐족으로서 잘 처신하는 방법은 오직 독서하는 것 한 가지밖에 없다. 독서라는 것은 사람에게 있어 가장 중요하고 깨끗한 일일 뿐만 아니라, 호사스런 집안 자제들에게만 그 맛을 알도록 하는 것도 아니고 또 촌구석 수재들이 그 심오함을 넘겨다볼 수 있는 것이 아니기 때문이다.

다산 정약용이 유배지 강진에서 학문을 게을리하는 두 아들을 걱정하며 쓴 서신의 일부다.

조선의 르네상스를 꽃피운 개혁 군주 정조, 그리고 정조가 총애한 관료이자 학자였던 다산 정약용. 정조는 다산의 천재성과 당파에 물들지 않는 점을 높이 사 다산을 총애하였다. 다산도 정조를 보필하며 수원 화성 축조 등의 업적을 남겼다. 그러나 다산을 아끼던 정조가 49세(1800년)의 나이로 승하하면서 다산의 관료로서의 삶도 끝났다. 이후 18년간의 유배생활 동안 500여 권을 저술함으로써 조선후기의 빛나는 별이 되었을 뿐만 아니라 가족들에게 보낸 서신을 통해 아버지나 남편으로서 애틋한 사랑도 보여 주었다.

왕의 남자, 다산 정약용

그림 1 다산 정약용 초상

다산은 1762년 마현(경기도 광주)에서 태어났다. 그는 4세에 이미 천자문을 익히고, 10세에 『삼미집』 시집을 낼 정도로 영특했다. 그런 다산이 정조를 처음 알현한 때는 과거에 급제한 이들을 축하하기 위한 연회 때였다. 그 자리에서 정조는 이제 막 생원시에 합격한 다산에게 특별히 관심을 보였다.▲

다산은 성균관에 들어가자마자 두각을 나타내며 정조에게 깊은 인상을 남겼다. 한번은 성균관에서 정조가

■ 정약용의 글이 출중했기도 했지만, 정약용이 태어난 해가 정조의 아버지 사도세자가 뒤주에 갇혀 죽은 해였기 때문이기도 했다. 그때 정조 32세, 정약용은 22세였다.

▲ 출처: https://goo.gl/jt4avW

『중용』에 대한 70개조 질문을 냈을 때 다산은 퇴계 이황의 학설이 아닌 율곡 이이의 학설에 따라 답안을 작성했다. 당시 다산은 퇴계 이황이 속한 남인이었지만 노론인 율곡 이이의 학설을 따른 답안을 제출했고, 정조는 당파에 휘둘리지 않고 소신껏 답안을 작성한 다산을 경연석상에서 극찬했다.

다산은 성균관 시험에서는 늘 1~2등을 했지만 다산은 이후 6년간 대과에 급제하지 못했다. 이는 당시 조정의 주도세력인 노론이 정조의 총애를 받는 다산을 견제하였기 때문이었다. 정조는 "그래서야 대과에 급제할 수 있겠는가."라며 다산을 질책하면서도 늘 책을 선물하며 격려했다. 다산의 일대기를 기록한 『사암연보』에는 "대궐에 들어가 임금을 뵈니, 임금이 다산의 시험 답안지를 읽게 하고 무릎을 치며 칭찬하기를 '네가 지은 것이 사실은 장원보다 못지않으나, 다만 아직 때가 이르지 않았기 때문이다.' 하였다."라고 기록돼 있다.

드디어 정조 13년(1789년) 다산은 28세에 장원으로 대과에 급제해 '초계문신'으로 발탁됐다. 초계문신이란 정조의 씽크탱크 역할을 하는 규장각에서 교육 및 연구를 하던 문신으로, 정조의 친위 문신들을 양성하는 자리였다.

이후 정조는 다산을 배려해 다산의 아버지가 근무했던 희릉(장경왕후 능)에 근무하게 했으며 예문관, 사간원, 홍문관, 승정원 등의 요직을 두루 경험하게 했다. 다산이 천주교 신자로 몰려 노론으로부터 공격을 당할 때는 황해도 곡산부사로 발령하여 다산을 피신시키기도 했다.

정조는 사도세자 추도를 목적으로 강행했던 수원 화성 축조의 실무 책임자로 다산을 파격 발탁했다. 그때 다산의 나이 불과 31세였으니 그만큼 다산에 대한 정조의 신뢰는 두터웠다. 다산은 정조의 기대에 부응해 5년 정도로 예상한 공사기간을 크게 줄여 2년 8개월(1794년 1월 착공~1796년 9월 완성)만에 화성을 축조하는 놀라운 성과를 만들어 냈다. 다산이 직접 설계하고 만든 '거중기'가 큰 역할을 했는데 이 거중기는 당시 중국의 것이 들 수 있는 무게보다 4배 더 무거운 물건을 들 수 있을 만큼 성능이 뛰어났다.

정조는 다산을 재상으로 키우고자 했지만, 다산이 천주교를 공부한 사실로 트집 잡은 노론의 극심한 반대가 이어졌다. 노론이 그의 형 정약전까지 끌어들여 다산을 공격하자 결국 38세 때 다산은 사직상소를 올렸다. 그러나 정조는 그의 사직상소를 돌려보내며 "저 사람들이 한 말은 믿을 만한 것이 못 되니 한 번의 상소면 충분하다. 다시 형조참의로 부임하도록 엄중히 신칙하노라."라는 명을 내렸다. 그럼에도 다산이 계속 벼슬을 거부하자 정조는 어쩔 수없이 그의 사직을 허락했다. 다산은 모든 것을 뒤로하고 고향인 마현으로 돌아갔다. 몇 달이 지나지 않아 규장각 아전이 다산 고향집을 찾아와 정조의 명을 전했다.

> "오래도록 서로 보지 못했다. 너를 불러 책을 편찬하고 싶어서 주자소의 벽을 새로 발랐다. 아직 덜 말라 정결하지 못하지만 이달 그믐께면 들어와 경연에 나오도록 하라."

아전은 정조의 어조가 매우 그리워하시는 듯하다고 전했다. 노론의 거센 공격을 피하기 위해 고향으로 내려온 다산은 "이때가 아니면 언제 일을 하겠는가?"라며 다시 조정에 나가기로 결심했다. 그러나 정조와 다산의 17년간의 인연은 거기까지였다. 그로부터 얼마 뒤 정조가 49세(1800년) 나이로 갑자기 승하했기 때문이다.

'풍운지회'라는 말이 있다. 구름과 용이 만나고 바람과 범이 만나듯이 성군과 현신이 서로 만나 의기투합하는 것을 일컫는다. 정조와 다산의 만남이 바로 이것이었기에 정조의 승하는 다산에게 누구보다도 큰 슬픔과 좌절을 안겨 주었다. 『다산시문집』에는 정조의 죽음에 대한 슬픔을 노래한 다산의 시가 있다.

단청한 배 붉은 난간은 어제와 똑같은데
님의 넋은 어느새 우화관으로 가셨을까
천 줄기 흐르는 눈물 의상에 가득하고
바람 속 은하수도 슬픔에 잠겼어라

다산 정약용, 자녀들의 스승이 되다

정조가 승하하자 다산을 기다리고 있는 것은 노론의 정치적 탄압뿐이었다. 정조 사후 다음해 대대적인 천주교도 박해사건인 '신유박해'가 일어나 다산 가문은 풍비박산났다. 다산의 셋째 형 정약종과 자형 이승훈, 조카사위 홍사영 등은 순교하였고 둘째 형 정약전은 흑산도로 유배가고 다산도 강진으로 유배를 떠났다. 이로써 다산은 관료로서의 삶을 마감하고 저술가로서 그리고 아버지로서의 두 번째 삶을 시작하게 된다.

낯선 땅 강진에서 다산은 외로움과 언제 해배될지 혹은 죽을지 모를 두려움과 싸우며 독서와 저술에 몰두했다. 다산은 자신의 개혁적 이상이 좌절된 데 따른 공허함과 폐족이라는 좌절감에 아침부터 저녁까지 쉬지 않고 저술에 매달렸으니 그 때문에 팔에 마비가 오고 시력은 나빠져 늘 안경을 껴야 할 정도였다. 다산이 그렇게 저술에 매달린 것은 저술을 통해 폐족이 되어 버린 자신의 가문과 자신의 오명에서 벗어나 자신의 이름을 후대에 전하고 싶었던 것이리라. 큰아들 학연과 둘째 아들 학유에게 보낸 편지에는 이런 마음이 나타나 있다.

나 죽은 후에 아무리 청결한 재물과 풍성한 음식으로 제사를 지내준다 하여도 내가 흠양하고 기뻐하기는 내 책 한 편을 읽어 주고 내 책을 한 부분이라도 베껴 두는 일보다는 못하게 여길 것이니 너희들은 이 점을 새겨 두기 바란다. (중략) 나는 임술년 봄

부터 책을 저술하는 일에 마음을 기울여 붓과 벼루를 옆에 두고 밤낮으로 쉬지 않고 일했다. 그래서 왼쪽 팔이 마비되고 마침내 폐인이 다 돼가고 시력이 아주 형편없이 나빠져 오직 안경에 의존하고 있는데, 이렇게 하는 일이 무엇 때문이겠느냐? 이는 너희와 조카 학초가 전해 기술할 수 있고 떨어뜨리지 않을 것으로 여겼기 때문이다.

다산은 유배지에서 아들, 딸에게 수십 통의 서신을 썼다. 서신에는 자식의 앞길을 걱정하고 바른 교육을 시키고자 하는 아버지이자 자식과 아내를 그리워하는 애틋함을 가진 가장으로서의 모습이 가슴 절절이 묻어난다. 다산은 특히 '서신교육'으로 자녀들을 훈육하고 앞길을 제시했다. 벼슬길이 막힌 자식들이 공부를 그만두려 하자 다산은 아들들을 격려하면서 독서에 더욱 힘쓸 것을 따끔히 꾸짖기도 한다.

내가 너희들의 의중을 짐작컨대 공부를 그만두려는 것 같은데 정말로 무식한 백성이나 천한 사람이 되려느냐? 청족으로 있을 때는 비록 글을 잘하지 못해도 혼인도 할 수 있고 군역도 면할 수 있지만 폐족으로서 글까지 못한다면 어찌 되겠느냐? 글하는 일이 그렇게 중요하지 않다고 할 수 있을지 몰라도 배우지 않고 예절을 모른다면 새나 짐승과 하등 다를 바 있겠느냐? 그러니 과거에 응할 수 없게 되었다고 하여 스스로 의지를 꺾지 말고 경전 읽는 일에 온 마음을 기울여 글 읽는 사람의 종자까지 따라서 끊기게 되는 일이 없기를 간절히 바라고 또 바란다.

자식들을 옆에 두고 훈육하지 못하는 다산은 수시로 서신을 보내 학문과 독서에 대한 이야기뿐만 아니라 올바른 선비로서의 처신에 대해서도 가르쳤다. 특히 다산은 자식들이 검소한 삶을 살기를 무엇보다 강조했다.

내가 벼슬하여 너희들에게 물려줄 밭뙈기 정도라도 장만하지 못했으니 오직 정신적인 부적 두 글자를 마음에 지녀 잘살고 가난을 벗어날 수 있도록 이제 너희에게 물려주겠다. 너무 야박하다고 생각하지 말라. 한 글자는 근(勤)이고 또 한 글자는 검(儉)이다. 이 두 글자는 좋은 밭이나 기름진 땅보다도 나은 것이니 일생 동안 써도 다 닳지 않을 것이다.

그 외에도 밭을 가꾸고 생계를 꾸리는 법, 친구를 사귀는 법, 사람을 대하는 법, 세상을 사는 도리, 옳고 그름을 판단하는 법, 책 읽는 방법, 저술하는 방법, 책을 정리하는 방법, 호연지기 기르는 법 등에 대해 자식을 사랑하는 아버지이자 스승으로서 때로는 엄격하게 때로는 따스하게 가르쳤다.

가족을 향한 애틋한 사랑

다산은 모두 6남 3녀를 낳았다. 그러나 살아남은 아이가 2남 1녀이니 죽은 아이가 4남 2녀나 된다. 그중 한 명은 열흘이 좀 지나서 죽고 나머지도 모두 세 살 전후로 죽었는데 특히 막내 농이는 1살 때 헤어졌다 유배간 지 2년 만에 죽었으니 그 슬픔이 얼마나 크고 깊었겠는가? 다산은 아이 잃은 슬픔을 이렇게 묘사했다.

> 우리 농이가 죽었다니, 슬프고 슬프구나. 그의 인생이 가련하다. 나의 노쇠함이 더욱 심한데, 이러한 비통을 만나니, 진실로 조금도 마음을 위로할 수가 없구나. (중략) 내가 이 천애일각에 있어 작별한 지가 무척 오래인데 죽었으니, 다른 아이의 죽음보다 한층 더 슬프구나.

아픈 자식에게 아무것도 해 줄 수 없었던 아버지의 애절함과 슬픔이 절절히 묻어난다. 막내 농이를 포함해 자녀 6명을 '마마(홍역)'로 잃었으니 마마가 얼마나 끔찍했을까? 다산이 의학자가 아니면서도 마마를 연구하여 마진학의 최고봉이라 불리는 『마과회통』 의학서를 편찬하게 된 데에는 자식을 잃은 슬픔도 작용했으리라.

다산은 자식을 잃고 남편을 멀리 떠나보내고 폐족의 아내로 외로이 살고 있는 부인 홍씨를 잘 모시라고 아들들에게 자주 당부했다.

모든 것은 효에서 시작되며 홀로 계신 어머니를 새벽이나 늦은 밤에 방은 차가운가, 따뜻한가 항상 점검하라. 요 밑에 손을 넣어보고 직접 불도 때 드려라. 이 일은 종들을 시키지 말라. 너희의 수고는 잠깐이지만 너의 어머니는 무엇보다 기분이 좋을 것이다.

특히 아내가 시집올 때 가져온 낡은 치마를 보고 지은 『하피첩』에는 부인 홍씨의 애틋한 마음과 다산의 애잔한 슬픔이 200년의 세월을 넘어 그대로 전해져온다.

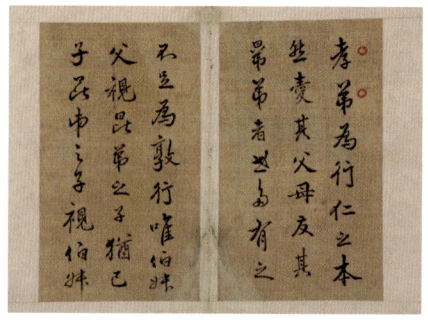

그림 2 2006년 TV 프로그램을 통해 세상에 처음 소개된 하피첩▲

병든 아내가 헤진 치마를 보내며, 천 리 먼 길 애틋한 정을 담았네.
오랜 세월에 붉은빛 다 바랬으니 만 년의 서글픔을 가눌 수가 없구나.
마름질로 작은 서첩을 만들어 아들을 일깨우는 글을 써 보내.
부디 어버이 마음 잘 헤아려서 평생토록 가슴에 새기려무나

다산은 부인 홍씨가 보내온 낡은 치마를 재단해 세 개의 서첩으로 만들어 두 아들 학연, 학유와 딸아이에게 보내 부인에 대한 애틋한 정과 함께 사대부로서의 행동과 마음가짐과 시집가는 딸의 화평을 기원하였다.

다산의 가르침을 받은 두 아들은 훗날 어떻게 됐을까? 큰아들 학연은 시집 '삼창관집'과 다수의 저서를 낼 정도로 뛰어난 시인이자 문장가가 됐으며, 둘째 아들 학유는 농가의 세시풍속을 읊은 '농가월령가'를 지을 만큼 명성을 남겼다. 아버지 다산의 '서신교육'이 결실을 맺은 것이다.

▲ 출처: 문화재청, http://goo.gl/NoaBWt

미래 교육 플랫폼, 온라인 공개수업 무크

다산이 18년 유배기간 동안 서신교육을 통해 멀리 떨어진 자식들을 교육시켰다면 오늘날은 인터넷을 활용한 온라인 교육을 통해 원격으로 교육이 가능해졌다. 다산의 교육이 일대일로 서신을 주고받는 원격 교육이었다면, 오늘날은 대규모로 소통하는 온라인 교육이 가능하다.

이것이 바로 '온라인 대중 공개수업'로 불리는 MOOC$^{Massive\ Open\ Online\ Course}$다. 무크는 대학 강의를 인터넷을 통해 공개해 무료나 싼값에 이수할 수 있는 미래형 대학 교육 플랫폼이다. 미국에 유학가지 않아도 하버드 대학의 법학 강의나 예일대의 금융시장 강의를 듣고 과제도 제출하고, 시험도 보며 수료증을 받을 수 있게 됐다.

무크의 기원은 2003년 MIT 대학에서 500여 개 강좌를 일반 대중에게 공개하면서 탄생한 OCW$^{Open\ Course\ Ware}$다. MIT OCW가 강의 동영상을 올려놓고 공유하는 방식이었다면, 무크는 수강신청, 과제, 시험을 제공하며 수료 개념이 있고, 상호 토론과 질의응답 등 상호 커뮤니케이션이 가능한, 좀 더 발전한 형태의 온라인 교육이다.

2012년 시작된 무크는 빠르게 성장하고 있다. 「뉴욕 타임즈」는 2012년을 가리켜 '무크의 해'라고 선언할 정도였다. 가장 선도적인 업체는 스탠포드 출신 교수 2명이 설립한 코세라^{Coursera}다. 2014년 10월 기준으로 114개 대학에서 인문학, 사회과학, 공학, 예술 등 846개 과정이 개설됐으며, 약 600만 명의 수강생이 코세라를 찾았다. 이외에도 MIT와 하버드 대학이 주축이 되어 설립한 에드엑스^{edX}, IT 전문 강좌 위주로 운영하고 있는 유다시티^{Udacity}, 영국이 주도하여 만든 퓨처런^{Futurelearn} 등이 서로 경쟁하고 있다.

표 1 주요 무크 현황(출처: 각사 홈페이지 참고, 14년 10월 기준)

주요 무크	과정수	대학/기관	누적 수강생
코세라	846개	114개	600만 명
edX	329개	55개	250만 명
유다시티	45개	13개	160만 명
퓨처런	88개	37개	50만 명

우리나라는 무크 열풍이 이제 시작되는 단계다. 일부 대학이 자체적으로 무크 또는 OCW를 운영하거나 주요 무크 플래폼에 강의를 제공하고 있지만 활성화돼 있지는 않다. 카이스트는 코세라, 서울대는 edX, 연세대는 코세라와 퓨처런, 성균관대는 퓨처런과 파트너 계약을 맺고 강의를 운영하고 있는 정도다. 한국의 참여 대학과 강의 목록은 숙명여대에서 만든 스노우▲를 통해 확인할 수 있고 이 사이트를 통해 강의를 들을 수도 있다. 일부 한국어로 자막이 제공되는 강의도 있다.

국가차원에서는 2007년부터 KOCW^{Korea Open Courseware}▲를 운영하고 있으며 현재까지 국내 교육기관으로부터 제공받은 8000개 이상의 강좌를 보유하고 있다. 이 KOCW도 무크로 진화를 추진하고 있다. 교육부가 추진 중인 한국형 무크^{K-MOOC}는 2015년 2월부터 본격적으로 프로젝트가 추진됐다. 교육부는 2016년부터 K-MOOC를 통해 강의를 본격적으로 제공할 예정이다.

IT기업들도 이들 업체의 무크 서비스를 활용하기 시작했다. 구글, 클라우데라, 페이스북, AT&T 등은 유다시티에 강좌를 열었는데, 이중 AT&T는 '나

▲ http://www.snow.or.kr
▲ http://www.kocw.net

노 학위'라 해서 유다시티에 개설된 프로그래밍 기술 강의를 수료한 사람을 우선 채용할 정도로 채용에도 적극 활용하고 있다. 구글, 페이스북, 세일즈포스 등의 대기업들도 나노 학위 과정을 개발 중이다.

구글은 무크 플랫폼 자체에도 관심을 보이며 시장진입 가능성을 저울질하고 있다. 2013년 에드엑스와 손을 잡고 'MOOC.org'이라는 사이트를 개설하기도 했다. 구글이 유튜브를 인수하며 세계 최대의 동영상 콘텐츠 공급자로 등장한 것처럼 시장 상황에 따라서는 기존 무크 플랫폼업체를 인수해 교육 콘텐츠 공급자로 등장할 가능성도 있다.

무크의 미래는?

「유엔 미래보고서 2040」은 전통적인 교육기관이나 대학이 소멸하고 무크가 이를 대체할 것으로 예상하고 있다. 지역 대학에서 공부하는 학생은 그보다 수백 배나 많은 과정을 보유한 무크에서 공부하는 학생들과의 경쟁에서 뒤처지기 때문에 기존 대학들의 경쟁력이 떨어져 소멸된다는 논리다. 교수의 역할도 바뀌어 가르치는 사람이 아니라 학생의 조력자 역할을 할 것으로 예상하고 있다.

코세라의 공동설립자 앤드류 응Andrew NG은 "한 교수가 5만 명의 학생을 한꺼번에 가르친다면 이것은 경제학 논리를 완전히 바꾸는 현상이 될 것이다."라며 무크가 기존의 대학을 대체할 만한 파괴력을 가지고 있다고 주장한다.

그러나 무크에 장밋빛 미래만 있는 것은 아니다. 무크에서 수업을 끝까지 듣는 비율은 10%를 넘지 않는다. 온라인 교육의 특성상 지속적인 학습이 쉽지 않고 집중력도 떨어진다. 무료나 소액으로 듣다 보니 수료에 대한 동기부여가 되지 않는 경우도 많다.

이를 해결하고자 빅데이터 기술을 활용하는 움직임도 있다. 수강생들은 출신 지역과 계층에 따라 학업 능력이 다양하고 요구 조건도 다르다. 빅데이터는 이런 수강생들의 이용 행태에 대한 정보를 모으고 분석하여 각 수강생에 맞는 자료들을 제공해 줄 수 있다. 에드엑스는 빅데이터 분석을 통해 학생들이 최적으로 집중할 수 있는 시간이 '6분'임을 찾아냈다. 이를 기초로 강의 시간에 대한 최적의 시간이나 개인별로 학습에 도움이 되는 다양한 분석결과를 내놓을 수도 있다. 이런 기법들이 더 발전한다면 무크의 미래는 더 밝아질 것이다.

다산 정약용은 "독서야말로 인간이 해야 할 첫째의 깨끗한 일이다."라고 했다. 특히 우리 IT인에게 새로운 기술 트렌드를 익히고 새로운 언어나 개발 방법론을 공부해야 하는 것은 숙명과도 같은 것이다. 무크를 통해서 공자의 "배우고 때때로 익히니 이 또한 기쁘지 아니한가?"를 실천해 보는 것을 어떠한가?

참고자료

1. 정약용. 유배지에서 보낸 편지(개정2판) (2009), 박석무 국역, 서울: 창비.
2. 정약용과 그의 형제들 1, 2 (2012), 이덕일, 서울: 다산초당.
3. 정약용. 다산시문집 제9책 권21, 송기채 외 10인 국역. 서울: 한국고전번역원.
4. 유엔미래보고서 2040 (2013), 박영숙/제롬 글렌/테드 고든/엘리자베스 플로세스큐, 서울: 교보문고
5. https://ko.wikipedia.org/wiki/MOOC